KB155928

Theories of Psychotherapy Series

Jon Carlson and Matt Englar-Carlson, Series Editors

정신분석과 정신분석적 심리치료

Psychoanalysis and Psychoanalytic Therapies

Jeremy D. Safran

안명희·신지영 공역

시리즈 서문

증거기반 개입과 효과검증을 중시하는 현대 심리치료 장면에서 이론의 중요성이 무색해졌다는 우려가 있다. 그렇게 생각할 수도 있지만 이 시리즈의 편집장으로서 여기에서 그 논란을 이어가지는 않으려 한다. 심리치료자들은 하나 혹은 그 이상의 이론을 받아들이고, 그 이론에 기반을 해서 치료를 한다. 또한 치료자들의 실제 경험, 그리고 수 십 년간 축적된 실증자료들은 신뢰롭고 타당한 심리치료 이론이 치료효과로 이어진다는 것을 말해준다. 하지만 치료과정에서 이론의 역할에 대한 설명은 그리 간단하지 않다. 그런 의미에서 다음의 우화는 이론의 중요성을 비유적으로 설명해준다고 생각한다.

이솝의 우화에는 해와 바람이 누가 더 힘이 센지 겨루는 이야기가 나온다. 길을 걷고 있는 나그네를 발견한 바람이 해에게 누가 저 남자의 코트를 벗길 수 있는지 내기를 하자고 한다. 해가 이 내기에 동참한다. 바람이 나그네를 향해 힘껏 바람을 불자, 나그네는 코트 깃을 움켜쥐었다. 바람이 더 세게 불어 보지만 나그네는 오히려 코트를 더 세게 움켜쥔다. 해가 이제 자기 차례라고 말하면서 따뜻한 햇살을 모아 나그네에게 내리쬔다. 그러자 나그네는 곧 코트를 벗는다.

해와 바람의 내기에서 나그네의 코트를 벗긴 것이 심리치료 이론과 무슨 관련이 있을까? 우리는 이 짧은 우화가 효과적인 치료적 개입이 좋은 결과로 이어지는 것을 선도하는 이론의 중요성을 강조하고 있다고 생각한다. 지침이 되어주는 이론이 없다면 우리는 개인의 역할을 이해하지 못한 채로 증상을 치료할 수 있다. 내담자들과 힘겨루기를 하게 될 수도 있고, 도움을 줄 때 직접적인 방법(바람)보다 때로는 간접적인 수단(해)이 효과적이라는 것을 이해하지 못할 수도 있다. 이론이 없다면 우리는 치료의 목적을 망각하여 방향 감각을 잃어버릴 수 있다. 예를 들어 사회적으로 타당해 보이기 위해 화려한 방법론을 추구하고 단순해 보이는 것은 하고 싶어 하지 않을 수도 있다.

이론이란 정확히 무엇인가? APA 심리학 사전에서는 이론을 "서로 관련이 있는 현상들을 설명하거나 예측하려는 목적을 가진 원칙 혹은 서로 관련된 원칙들의 집합"으로 정의한다. 심리치료에서 이론은 인간의 사고와 행동, 그리고 무엇이 사람을 변화하게 하는지를 설명하기 위한 일련의 원칙들이다. 실제 치료 장면에서 이론은 치료의 목표를 설정하고 어떻게 그것을 추구해가야 할지를 구체화 해준다. Haley(1997)는 심리치료의 이론이 평균적인 치료자가 이해할 수 있을 정도로 충분히 간명하면서도 다양한 상황을 설명할 수 있을 만큼 충분히 포괄적이어야 한다고 주장하였다. 뿐만 아니라 이론은 치료자와 내담자 모두가 치유가 가능한 것이라는 희망을 갖게 하면서 동시에 성공적인 치료 효과로 이어질 수 있는 행동들을 이끌어내어야 한다고 생각하였다.

이론은 심리치료자들이 광범위한 실제 치료 영역에서 방향감
각을 찾을 수 있도록 해주는 나침반이다. 계속 확장되는 탐험
영역에 걸맞게 항해 도구들이 발전을 거듭하듯이, 심리치료 이
론들도 시간이 지남에 따라 변화해왔다. 서로 다른 이론적 학
파들은 흔히 흐름(wave)이라고 언급되는데, 첫 번째 흐름은 정
신역동적 이론(예를 들어, 정신분석, 아들러 학파), 두 번째는 학습
이론(예를 들어, 행동주의, 인지-행동주의), 세 번째는 인본주의 이
론(인간-중심, 게슈탈트, 실존주의), 네 번째는 페미니스트와 다문
화 이론, 그리고 다섯 번째는 포스트모던과 구성주의 이론이다.
다양한 측면에서 이러한 흐름들은 심리치료가 심리학, 사회, 인
식론의 변화뿐만 아니라 심리치료 자체의 특성에 대한 이해를
어떻게 받아들이고 대응해왔는지를 잘 보여준다. 심리치료와
심리치료를 안내하는 이론들은 역동적이고 상호 반응적이다.
다양한 이론이 존재한다는 것은 동일한 행동이 어떻게 각기 다
른 방식으로 개념화될 수 있는지를 보여주는 증거가 된다(Frew
& Spiegler, 2008).

APA 심리치료 이론 시리즈를 출판하는 과정에서 우리는 이
론의 핵심적 역할과 이론적 사고는 자연스럽게 변화하는 것이
라는 두 가지 명제를 염두에 두었다. 시리즈 출판에 관여한 우
리 모두는 각 접근법들의 토대가 되는 이론과 일련의 복잡한
개념들에 완전히 매료되었다. 심리치료의 이론을 강의하는 대
학 교수로서, 전문가들과 수련중인 초심자들에게 주요 이론들
의 핵심을 설명할 뿐만 아니라 이론적 모델들의 최신 현황을
알려주기 위한 학습 자료를 만들고자 하였다. 이론서들을 보다

보면 때때로 최초 이론가들의 일대기가 해당 이론적 모델의 진화과정에 비해 상대적으로 더 중요하게 다루어지는 경우도 있다. 하지만 우리는 주요 이론들의 역사와 맥락적 요인들을 설명할 뿐만 아니라 현대에 이들이 어떻게 치료 장면에 적용되고 있는지도 소개하고자 한다.

이 시리즈를 만들기 시작하면서 우리는 두 가지 문제에 직면하였다. 어떤 이론을 다룰 것인가와 그것들을 가장 잘 전달할 사람은 누구인가 하는 문제였다. 우리는 어떤 이론들을 가르치고 있는지를 알아보기 위해 대학원 수준의 심리치료 이론 강의를 검토하였고, 어떤 이론들이 가장 흥미를 끌고 있는지를 파악하기 위해 유명한 학술 서적, 논문, 학회발표자료 등을 탐색하였다. 그리고 현대 이론 분야에서 가장 훌륭한 학자들 중에서 선발한 최고의 저자 목록을 만들었다. 각 저자는 해당 접근의 선두적인 옹호자이자 저명한 치료자들이다. 우리는 각 저자에게 이론의 핵심 구성요소들을 논하고 그것을 증거기반 수련의 맥락에서 살펴봄으로써, 이론을 현대 치료의 실제 영역으로 끌어오고, 해당 이론이 어떠한 고유한 방법으로 적용되는지를 명확하게 설명해달라고 요구하였다.

이 시리즈는 총 24권으로 구성되어있다. 각 권은 단독으로 혹은 몇 권을 함께 묶어서 심리치료 이론 수업에서 교재로 사용할 수 있다. 이러한 선택사항은 교과목 담당 교수나 강사로 하여금 오늘날 가장 핵심적이고 중요한 이론적 접근들을 특징으로 한 강의를 구성하기 용이하게 해준다. 이러한 취지에 맞게 APA Books는 또한 각 이론적 접근이 실제 내담자들과의 치료 장면에서 어떻게 적용되는지를 보여줄 수 있는 DVD를 제작하였다. 많은 DVD들은 6회 이상의 치료를 보여준다. 활용 가능한 DVD 프로그램 목록이 궁금하다면 APA Books에 접속하면 된다(http://www.apa.org/videos).

정신분석은 그동안 Freudian 이론과 동일어로 간주되어왔다. 정신분석은 전통적으로 심리치료의 초석이 되는 이론이라 대부분의 이론 수업의 시작점이 되고 다른 이론들을 논의하는 기준점이 된다. 그러나 많은 사람들이 알고 있는 정신분석은 Freud와 고전적 정신분석의 접근방법의 범위를 넘어서지 못한다. 심리치료의 실제와 관련해서 많은 개념들이 재정의되었거나 혹은 변화되었고, 다른 이론적 접근과 마찬가지로 정신분석 역시 이런 변화에 적응하면서 꾸준히 성장내지는 진화해 왔다. Jeremy Safran은 정신분석적 혹은 Freudian 접근법이 지난 한 세기 동안 심리치료의 실제에 적응해온 과정과 그 사상적 깊이에 대해 설명한다. 흥미진진하고 통찰력이 돋보이는 이 책은 독자들을 정신분석적 사고의 새로운 세대를 접할 수 있도록 해 주는 훌륭한 안내서라고 생각한다. 다양한 치료적 전략들과 실제 사례를 예시로 제공하면서 정신분석이 어떻게 여전히 현대 심리치료의 핵심적 이론으로 건재할 수 있는지를 보여줄 것으로 확신한다.

─John Carlson and Matt Englar─Carlson

참고문헌

Frew, J., & Spiegler, M. (2008). *Contemporary psychotherapies for a diverse world*. Bsoton, MA: Lahaska Press.

Haley, J. (1997). *Leaving home: the therapy of disturbed young people*. New York, NY: Routledge.

Forward for the Korean edition of Psychoanalysis and
Psychoanalytic Therapies

I am delighted to have this opportunity to write a forward
for the Korean edition of my book Psychoanalysis and
psychoanalytic therapies, and deeply grateful to Christine
Myunghee Ahn for translating it. I wrote Psychoanalysis and
Psychoanalytic Therapist at the request of the American
Psychological Association. They believed (and I agreed) that
it was important to have introduction to psychoanalysis for
American students of psychology, psychiatry and other
mental health professions, who are less familiar with
psychoanalysis and psychoanalytic therapy than they are
with other therapeutic modalities. In writing this book I
have attempted to accomplish two goals at the same time.

My first goal was to provide readers with an introduction
to the clinical practice of contemporary psychoanalysis and
psychoanalytic therapy that spells out key principles and
specific interventions, in a way that can serve as a guide to
the practicing clinician. To this end I have included
clear-cut clinical illustrations and vignettes. The book is

also accompanied by a DVD what was filmed by the American Psychological Association, in which I conduct six sessions of treatment with a real patient. I have provided a condensed description in the book, of what took place during these six sessions as well as my analysis of how best to understand the process that is taking place, and a discussion of the principles that the case illustrates. This DVD, titled: Psychoanalytic Therapy Over Time, is available from the American Psychological Association and can be purchased from them through their website at: http://www.ap−a.org/pubs/videos/4310864.aspx

My second goal in writing this book was to provide read−ers with an understanding of how the development of psy−choanalysis has been influenced over the years by a range of different theorists and clinicians living and writing in different cultures and different historical eras. Psychoanalysis is a not unified approach to treatment but rather a family of diverse theories and therapeutic approaches that share certain fea−tures, and differ in other respects. These shared features in−clude an assumption that 1) all human beings are motivated, in part, by feelings, wishes and fantasies that are outside of awareness, 2) feelings, wishes and fantasies are kept out of awareness because they are experienced as threatening or painful, 3) human beings are ambivalent about changing, and 4) the therapeutic relationship is an important vehicle of change.

One of the more influential contemporary forms of psy—choanalysis in North America is known as relational psycho—analysis – an approach that first emerged in the early 1980's. Although this is the form of psychoanalysis which I am most closely identified with and is perhaps the best way to describe the style of psychoanalysis that is illustrated in the book and the DVD, I have been strongly influenced by many other psychoanalytic traditions including traditional Freudian psy—choanalysis, Kleinian theory, ego psychology, object relations theory and Lacanian psychoanalysis. I believe that all forms of psychoanalysis have something to offer, and I have tried to provide the reader with a preliminary understanding of the basic principles of a range of psychoanalytic approaches as well as the historical and cultural factors that have influenced their development.

Psychoanalysis as it is practiced in North America during the twenty—first century is very different than the psycho—analysis that was developed and practiced by Sigmund Freud and his colleagues in the Austro—Hungarian Empire at the beginning of the twentieth century. This is not surprising given the fact that North American culture in the twenty—first century is very different than the culture and historical era in

which psychoanalysis initially developed. Similarly con-
temporary Korean culture is different in many respects from
contemporary American culture. It is inevitable that the ap-
proach I describe and illustrate in this book will have to be
adapted if it is going to be of value in Korea. I am most
eager to see what type of reception my book is ultimately
accorded in Korea and excited to see find out how psycho-
analysis as described in this book and others evolves over
time on Korean soil.

My best wishes to all

Jeremy Safran, September 2015

역자 서문

　오늘날 국내에 심리 상담에 대한 관심이 높아지면서 관련 대학원에는 심리 상담전문가를 꿈꾸는 지원자들이 넘쳐나고 있다. 심리상담분야에 대한 인지도가 상승하는 것은 환영할 만하다. 하지만 그 만큼 우리사회 전반에 걸쳐 심리적 고통이 깊다는 반증일 수 있다는 점에서 반드시 반갑기만 하지는 않다. 마음의 고통을 치유하는 과정에 제 몫을 다 하는 양질의 전문가를 양성해야 한다는 엄청난 책임 의식도 갖게 된다. 대학에서 가르치는 교수로서 그리고 전문가를 교육하고 수련하는 상담심리전문가로서 적절한 이론 혹은 설명론은 필수적인 교육적 도구이기도 하다. 특히 실제 경험이 없는 초심자들에게는 이론을 통해 경험을 이해하는 틀을 세우고 상담가의 인격적 소양과 경험이 덧입혀지면서 심리상담 전문가로서의 기초를 닦게 해준다. 치료자의 이론적 지식의 깊이는 체계적인 교육과 수련과정을 거치지 않은 비전문가와 상담심리 전문가를 차별화하는 잣대가 되기도 한다.

　미국 심리학회(American Psychological Association)에서 상담 및 심리치료 전문가를 대상으로 출간한 심리치료 이론 시리즈(Theories of Psychotherapy Series)는 최근 심리학과 심리치료 분야에서 주류를 이루는 따라서 APA의 주요 출판물에서도 드러나는 증거기반접근(evidence−based approach)과는 다소 거리가 있다. 이론적 탐색보다는 방법론적, 결과위주의 양적 연구가 판을 치는 상황에서 이론적 탐색에 방점을 찍는 작업이기 때문이다. 하지만 시리즈 편집자들은 심리치료에서 이론의 역할을 마치 밤을 가는 나그네의 발길을 비춰주는 달빛과도 같이 치료자에게는 내담자와의 여정을 인도하는 나침반과 같다고 생각한 듯하다. 이에 심리치료 장면에서 이론이 차지하는 중요성, 그리고 이론은 그 특성상 시간의 흐름에 따라 변모한다는 점을 염두에 두고 심리치료 전문가와 수련생들에게 주요 심리치료 이론의 핵심적 부분과 최신의 이론적 동향을 소개하기 위한 목적으로 집필되었다.

정신분석과 정신분석적 심리치료를 번역하게 된 동기는 첫째, APA 심리치료이론 시리즈에 포함된 이론 중 정신분석이론이 가장 역사와 전통이 깊은 즉, 심리치료 이론의 효시이기 때문이다. 저자인 Jeremy Safran이 언급한 바와 같이 정신분석이론의 입지가 상대적으로 위축된 것은 사실이다. 하지만 인간성, 성격발달, 병리적 성격 및 증상의 형성과정에 대한 이해, 그리고 치료자의 태도를 포함한 치료적 요인과 치료과정 및 치료기법에 이르기까지 가장 포괄적이며 동시에 심층적인 설명을 제시하는 거대이론(grand theory)이란 점이 두 번째 이유이다. 셋째, 정신분석이론은 Freud를 시작으로 이후의 수많은 이론가, 치료자, 그리고 학자들에 의해 지속적으로 수정·보완되었고 실제 치료장면에서의 적용 역시 다양한 형태로 이루어지는 다중이론(multi-model, Joseph Sandler)으로 수련생은 물론이고 심리치료 전문가들에게도 쉽게 손에 잡히지 않는 방대하고 심오한 이론이다. 이에 정신분석이론에 관심이 있는 다양한 독자층을 고려해 핵심적 이해를 전달할 수 있는 설명력을 지닌 소개서가 필요하다고 느꼈다. 특히 국내 교육과정의 현실을 감안해서 그다지 많지 않은 분량으로 압축해서 명료하게 설명하는 교재의 필요성이 절실했다. 따라서 저자인 Jeremy Safran 역시 현직 교수로서 제자들을 교육하는 자료로서의 활용도를 염두에 두고 이 책을 집필했다는 점이 좋았다. 그리고 정신분석과 현대 정신분석적 치료의 핵심을 소개하는 과정에서 이론적 흐름은 심리학, 사회학, 인식론, 그리고 구체적으로는 심리치료의 본질에 대한 이해가 변해 온 과정과 맞물려 있음을 맥락에 깔고 소개하는 부분에서 자칫 개념의 나열에 지나지 않는 설명서와 차별화 되는 점이 특히 마음에 들었다. 나는 자칫 이론이라는 개념적 틀에 맹목적으로 매달릴 수 있는 초심자들에게 개념(concept)은 단지 현상 혹은 경험(experience)을 지칭하는 도구(tool)에 불과하지 않는다는 점을 알려주어야 한다고 생각한다. 그리고 이를 위해서는 이론이 단지 개념의 논리적 조합이 아닌 경험 혹은 현실(reality)을 들여다보고 이해하는 하나의 고유한 렌즈 또는 조망(perspective)이라는 점을 전공생들에게 주지시켜야 한다고 생각한다. 물론 해당 이론을 설명하는 과정 자체는 특정 접근에 대한 정확하고 꼼꼼한 설명이 동반되어야 한다고 믿는다.

이 책은 우선 정신분석의 전반적 소개로 시작되는데 정신분석과 정신분석의 변천사에 일조한 사회−문화적 맥락을 바탕으로 하는 점이 여타 압축된 설명서에서는 보기 드문 부분이자 강점이라고 생각한다. 이어지는 정신분석의 핵심적 개념에 대한 소개 부분이 저자의 임상적 경험을 바탕으로 서술되어 내담자와 치료자가 경험하는 치료적 맥락에 대한 경험을 소개하는 점도 본서의 좋은 점이라 할 수 있다. 특히 저자의 해박한 지식과 임상경험을 바탕으로 풀어 설명 해주기 때문에 경험의 기반이 되는 느낌 혹은 감정의 흐름에 대한 이해가 좀 더 쉽지 않을까 싶다. 다음에 나오는 치료적 개입방법과 치료적 과정에 대한 설명에서는 본인이 실제 치료한 사례를 예로 들어 설명한다. 실제 치료경험이 적은 수련생들에게는 개념을 실제와 연계할 수 있는 자료를 제공하고, 전문가들에게는 본인들의 치료경험과 대비시켜 공감적 이해를 하는 데 도움이 된다고 생각된다.

정신분석이 현대정신분석적 치료로 변천하는 과정에서 개인 내부의 욕구들 간의 충돌과 좌절에서 의미 있는 대상과의 관계적 외상으로 그 고통의 뿌리에 대한 이해가 옮겨갔고, 치료장면에서는 과거의 탐색보다는 과거와 연결되어있는 지금-여기의 경험을 탐색하는 방향으로 무게중심이 이동한 것이 사실이다. 하지만 여전히 개인내적 심리적 역동에 대한 관심에 비해 사회-문화적 차이 혹은 영향을 상대적으로 덜 고려한다는 비판이 많다. Jeremey Safran은 이와 같은 비판에 대해서도 자세히 기술하고 있고, 그럴 수밖에 없는 이유를 들어 방어하기도 한다. 고전적 정신분석, Object-Relations Theories, Ego Psychology, Self Psychology를 관통하는 개념적 이해를 기반으로 하는 현대 정신분석적 심리치료의 한 부류인 Relational Psychotherapist이자 연구자이기도 한 저자는 이 책의 마지막 부분에서는 정신분석적 치료가 가장 취약한 부분이라고 할 수 있는 실증연구에 대한 개괄과 정신분석과 현대 정신분석적 치료의 장단점을 나름 솔직하게 기술하고 미래에 대한 제언을 더했다.

　모쪼록 이 책이 정신분석과 정신분석적 심리치료 전반에 대한 전문적 소개와 관련 핵심 개념 및 관점에 대한 정보를 제공하여 독자들에게 실제 치료장면에서 중요한 이론적 도구로서 그 유용성이 있기를 기대해 본다.

　끝으로 이 책이 나올 수 있도록 배려해주신 박영사 안종만 회장님, 박영스토리 안상준 상무님 그리고 여러 번의 교정작업을 인내해주신 한현민 선생님과 모든 과정을 함께 해주신 노현 부장님께 감사의 인사를 드린다.

2016년 7월
역자 대표 안명희

차 례

소 개

정신분석의 현재 _5
정신분석 내에 존재하는 순응주의자와 전복주의자간의 줄다리기 _8
정신분석과 정신역동적 치료 _21
정신분석과 정신역동적 치료의 차이가 어떻게 드러나게 되었는가? _22

역 사

초창기 정신분석적 사고의 진화과정 _31
FREUD 이후의 정신분석 _39

이 론

변방 학문으로서의 정신분석   _56
정신분석과 건강한 삶의 본질   _58
핵심 개념   _66

치료과정

개입의 원칙   _95
변화의 기제   _133
장기 vs. 단기 정신분석적 치료의 원리   _158

평 가

정신분석과 정신분석적 치료효과를 지지하는 연구   _212
정신분석적 치료의 잠재적 걸림돌 혹은 문제점   _220
정신분석적 치료와 다양한 내담자 집단   _221

6

미래의 발전방향

실용적 정신분석 _232
다른 접근들을 통합하기 _236
정신분석과 연구 _237
사회, 문화, 정치적 비판 _242

7

요 약 _248

주요용어 _256
참고문헌 _261
색인 _280

1 장

소 개

정신분석은 아주 독특한 유형의 심리치료이자 심리기능, 인간발달, 그리고 정신병리 모형이다. 치료의 실제적 측면에서 볼 때, 하나의 통일된 정신분석 이론이란 존재하지 않는다. 하지만 한 세기 이상에 걸쳐 여러 나라에서 수많은 이론가들과 치료자들, 특히 그들의 저술활동을 통해 발전을 거듭해 온 다양한 정신분석 이론과 치료기법이 존재한다. 때문에 통일된 단일이론의 부재에도 불구하고, 다양한 정신분석의 이론적 관점들을 관통하는 기본원리에 대한 일반적인 설명이 가능하다. 그 기본원리에는 다음의 가정들이 강조된다. 첫째, 모든 인간은 부분적으로 의식의 범위를 벗어나 있는 소망, 환상, 그리고 암묵적 지식에 의해 동기화된다(이것은 무의식적 동기라고 불린다). 둘째, 무의식적 동기의 의식화를 촉진함으로써 선택의 폭이 늘어난다. 셋째, 내담자가 고통스럽고 두려운 감정, 환상, 사고를 회피하기 위해 활용하는 대처 방식을 탐색하는 것이 중요하다. 넷째, 내담자는 변화에 대해 양가적 감정을 갖기 마련이다. 따라서 양가감정을 탐색하는 것이 중요하다. 다섯째, 치료적 관계를 내담자의 자기 패배적인 심리적 과정과 의식적, 무의식적 행위를 탐색하는 장으로 활용해야 한다. 여섯째, 치료적 관계를 변화의 중요한 수단으로 활용한다. 마지막으로 내담자로 하여금 자신이 과거와 현재를 살아온 방식이 자기패배적 패턴을 지속시킨다는 것을 이해하도록 돕는다.

정신분석 초창기에, Freud와 동료들은 보통 일주일에 네 번에서 여섯 번 정도 내담자를 만났고, 치료기간은 오늘날의 기준에서 보면 상대적으로 짧았다. 치료기간이 6주에서 2개월 정도 지속되는 것이 흔한 일이었다. 정신분석의 목표가 증상을 완화시키는 것에서 성격기능을 근본적으로 변화시키는 것으로 발전하면서, 평균적인 분석기간도 점차 증가하여 분석이 6년 혹은 그 이상 지속되는 것이 보통이 되었다.

현대의 많은 정신분석가들은 여전히 장기 집중 치료가 치료효과의 측면에서 이점이 있다고 믿는다. 실증연구 자료들이 보여주듯이, 몇몇 증상들은 단기적이고 덜 집중적인 치료에서도 변화가 가능하지만, 성격기능과 그 기저에 있는 심리구조를 바꾸는 근본적인 변화는 많은 시간을 요한다(e.g., Howard, Kopta, Krause, & Oilinsky, 1986). 게다가, 내담자-치료자의 관계가 변화를 일으키는 중심 기제라는 것을 고려할 때, 이 치료적 관계가 발전돼서 변화의 역할을 하기 까지는 장기적이고 집중적인 치료가 필요하다. 그럼에도 불구하고, 현실적으로 장기 집중 치료가 항상 가능한 것도 아니고 심지어 (내담자의 문제 혹은 목표에 따라) 바람직하지 않을 수도 있다는 인식도 증가하고 있다. 이에 현대 정신분석에서는, 단기로 일주일에 한두 번 내담자를 보는 것이 흔한 일이 되었다.

정신분석은 현대 서양정신치료의 시조이다. 따라서 대부분의 다른 치료적 접근은 정신분석에서 유래되었거나 중요한 영향을 받았다. 정신분석에 대한 반응, 비판, 혹은 대안으로 등장해 발전하기도 하였다. *정신분석*이란 용어는 Sigmund Freud(1856-1939)에 의해 처음 사용되기 시작하였는데, Freud는 비엔나(Vienna)의 신경학자로 핵심적인 동료들(e.g., Wilhelm Stekel, Paul Federn, Max Etington, Alfrred Adler, Hans Sachs, Otto Rank, Karl Abraham, Carl Jung, Sandor Ferenczi, Ernest Jones)과 함께 심리치료를 심리 기능, 발달, 변화이론의 모형과 결합시켜서 하나의 학문분야로 발전시켰다. 정신분석은 그 당시의 정신의학, 신경학, 심리학, 철학, 사회·자연과학에서 일어난 다양한 학문적 발전들로부터 영향을 받으면서 출현했고 이후에는 당시에 등장하기 시작한 다른 정신병리 그리고 정신치료 모형과의 경쟁적인 상호작용을 통해서 발전하였다. 병리학 모형들과의 상호작용을 통해서도 발전하였다.

이에 더해서, 정신분석은 Freud의 제자와 동료들이 이의를 제기한 쟁점들뿐만 아니라 정신분석 영역 밖의 사람들에 의해서 제기된 이론적 도전과 비판들을 잠재우고자 했던 Freud의 노력에 의해서 꾸준히 발전하였다(Gay, 1988; Makari, 2008).

Freud는 일생에 걸쳐 정신분석 기법에 대한 자신의 이론적 관점과 사상을 다듬고 발전시켰다. 때문에 그의 이론은 통일되고 일관성 있는 사고체계처럼 제시된다. 하지만 정작 Freud의 논문과 저서들을 읽다보면 그의 이론은 체계적이고 통일된 이론이라기보다는 오히려 진행 중인 작업을 보는 듯하다. 이러한 저술 스타일은 Melanie Klein(1955/2002a, 1975/2002b), Ronald Fairbairn(1952, 1994), Donald Winnicott(1958, 1965) 그리고 Jacques Lacan(1975/1988a, 1978/1988b)을 포함한 영향력 있는 다른 많은 정신분석 이론가들에게서도 엿볼 수 있다.

정신분석 초창기에는 Freud가 유일했고, 또 가장 영향력 있는 인물이었음은 부인할 수 없다. 하지만 다른 많은 창조적인 사상가들도 아주 초기부터 정신분석이 발달하는 데 기여하였다. 그들의 사상은 Freud로 하여금 자신의 생각을 명료화하는 데 일조하였다. 그리고 다양한 방식으로 Freud에 의해서 흡수되거나 재해석되기도 하였다. Freud에 의해서 받아들여지지 않았던 부분들 중에도 그들 제자들의 사상과 후대의 정신분석가들에게 영향을 준 것들이 있다(Makari, 2008). 정신분석은 Freud의 저술과 강의 그리고 그가 있었던 비엔나(Vienna) 주변으로 모여든 몇몇 동료들의 초기 저술활동을 기반으로 미약하게 시작되었지만, 1939년 그가 사망할 즈음에는 오스트리아의 비엔나, 스위스의 취리히, 독일의 베를린, 헝가리의 부다페스트, 이탈리아, 프랑스, 영국, 미국, 남미에 중요한 센터들을 가진 국제적인 운동(intenational movement)이 되었다. 이 센터들 역시 각각의 고유한 영향력으로 정신분석 발전에 기여하였다. 이렇게 정신분석의 많은 개별 학파들과 이론들은 1939년 이래로 세계 각처에서 발전을 거듭해왔다(Makari, 2008). 한편 정신분석의 다양한 학파와 그 추종자들은 Freud를 각기 다르게 해석하고, 그의 주요 가정들에 대해서 동의하기도 하고 동의하지 않기도 한다. 또한 Freud가 권유한 치료 기법, 그리고 Freud의 이론적인 기본 틀과 관련된 다양한 측면을 해석함에 있어서 차이를 보이기도 한다.

정신분석의 현재

많은 비평가들이 정신분석과 Freud를 동일시한다. 하지만, 정신분석의 치료적 가치와 이론적 타당성이 Freud 개인의 사상적 타당성과 반드시 결부되어 있지 않다는 것을 인식하는 것이 중요하다. Freud는 특정한 시대적 그리고 문화적 맥락에서 저술활동을 하였다. 그의 사상은 현대사회보다는 원래의 역사적, 문화적 맥락에서 더 타당성이 있는 부분도 있고, 일부는 처음부터 오류가 있었던 측면도 있다. 나중에 보게 되겠지만, 북미와 나머지 다른 지역에 알려져 있는 Freud시대의 정신분석과 현대 정신분석 사이에는 몇 가지 큰 차이가 있다. 예를 들어, Freud시대와 비교했을 때 현대 미국의 정신분석은 치료적 관계의 상호성을 훨씬 더 강조한다. 치료적 관계가 갖는 근본적인 인간본성; 치료과정에서의 융통성, 창조성, 자발성; 그리고 삶과 인간본성에 대한 낙관적인 관점 등을 더 강조한다. 흔히 오해하는 것과 달리, 정신분석적으로 지향된 치료의 효과(e.g., Levi, Albon, & Kaechele, in press; Shedler 2010)와 정신분석의 다양한 구성 개념들의 타당성에 대해서도 실제 상당한 증거기반 자료가 쌓여있다(see, e.g., Westen, 1998; Westen & Gabbard, 1999). 그리고 정신분석 이론과 실제를 문화적인 맥락을 고려하여 적용하는 것의 중요성 역시 점점 더 강조되고 있다(e.g. Altman, 1995; Gutwill & Hollander, 2006; Perez Foster, Moskowitz, & Javier, 1996; Roland, 1998).

미국의 정신분석은 낙관주의 경향과 평등주의 철학을 포함하는 미국인들 특유의 태도에 영향을 받아 발전해왔다. 미국식 정신분석의 발전에 기여한 또 다른 중요한 요인으로는 현재 선두적인 역할을 하는 많은 분석가들이 1960년대 문화 혁명기에 성년이 된 사람들이란 점을 들 수 있다. 그 시기는 전통적인 사회규범과 권위의 원천들이 도전을 받던 시절이다. 게다가, 뛰어난 여성주의 정신분석 사상가들이 전통적 정신분석 이론에 함축되어있는 많은 가부장적 가정들에 도전하기도 했던 시기이다. 예를 들면, 치료적 관계에서의 힘의 역동에 대해 중요한 문제들을 제기하고, 성 역할(gender)에 대한 정신분석적 사고들을 재정의하였다(e.g., Benjamin, 1988; Dimen, 2003; Harris, 2008). 또 다른 영향 요인으로 포스트모던적 감성을 들 수 있다. 포스트모던적 감성은 인간이 현실을 객관적으로 이해하는 것이 가능하다는 가정에 도전하고, 보편화된 진리가 옳다는 주장에 대해서 회의적인 태도를 유지하며, 이론적 다원성의 중요성을 강조하였다. 마지막으로, 지난 수십년간 심리학자들이 정신분석 수련기관의 박사후 과정(post graduate psychoanalytic training institute)에 대거 유입된 것도 미국 정신분석의 발전과정에 영향을 미쳤다. 심리학자들의 등상은 전통적으로 정신의학에 의해 지배되었던 이 분야에 의미 있고 지적으로도 흥미로운 변화들을 이끌었기 때문이다.

하지만 안타깝게도, 정신건강분야에 종사하는 많은 사람들과 일반 대중들은 정신분석 내에서 일어난 이런 일련의 변화들에 대해 잘 알지 못한다. 또한 정신분석의 특징이라고 볼 수도 없는 이론, 실제, 혹은 태도의 특정 단면만을 바탕으로 정신분석 진동을 이해하는 척 하거나 혹은 희화화하는 편파적인 태도를 보이기도 한다. 물론 정신분석의 과거와 현재에 대한 타당한 비판들도 많지만 오늘날 정신분석이 홀대를 받는 데는 문화적 편견, 특히 미국에서의 문화적 편견이 부분적으로 원인 제공을 했다고 생각한다. 반드시 건전한 것이라고만 볼 수 없는 이런 편견에는 낙관주의, 실용주의, 속도와 방법 혹은 수단의 강조, 애매함을 못 참는 문화적 특성이 반영되어있다. 이런 면모들 역시 그 자체로서 가치가 있긴 하지만, 다른 한편으로는 인간 본성의 복잡성과 변화과정의 어려움을 평가절하 할 수 있는 우매함(naïveté)으로 이어질 수 있다. 미국문화는 전통적으로 삶의 비극적인 차원들을 부각시키지 않고 누구든 열심히 노력하면 행복할 수 있다는 믿음을 고취시키며, "빠른 해결책 즉, 임시변통의 사고방식"을 강조하는 편향을 보인다. 하지만 정신분석은 유럽 대륙에서 시작되었다. 즉, 수백 년 간의 가난, 지배계층에 의한 민중의 압제, 계속되는 종교적인 갈등과 억압, 규모나 파괴력의 차원에서, 그리고 비극적인 면에서 전례가 없던 두 번의 세계대전으로 막을 내린 수년간의 전쟁을 치뤘던 유럽의 문화적 배경에서 출발하였다.

　미국의 정신분석이 분명 유럽의 정신분석보다 낙관적이고 실용적인 경향이 있지만, 여전히 정신분석의 전통적인 가치관을 많이 보유하고 있다. 인간의 복잡성에 대한 이해, 만족이란 "행복하다·아니다"라는 이차원적 형태와 동일시할 필요가 없다는 인식, 변화가 늘 쉽거나 빠르지는 않다는 것을 이해하는 것 등이 그것이다. 현대 정신분석의 특징과 정신분석의 이론과 실제를 깊이 이해하는 것은 심리학자들로 하여금 최선의 치료적 도움을 줄 수 있는 방법에 대한 폭넓은 이해를 제공한다. 또한 문제시 될 수 있는 문화적인 맹점과 편견들을 교정하는 역할을 한다. 마지막으로, 현대 정신분석 내에는, 한 때 이 분야의 특징적이었던 성향 즉, 기존의 체제를 전복시키는 파격적인 문화적 성향, 진보적인 사회적 성향, 그리고 정치적 참여를 추구하던 고유한 정신을 회복하려는 움직임이 있다는 점도 주목할 필요가 있다. 이 책이 독자들에게 다소 생소하게 다가오는 부분도 있을 수 있다. 하지만 정신분석 이론과 실제의 측면에서 중요한 최근의 발전들을 좀 더 폭넓은 독자층에게 소개하고 전통적인 정신분석에 대해 갖고 있을 수 있는 오해를 바로잡아 줄 것이라고 희망한다.

정신분석 내에 존재하는 순응주의자와 전복주의자간의 줄다리기

정신분석은 오랫동안 미국을 비롯한 많은 나라의 정신건강보험제도를 지배했었다. 그러나 1960년대 후반부터 정신분석은 미국의 건강보험제도와 임상수련프로그램에서 점점 소외되기 시작했다. 미국에서 정신분석이 쇠퇴한 데는 여러 가지 이유가 있다. 한 가지 중요한 요인은, 정신분석이 전성기를 누릴 당시 정통성을 고집하는 편협하고, 오만한, 엘리트 의식을 가진 보수적인 문화적 세력이라는, 어쩌면 지극히 당연한 평판을 얻었기 때문이다. 정신분석은 또한 많은 사람들이 일상에서 마주치는 구체적인 문제들에 대해 고심하는 데는 별로 관심이 없고, 사람들의 삶에 영향을 주는 사회적, 정치적 요인들에 대해서도 이해가 적은, 다소 소수만이 아는 비밀스럽고 난해한 분야라는 평판을 얻었다. 많은 사람들에게 "재정적으로 풍족한 사람들을 위한 사치스런 취미"라고 비쳐지게 된 부분도 일조하였다.

정신분석이 이런 평판을 얻게 된 점은 상당히 역설적이라 할 수 있다. Freud는 애초에 정신분석을 기존의 의사들이 치료하지 못한 증상을 보이는 내담자를 위한 치료방법으로 개발하기 시작했었다. 하지만 Freud 자신의 학문적 야망과 후학들의 야망이 궁극적으로는 정신분석이 치료영역을 넘어서 사회이론과 문화비평으로 확대되는 데 기여하였다. Freud와 초창기의 많은 정신 분석가들은 의학적 배경을 가지고 있었다. 그럼에도 불구하고, Freud는 정신분석이 의학의 하위분야가 되지 않아야 한다는 신념이 강했다. 그리고 실제로 다양한 교육적 배경을 가진 지식인들이였던 분석가들로 인해 이 분야에 문화적, 지적 폭이 넓어지는 것에 대한 자부심이 많았다. Freud를 포함하여 많은 초창기 정신분석가들은 촉망받는 중산층 출신의 유태계 지식인들이었다. 이들은 세기가 바뀌는 시점에서 오스트리아-헝가리 제국(Austro-Hungarian Empire)의 개방적이고 진보적인 정책으로 인해 사회적 신분상승이 가능하게 되었고 종국에는 정신분석의 문화적 확산에 기여하였다. 사회이론가인 Thorstein Veblen(1919)은 20세기로의 전환기에, 서구 유럽의 비종교적인 유태인들은 독특한 변방의 지식인 그룹을 형성했다고 주장하였다. 그들은 전통적인 유태교로부터도 소외되었고 유럽사회 관습에 동화되었을 때조차도 유럽사회 안으로 완전히 수용되지 못해 특유의 회의적인 시각을 발전시켰다고 보았다.

이렇게 초창기 분석가들은 전통적으로는 억압되고 소외된 집단이었으나 이후 자유롭고 진보적인 지식층의 구성원으로 편입되었던 사람들이다. 그들은 사회적으로 주류에 편입되기를 열망했지만, 동시에 지배적인 문화가 가지는 가정들에 대해서는 비판적인 경향이 있었다. 이들의 비판적이고 어느 면에서는 체제에 대한 전복적인 자세는 사회 개혁에 대한 진보적인 시각과 밀접한 관련이 있었다. 정신분석은 일정 부분 병을 만드는 사회적 억압과 이로부터 비롯된 성적억압에 대한 비판에서 출발하였다. Freud는 폭넓은 사회적, 문화적 관심사들에 대해 흥미가 깊었다. 그는 의사들이 누리는 다양한 특권에 비판적이었고, 생의 말년까지 무료 정신분석 진료소를 지원했으며, 치료비를 융통성 있게 책정할 것을 주장했고 의학 수련을 받지 않은 전문가들에 의해 행해지는 정신분석을 지지하였다. 많은 초창기 정신분석가들은 정치적 비판과 사회적 정의에 헌신하는 진보적인 사회 활동가들이었다. Sandor Ferenczi는, Freud의 절친한 동료들 중 한 명이었는데, 사회적 위선과 관습주의를 비판하였다. 헝가리 부다페스트에 무료진료소를 세웠고 여성과 동성애자들의 권익을 열성적으로 옹호하였다. Karl Abraham, Ernst Simmel, Max Etington은 1920년대에 독일 베를린에서 공공 정신분석 진료소를 세웠는데 그곳은 이후 사회적, 정치적 진보주의의 요새가 되었다(see Danto, 2005).

이들 분석가들의 상당수가 좌파, 사회주의 사상에 영향을 받았다. 그들 대부분이 자본주의에 대한 Marxist식 비판이 지식인 사회에서 널리 논의되던 비엔나와 정치적 성향이 짙은 문화적 배경을 지닌 베를린에서 성장했다는 것을 생각해 보면 놀랄만한 일이 아니다. 그들은 자신들을 사회적 변화의 매개체로 보고, 정신분석을 관습적인 정치적 관례에 대한 도전으로 그리고 의학 분야로 보기보다는 오히려 사회적 의무(social mission)로 간주하였다. 그 중에서도 Wilhelm Reich(1941), Erich Fromm(1941), 그리고 Otto Fenichel(1945) 같은 저명한 분석가들은 열렬한 사

회주의자 혹은 Marxist로 헌신했고 정신분석을 사회적 관심사와
융합한 것으로 잘 알려져 있다.

　정신분석과 사회, 정치, 문화적 관심사 간의 융합이라는 이
오랜 전통의 또 다른 예로 Erich Fromm과 Herbert Marcuse와
같은 정신분석 사상가들과 독일 프랑크프르트에 위치한 사회연
구소(The Institute for Social Research)의 비판이론 전통 간에 진행
된 생산적인 공동연구를 들 수 있다. 사회연구소(The Institute
for Social Research)에는 독일 사회주의 과학자들이 연구원으로
활동하고 있었는데 그들은 사회학, 역사학, 정치과학, 인류학,
심리학을 통합하는 다 학제 간 관점에서 사회를 비판하고 개혁
하는 데 관심이 있었다. 비판이론의 중요한 전제는 모든 이론
은 사회 문화적 이념에 의해서 형성된다는 것이다. 때문에 이
론이 특권계층의 이익을 유지하는 데 기여할 수 있다는 점을
반증하는 사회학적, 역사적, 그리고 정치적 관점에서 해당이론
을 비판적으로 분석할 필요가 있다고 보았다.

　Max Horkheimer, Theodor Adorno, Walter Benjamin, 그리
고 Leo Lowenthal은 이 사회연구소에서 활동하던 주요 인물들
이다. 그들의 지적 활동은 산업자본주의가 당시의 문화발전에
어떤 영향을 끼쳤는지를 근대화 문제의 차원으로 접근했던
Marxist의 분석에서 영감을 받아 시작되었다. 이 관점에서 보
면, 산업혁명은 생산수단을 소유하여 훨씬 더 큰 규모를 이루
는 노동자 계급의 노동력으로부터 이득을 취하는 중산 계급의
등장으로 이어졌다. 노동자 계급의 구성원들은 대체로 노동의
형태와 속도, 그리고 노동력의 결실에 대한 통제권한이 없다.
즉, 노동자들은 자신들의 지적 그리고 육체적인 잠재력으로부

터 소외된다. 그리고 이런 현실이 착취당하는 노동자 계급의 희생으로, 부와 권력이 소수의 손에 집중되는 시스템을 낳는다. 기술이 정교화됨에 따라서 생산은 더 자동화되고 노동자에게 필요한 훈련과 기술의 양은 점점 더 단순화된다. 이것은 노동의 가치를 떨어뜨리고 노동자가 무의미와 소외를 경험하는 데 기여한다. 노동자들은 교체 가능한 단위가 되고 인간성을 상실하게 되는 것이다.

1947년, Horkheimer와 Adorno는 그들의 고전, *계몽의 변증법(Dialectic of Enlightenment*, Horkheimer & Adorno, 1947)을 출판하였다. 2차 세계대전 당시 나치와 공산주의자들의 대량학살 행위의 그늘 속에서 쓰인 이 책에서, Horkheimer와 Adorno는 계몽주의(the Enlightenment)가 해방(liberation)이 아닌 야만성(barbarism)이란 전례 없는 나락으로 떨어지게 된 역설적인 상황을 신Marxist 이론, 대륙 철학, 정신분석적 사상의 결합으로 설명하였다. 이 논제의 중심에 있던 생각은 과학, 기술, 기계적 사고의 발전이 대량생산과 체계화를 강조하는 자본주의와 결합하여, 차가운 합리적 전체주의 시스템의 발달로 이어졌다는 것이다. 이런 시스템에서는, 냉담하리만큼 합리적인 국가기구가 유토피아적 이상을 추구하는 데에 있어서 이익이 된다고 생각하면, 인간을 상품화, 대상화하고 사회적으로 순응할 것을 강요하거나 멸종시킨다고 본다.

프랑크프르트(Frankfurt) 학파 중 나치즘의 발흥으로 미국으로 피신했던 많은 사람들은 미국인들이 공유하는 문화적 이념이 미국의 소비문화의 영향력을 유지하는 데 기여하는 것을 보고 충격을 받았다. 그들은 대중매체가 자본주의 체제를 유지하기 위해 거짓된 욕구를 창조해내는 생각과 믿음을 광고하는 방식을 지적하기 위해서 *문화산업*이라는 용어를 만들었다. 예를 들어, 미국 사람들은 특정한 종류의 맥주나 포도주를 마시고 특정한 종류의 차를 타고 특정한 옷을 입으면 사랑과 행복과 만족을 찾을 것이라는 믿음을 갖도록 사회화된다고 보았다. 미국인들 사이에서 공유되는 또 다른 이념은 열심히 일하면 누구든 성공할 수 있고 부자가 될 수 있다는 것이었다. 이 이념은 각기 다른 사회경제적 계급의 구성원들에게 균등하지 않은 기회들이 주어진다는 현실을 부정하게 한다. 또한 사회적 조건이란 현실을 초월하지 못하는 개인을 비난하게 하게 한다는 것이다. 다시 말하면, 이런 신념들이 자본주의 체제를 유지시키는 데 기여하고 "가진 것 없는 사람들"을 교묘하게 조종하여 오히려 자신들의 이익에 반하게 행동하도록 한다고 주장하였다. 이와 같은 예리한 분석은 특히 레이건(Regan) 대통령 시대 이후에 부자와 가난한 사람들 간에 격차가 점점 커졌다는 것에 비추어 보면 시의적절한 것이었다.

Theodor Adorno는 정신분석적 사상을 지침으로 삼는 일련의 경험적 연구들을 수행하기 위해서 Berkeley University의 심리학자들과 공동연구를 하기도 했는데, 이 연구의 목적은 전체주의 체제에 취약한 성격과 전체주의를 지지하는 개인의 특성을 탐색하는 것이었다(Adorno, Frenkel-Brunswick, & Levinson, 1950). 그들은 특히 나치 독일에서 파시즘의 봉기가 가능하도록 한 개인과 집단 심리에 관심이 있었다. 하지만 결과적으로 그들의 연구는 당시의 미국 정치에서 우파 보수주의가 출현한 것을 이해하는 데 도움이 되었다. 이들이 확인한 몇 가지 공통된 특성에는 관습적인 중산층의 가치에 대한 집착, 집단 내의 이상화된 권위를 향한 순종적이고 무비판적인 태도, "흑백" 범주에서 경직된 사고를 하는 경향, 힘과 강인성에 대한 집착, 집단 구성원이 아닌 외부인들 사이에서의 비도덕적으로 보이는 성적인 태도와 활동에 대한 집착과 투사가 포함되었다.

Russell Jacoby(1983)는 유럽에서의 나치의 봉기 때문에 미국으로 이민을 간 많은 유럽 분석가들이 미국문화에 적응하기 위해, 그리고 미국인들이 자신들을 위험한 외국인으로 보고 공포와 의심을 갖는 것에 대해 방어하기 위해 정치적으로 더 진보적인 성향을 갖지 못하고, 사회 비판적인 의무 또한 경시한 측면이 있었다는 것을 증명하는 데 공헌하였다. 이런 사실은 2차 세계대전 이후 미국과 소련 간 전시 동맹이 깨지고 공산주의, 사회주의, Marxism에 대한 공포가 McCarthy 시대에 절정에 달했을 때 특히 그랬다. 자본주의에 대한 Marxist의 비판에 어느 정도 기반을 두고 있었던 이민자 분석가들이 진보적인 정신분석을 위해서 투쟁하는 것은 그 시대와 보조를 맞추지 못하는 것이고, 북미에서의 정신분석의 미래를 위험에 빠트리기 쉽다고 이해한 것은 꽤 타당해 보였다. 그들은 이렇게 자신의 정치적인 관점은 숨기고, 정신분석을 하나의 직업으로 확립하는 데 초점을 맞추었다.

미국에서 정신분석의 직업화가 정신분석의 특징을 형성하는 데 이바지한 역할을 반추해보는 것은 흥미로운 측면이 있다. 20세기 들어 20년이 되는 시점까지, 정신분석이 미국에 뿌리를 내리기 시작하면서, 미국 의료지은 익하수련의 질을 높이고 표

준화하려고 몸부림을 하고 있었다. 1910년, Carnegie재단에서
발행하는 Flexner Report는 미국의 의학 수련의 질을 비판하고
더 강력한 입학 기준, 수련, 그리고 전문분야에 대한 관리감독
을 요구하였다. 부분적으로는 이 보고서에 대한 반박으로, 미국
에서 정신분석을 발전시키는 데 있어 지배적인 역할을 해 온
정신과 의사들은 의학적 배경이 없는 정신분석가 지망생들을
수련시키는 것이 정신분석의 미래를 위험에 빠트릴 수 있다고
우려하기 시작하였다. 급기야 1938년 초, 미국정신분석협회는
공식적인 정신분석 수련을 의사로 제한한다는 운명적인 결정을
하게 된다. 이와 같은 행보는 정신분석의 전문성을 보호해야
한다는 우려 속에 순수주의와 엘리트주의에 빠진, 경직된 형태
의 정신분석을 발전시켰다. 과학적 존중이라는 그럴듯한 포장
을 하고, 혁신을 좌절시키고 사회적 보수성의 풍조를 발전시키
는 데 기여하였다.

　시간이 흐르면서, 의학이 건강관리 분야 전문직들 가운데 누
리던 특권적 지위를 강화하고 정신분석이 의학의 하위전문분야
로 기반을 잡으면서, 정신분석 전문직의 사회적 특권 또한 상
승하였다. 정신과 의사로서 수련을 하는 레지던트들에게는 긴
시간이 걸리는 정신분석 수련과정 또한 정신분석이 정신의학
내에서 엘리트 하위 전문분야라는 느낌을 갖도록 하는 데에 이
바지하였다. 주요 병원의 정신과 과장들이 정신분석가였고 대
부분의 정신과 레지던트 과정 프로그램들은 정신분석 지향의
치료에 대한 수련을 제공하였다.

　미국은 정신분석 세계의 중심부가 되었고 정신분석 수련과

발전에 엄청난 양의 시간, 노력, 그리고 돈을 투자했다. 정신분석은 기득권층에 도전하기보다는 존경받는 기득권층의 구성원이 되는 데 관심이 있던 지망생들을 끌어들이면서, 수입이 좋고 명망이 높으며, 사회적으로는 보수적인 전문직이 되었다(Jacoby, 1938; McWilliams, 2004). 전형적으로 지적이고 학구적인 배경과 교육 시스템 출신의 유럽의 정신분석가들과는 달리, 미국의 정신분석 수련프로그램에 들어온 지망생들 대부분은 사실상 제한적이고 매우 기술적인 교육 제도로부터 배출 되었다. 때문에 정신분석은, 의학적 절차에 대해 생각하는 것과 마찬가지로 기법의 옳고 그름을 따지는 다소 융통성 없는 사고를 가진 제한적이고 기술적인 접근으로써 적용이 되는 경향을 갖게 되었다. 이런 경향성은 기법적인 경직성과 편협함으로 이어졌다. 지금으로부터 약 50년 전에, 당시 미국정신분석협회 회장이었던 Robert Knight(1953)는 1920년대와 1930년대 정신분석 지망생들이 독창적이고 개성이 있었던 반면 당시의 정신분석 지망생들이 "관습적인" 특성을 가진 것에 대해 언급한 바 있다. Knight(1953)에 따르면, 1950년대 정신분석 지망생들은 "그다지 자기 성찰적이지 않았는데, 가능한 빨리 필수 문헌들만 읽고 수련 과징을 통과하기를 원하는 경향이 있었다."(p218)

덧붙이면, 의학교육은 정신분석가를 위한 수련에 비판적이고 사색적인 정신을 함양시키기보다는 위계와 권위에 대해서 전통적인 존경심을 가지고 선생의 말에 어떠한 의문도 가지지 않고 받아들이는 감성을 주입하였다. 비슷한 맥락에서, 내담자와의 관계에서도 민주적이고 평등주의적인 관계를 격려하는 대신에 치료 관계 안에 내재하는 힘의 불균형을 제도화하고 악화시키는 방식으로 치료자-내담자 관계를 채색하는 경향이 있었다

(Jacoby, 1983; Moskowitz, 1996).

　남미로 피신한 유럽 출신 분석가들 또한 급진적인 정치 세력에 동조하지 않거나 지하로 숨어들었고 정치적으로 보수적인 성향을 가진 정신분석의 기득권층의 이념에 편승하였다. 예를 들어, Marie Langer(그녀의 공헌은 나중에 토론하겠지만)는 비엔나에서 태어나서 수련을 받은 분석가로 1942년에 아르헨티나 부에노스아이레스로 이민을 갔는데(see, Hollander, 1997) 그녀는 대학시절 동안 헌신적인 사회적, 정치적 활동가였다. 사회 민주당의 당선으로 더 공고해진 비엔나의 진보적인 사회문화적 배경 속에서 성장하고 대학을 다녔었다. 학교에서 그녀는 자본주의 계급관계의 착취적인 본질에 대한 Marxist의 비판에 의해 영향을 받았다. Marxist의 비판은 여당인 사회민주당원들을 포함해서 노동운동과 좌파당의 정치적 노선에 영향을 미쳤다.

　그녀가 의과대학을 마치고 정신분석수련을 시작한 1930년대에는, 나치운동의 영향력이 상승세를 타고 있었다. 때문에 그녀는 비엔나를 탈출해 아르헨티나로 이민을 갔고 아르헨티나 정신분석협회의 창립자 중 한사람이 되었다. 오랫동안, 그녀는 정치적인 관심을 거의 가지지 않았고 아르헨티나에서 정신분석을 확립하고 남미에 정신분석을 확산시키는 데에만 헌신하였다. 그녀는 "내가 전문직의 삶에 몰두하고 좌파정치로부터 분리되어 나온 것은 부분적으로는 이민자로서 불안에 대처하는 방어였고 새로운 사회에서 나와 가족들을 위해 적당한 자리를 찾으려는 개인적 욕구 때문이었다고 생각한다"고 말한 바 있다 (Hollander, 1997, p.55). 미국에서 그러했던 것과 마찬가지로, 아르헨티나와 남미의 다른 지역에서도 정신분석은 점차적으로 정신건강 분야에서 지배적인 영향력을 차지하게 되었다. 남미에서의 정신분석은 1960년대에 이르러서는 이론적인 완고함과 보수적인 정통주의에 굴복하게 되었는데 이는 동시대에 미국 정신분석이 이론적 정통주의를 추구하던 스타일과 비슷한 모습이었다.

한편, 미국에서는 다양한 세력들이 정신분석에 극적인 변화를 일으키기 시작하였다. 생물학적 정신의학이 떠오르고 새로운 향정신성 약물의 개발이 폭발적으로 증가하면서, 정신분석은 미국정신의학 내에서 그 인기가 시들해지기 시작했다. *정신장애 진단 및 통계편람*(Diagnostic and Statistical Manual of Mental Disorder 3판; DSM-Ⅲ; American Psychiatric Association, 1980)의 출판은 무엇보다도 정신장애의 진단과정에서 정신분석적 사고를 제거하려는 시도였고 더 나아가 미국의 정신분석이 점점 더 소외되는 데 기여하였다(e.g., Horowitz, 2003). 시간이 흐르면서, 정신의학 레지던트 기간 동안의 수련 교과목은 정신분석 이론과 실제의 기초를 소개했었던 것으로부터 멀어져 갔다. 또한 정신분석 기관에서 세공하는 수련에 지원하는 정신과 레지던트의 숫자도 시간이 흐르면서 기하급수적으로 줄어들었다.

미국심리학회 안에 정신분석 분과(Division39)가 만들어진 것이 이 때쯤이었다. 1986년, Division 39는 심리학자들을 정신분석 수련기관 내 지망생으로 받아들이기를 거부한 것은 독점금지규제법을 위반한 것이라고 주장하면서 미국정신분석협회에 맞서 집단소송을 내기에 이르렀다. 정신과 의사들이 정신분석 분야를 독점함으로써 내담자들을 위한 심리학자들과의 공정한

경쟁을 막고 심리학자들에게서 생계수단을 빼앗았다는 것이 이
유였다. 역설적이게도 긴 소송이 끝나갈 무렵에는 이미, 그야말
로 시장의 힘으로 인해 정신분석 수련기관들의 문호가 심리학
자들에게 개방되어 있었다. 정신분석 수련을 찾는 지망생들의
숫자가 계속해서 줄어들어서 전통 있는 수련기관들이 심리학자
들을 유치하기 위한 노력을 하게 되었기 때문이다(McWilliams,
2004; Moskowitz, 1996).

지난 20년 동안, 미국 정신분석이론의 발전에 중요하고 혁신
적인 공헌을 한 공로자들은 심리학자들이었다. 심리학자들은
실제로 많은 측면에서 미국의 정신분석을 위해 횃불을 치켜든
사람들이 되었다. 이 주장을 하는 데에 있어, Glen Gabbard,
James Grotstein, Theodore Jacobs, Otto Kernberg, Thomas
Ogden, Owen Renik, Robert Wallerstein과 같은 현대 의학 수
련을 받은 수많은 정신분석가들의 중요한 공헌을 결코 경시하
는 것은 아니다. 그럼에도 불구하고, 지난 30년 동안 심리학자
들이 정신분석에 창조적으로 공헌한 정도는 폭발적이라 할 수
있고 이 공헌들이 정신분석의 패러다임을 바꾸는 데 지대한 영
향을 끼친 것은 부정할 수 없는 사실이다. 이들 신세대 정신분
석 이론가와 연구자들은 심리학, 사회학, 철학, 정치학을 포함
하는 넓은 범위의 현대 사회과학 발전의 가치에 기초를 두고
정신분석이 덜 세속화되는 한편 훨씬 더 지적인 생동감을 갖는
필수 학문분야로 재탄생하는 데 핵심적인 역할을 해왔다. 심리
학이 정신분석을 소생시키는 데는 다음의 요인들이 기여하였
다. 첫째, 심리학 수련 프로그램에서는 사실들을 외우고 기술적
인 숙달을 강조하는 정신의학의 레지던트 수련과 대조적으로

비판적인 사고 기술을 발달시키는 것을 강조한다. 더군다나, 심리학에서의 수련은 이론적 측면에서 정신병리학과 변화과정 두 가지 모두에 대한 이해와 관련이 있는 기초적인 심리, 발달, 사회적 과정을 공부할 것을 더 강조한다. 덧붙이면, 심리학자들은 정신과 의사들보다 경험연구 방법론 훈련도 더 많이 받는다. 이것은 심리학자가 정신분석 수련에 들어간 후에 경험연구 프로그램들을 계속하는 것으로 이어지지는 않더라도, 비판적인 사고를 하는 기술을 연마하고 다양한 이론적 구조들의 한계에 대해 깊이 있는 평가를 하는 데 기여한다.

  미국 정신분석의 성격을 변화시키는 데 영향을 준 또 다른 중요한 변수가 있다. 오늘날의 문화적 배경에서 공식적인 정신분석 수련을 추구하는 것이 전문직의 특권이나 경제적인 성공으로 가는 길이 아니라는 것을 생각해보면, 보통의 지망생들은 본질적인 이유 때문에 이 분야에 끌리는 것 같다. 특히 일반적인 문화적 맥락에서 그리고 주류 임상 혹은 상담심리학 내에서 정신분석의 지위가 점점 더 소외되는 것을 고려해볼 때, 이 분야에 끌리는 사람들은 지배적인 문화적, 직업적 가치들과 가정들을 덜 추종하고, 보다 비판적인 관점으로 사물에 접근하는 것 같다. 그러므로 역설적이게도 정신분석의 소외가 혁신적인 사고를 위한 잠재적인 촉매제를 제공했다고 볼 수 있다. 이러한 측면에서, 현대 미국 정신분석에 등장하는 감성은 미국 정신분석 전성기였던 1940년대, 1950년대 그리고 1960년대 초반의 감성보다는 초창기 정신분석가들(이전에 지적하였듯이, 그들은 실제는 소외된 그룹의 구성원이었다)의 감성에 더 가까울지 모르겠다.

정신분석과 정신역동적 치료

전통적으로 정신분석가들은 정신분석과 정신분석적 치료 혹은 정신역동적 치료(나는 본서에서 두 가지 용어를 혼용해서 기술할 것이다)를 명확하게 구분하였다. *정신분석*이란 용어는 어떤 명백한 특징 혹은 기준을 가진 치료 형태를 지칭하는 것으로 사용되었다. 반면 *정신역동적 치료*라는 용어는 정신분석 이론에 바탕을 두지만 정신분석의 명백한 특징에서 몇 가지가 부족한 형태의 치료를 정의하기 위해 사용되어 왔다. 그동안 정신분석의 어떤 측면이 고유한 기준이 되고 어떠한 기준들이 그렇지 않은가에 대해서는 상당한 논란이 있었다.

정신역동적 치료와 달리 정신분석은 장기치료(4년 혹은 그 이상)이고, 집중적(일주일에 최소 4회)이며, 종결시점에 대한 제한을 두지 않는다(정해진 종결일이나 치료 횟수). 덧붙이면, 전통적인 정신분석은 치료자의 명확한 태도로도 특징지을 수 있다. 첫째, 내담자가 자신의 무의식적 동기를 의식하도록 돕는 것을 강조한다. 둘째, 내담자에게 충고나 지나친 지시를 주는 것을 삼간다. 셋째, 치료자 자신의 믿음과 가치를 개방함으로써 내담자에게 영향을 끼치는 것을 피하려고 노력한다. 넷째, 치료자가 자신의 개인사적 생활 혹은 자기감정과 반응에 대한 정보의 양을 줄임으로써 어느 정도의 익명성을 유지하는 노력을 한다. 다섯째, 과정에 완전히 몰두하는 참여자보다는 중립적이고 객관적인 관찰자로서의 자세를 유지한다. 여섯째, 내담자는 카우치에 눕고 치료자는 내담자의 시야에서 벗어나서 똑바로 앉도록 좌석을 배치한다. 이와 같은 정신분석의 몇 가지 중요한 특징들

에 대한 이 전통적인 개념화가 고전적 정신분석으로 알려지게
되었다.

정신분석과 정신역동적 치료의 차이가 어떻게 드러나게 되었는가?

미국을 포함한 세계 여러 나라에서 정신분석이 지배적인 정
신치료 형태가 되었을 때, 정신분석가들은 초창기 때보다 더
넓은 범위의 환자들을 치료하는 실험을 병행하였다. 결과적으
로, 각기 다른 특성과 욕구를 가진 내담자들에게 정신분석을
적용하기 위해서는 여러 치료적 가정 혹은 기준을 수정할 필요
가 있었다. 어떤 내담자들은 무의식적 동기를 탐색하는 것을
위협적으로 받아들이고 불안해하며 심리적 불안정감을 경험해
구조화, 조언 혹은 문제해결적 도움으로부터 더 많은 혜택을
받았다. 어떤 사람들은 적극적으로 안심시켜주기를 요구하며
치료자가 방향을 제시하거나 직접적인 영향력을 발휘하는 것을
꺼리는 것에 좌절감을 느끼고 불안해하였다. 어떤 사람들은 카
우치에 눕는 것을 불편하게 느끼고, 치료자에게 순종하는 것으
로 경험하기도 하였다. 어떤 사람들은 일주일에 몇 번씩 하는
잦은 치료나 장기치료를 할 수 있는 시간이나 재정적인 자원이
부족하였다. 이런 내담자들의 필요에 맞게 치료자들은 이 모든
정신분석의 기준을 수정하는 시도를 하였다. 그리고 이 수정된
형태의 정신분석을 *정신역동적 치료*라고 부르게 되었다.

정신분석이 하나의 학문분야로 발전하면서, 정신분석가들이

생각하는 "진정한" 혹은 "순수한" 정신분석을 다양한 형태로 수정한 현대 정신역동적 치료와 구별하는 것이 중요하게 되었다. 공식적인 정신분석 수련을 거치는 과정은 엄격하고 부담이 크고 시간도 많이 든다. 교과과정을 수료하는 데 수년이 걸리고 많은 시간동안 임상적 수퍼비젼을 받고 장기간의 개인 정신치료(*교육분석*으로 불리는)를 받는 것을 포함한다. 정신역동적 치료를 하는 치료자들의 상당수는 교육의 혜택을 받지 못했거나 심각한 심리적 장애가 있는 내담자들을 위해 세워진 국공립병원에서 일하고 있어서 공식적인 정신분석 수련을 접하는 것이 어려운 정신과 레지던트들이다. 정신분석에 직업적 서열이 형성되었는데, 사설 치료세팅에서 치료받을 수 있고 전통적인 분석을 받기에도 더 적합한 경제적으로 부유하고 교육수준이 높은 내담자들은 경험 많고 고도의 수련을 받은 분석가들에게 의뢰되었다. 이와 같은 구조는 정신분석협회와 결합해서 "순수 정신분석"과 정신역동적 치료 사이의 분명한 차이를 유지하려는 경향을 강화하였다. 정신역동적 치료를 정신분석의 희석되고 퇴화한 한 형태라고 보는 경향도 있었다. 즉, 수련을 받지 않았거나 최소한의 수련을 받은 도우미(helper)가 제공할 수 있는 도움과 크게 구별되지 않는 치료라고 보는 것이었다.

정신분석과 정신분석적 혹은 정신역동적 치료사이의 명백한 차이를 유지하려는 정치적 이유를 이해 못하는 것은 아니지만, 정신분석 수련은 불가피하게 광신도적이고 엘리트 의식을 갖는 특징을 발달시켰고 전통적으로 "진정한" 정신분석의 특징을 가진 여러 기준들(예: 카우치의 사용, 한 주 당 최소 몇 번의 치료시간, 조언하거나 자기개방 삼가기)은 특유의 의례적인 특징을 발전시켰다.

이미 지적했듯이, 시간이 흐르면서, 정신분석의 핵심적인 특징들이 무엇인가를 논쟁하는 데 상당한 에너지를 소모했다.

이런 종류의 논쟁이 완전히 없어졌다고 말하는 것은 시기상조겠지만, 많은 정신분석가들이 더 이상 그런 경직된 구분을 하지 않는다고 말하는 것이 적절하다고 본다. 나는 정신분석과 정신역동적 혹은 정신분석적 치료 사이의 차이가 이론적으로 타당한 기준보다는 이 분야의 정치적인 문제들과 엘리트 의식과 더 관련이 있다 치더라도, 전통적인 정신분석과 연관된 모든 기준들이 가치가 없다고 보는 것은 잘못이라고 생각한다. 예를 들어, 익명성을 유지하려고 시도하는 전통적인 분석적 태도가 특히 덜 형식적이고 위계적인 현대 미국 문화에서는 내담자들을 소외시킬 수 있다. 하지만 치료자 입장에서는 통제되지 않은 자기개방 또한 문제가 될 수 있다. 많은 내담자들이 진정으로 조언과 적극적인 방향제시를 필요로 하고 중요시 하지만 지나친 조언은 내담자가 자신의 자원을 발전시킬 수 있는 능력을 방해하고 무기력한 자세를 유지하게 만든다. 단기치료로부터 혜택을 보는 내담자들도 있지만 실제로 많은 내담자들은 장기치료를 필요로 한다. 장기적인 정신분석 치료를 병적인 것으로 지부하거나 문제시되는 의존의 형태로 보는 경향은 부분적으로 우리 문화에서 개인주의 가치를 과도하게 강조하고 전통문화의 특징인 상호의존 형태를 평가절하 하는 것을 반영한다고 생각한다.

많은 내담자들에게는 일주일에 한 번의 치료 횟수가 적당하다. 그러나 치료를 좀 더 자주 받으면 치료적 관계는 더 돈독해질 수 있으며, 이것이 진정한 변화 과정을 촉진시킨다. 나는 카우치를 사용하지 않고 주로 내담자들의 맞은편에 앉아서 치료를 한다. 그러나 카우치를 사용하는 것은 도움이 된다. 그 특성상 미묘하고 접근이 용이하지 않은 중요한 경험들에 대해 내담자가 자신의 주의를 내부로 향하도록 도와서 가치 있는 변화과정들을 촉진시킬 수 있기 때문이다. 카우치의 잠재적인 이점에도 불구하고, 치료자와 내담자 사이의 면-대-면(face-to-face) 만남이 변화 과정에 핵심적 역할을 하는 치료와 치료적 순간들 역시 존재한다. 예를 들어, 내담자가 친밀감을 형성하는 데 어려움이 있어 치료를 받으러 왔다면 순간, 순간에 치료자와 내담자 간의 정서적 접촉의 질을 탐색하는 능력이 중요할 수 있다. 치료자가 내담자의 얼굴을 보고 내담자가 느끼고 있는 것을 미묘하게 알아차리는 감각을 개발하고 공감적으로 조율할 수 있는 것이 매우 중요하다. 또 내담자가 자신의 감정반응을 알아차릴 수 있도록 치료자와 면-대-면 접촉을 갖는 것이 중요하다. 나중에 논의하겠지만, 정신분석가들은 점점 더 내담자와 치료자 사이의 상호적인 감정의 조절과정을 중요한 변화과정으로 본다. 이 과정은 내담자와 치료자 사이에 눈 마주침이 있을 때 촉진된다. 이 눈 마주침이 없이는, 치료자와 내담자 모두 서로의 비언어적 행동을 관찰하고 서로의 감정적 경험에 상호적으로 응답하고 영향을 주고받는 진행과정에 참여하는 것이 어렵다.

2 장
역 사

Sigmund Freud는 1856년 당시 오스트리아-헝가리 제국
(Austro-Hungarian)이었던 현재의 오스트리아의 수도 비엔나로
부터 약 150마일 떨어져 있는 조그만 마을의 가난하지만 신분
상승을 지향하는 유태인 가정에서 태어났다. 성장과정에서 그
는 다양한 학문적 관심사를 보였지만 결국에는 의학공부를 선
택하였다. 지식을 쌓는 궁극적인 방법으로써의 과학에 대한 낙
관주의와 명성과 특권을 누릴 수 있는 수단으로서 과학은 매력
적이었기 때문이다. Freud의 정신분석 이론과 치료의 발전은
19세기 후반에서 20세기 초반에 유럽 사회를 지배했던 수많은
문화적, 지적 동향과 과학적 모델의 영향을 받았다(Gay, 1988;
Makari, 2008). Freud가 의학 수련을 받는 동안 독일 신경학을
지배했던 지식의 전통에서 Freud의 추상적인 이론적 사고의 토
대를 찾을 수 있다. 독일 신경학 전통은 모든 심리학적 현상들
이 신경생리학과 기계론으로 이해될 수 있다는 믿음에 바탕을

두고 있었다. 궁극적으로 심리학의 근거를 신경생리학에 두는 것의 중요성은 Freud의 전 생애에 걸쳐서 그의 사상에 핵심적인 영향력을 미쳤다. 오늘날 급증하는 신경심리학과 뇌과학에 대한 관심과 주목할 만한 발전을 예견한 그의 선경지명에도 불구하고, Freud시대에서 지배적이었던 신경생리학적 모델은 현대의 과학적 기준에서 보면 낡은 것으로 간주된다. 심리학을 당시의 생물학, 신경생리학 분야의 발전과 통합하려는 노력은 동기의 *추동이론*을 체계화하는 데 중심적인 역할을 하였다. 추동이론에서, Freud는 인간이 근본적으로 반사회적이고, 인간행동의 주된 동기는 심적(psychic) 에너지의 항상성을 유지하는 것이라고 가정하였다. Freud에게 있어서, 심적 에너지란 심리적인 것과 생물학적인 것 간의 경계에 놓여있는 힘, 그리고 정신내적 과정, 행위를 추동하거나 추진하는 힘이다. Freud에 따르면, 일단 심적 에너지가 활성화되면(내적 혹은 외적 사건을 통해) 그 시스템에서는 심적 에너지의 항상적인 수준을 유지하기 위해서 에너지를 방출할 필요가 생긴다. 에너지를 방출하는 과정은 다양한 방식을 취할 수 있다(예: 사람, 사고, 환상에 사로잡히는 것, 증상의 분출 등).

여러 역사적인 상황 때문에, 정신분석 분야는 최근 몇 년 전까지만 해도 자연과학으로부터 소외되었었다. 하지만 최근 몇 년 사이 정신분석과 신경과학 연구의 통합에 대한 관심이 다시 크게 일어났다. 결과적으로 이와 같은 자연과학의 최신 발전때문에, Freud 사상(그가 *메타심리학*이라고 불렀던 것)의 신경생물학적 측면들은 주류 분석가들에 의해서 수정되지 않았다. 그리고 이 점이 지난 30년 넘게 타당한 비판을 받아온 정신분석적 이론의 다양한 측면들을 지속시키는 데 기여를 하였다고 생각한다.

Freud는 젊은 시절 파리에서 저명한 프랑스 신경학자 Jean-Martin Charcot와 공부를 하였다. 그러면서 정신병리에서 의식의 분열이 하는 역할을 탐색하기 시작한 그 당시 프랑스 신경학과 정신의학의 최신 동향을 접할 수 있었다(Gay, 1988). 그리고 이 경험은 Freud가 그의 초창기 사상을 형성하는 데 지대한 영향을 주었다. Charcot는 히스테리아 환자들에게 최면술(혹은 mesmerism으로 불리우는 기법)을 사용함으로써 국제적인 명성을 얻었다. 히스테리아 환자들(Hysterics)은 기질적인 근거로는 설명할 수 없는 다양하고 극적인 신체적 증상들을 보이는 환자들이다. 이 환자들은 사지마비, 시각장애, 청각장애, 그리고 신체적 전환과 같은 문제들을 호소하는 경향이 있었다(Gay, 1988). 오늘날에는 이런 증상패턴과 관련된 진단이 상대적으로 흔치 않다.

Freud는 Charcot의 지지자가 되어 비엔나로 돌아와서, 그의 사상에 영향을 준 독일의 신경학과 프랑스의 정신의학을 통합하기 시작하였다. 이후 Freud는 Charcot의 입장을 기반으로 본인의 이론을 형성하기 시작하다가 나중에는 비판을 하는 입장으로 바뀌었다. 1886년, Freud는 의과대학에 있을 때 자신의 멘토이자 후원자였던 선배 Josef Breuer와 협력적 관계를 맺기 시작하였다. Breuer는 당시 히스테리아 환자들을 치료하는 데 극적인 성공을 거둔 것으로 인해 비엔나에서 매우 존경을 받고 있던 유명한 의사였다. 그의 접근법은 환자가 자신에 대해서 이야기하도록 격려하고 삶에서 잊어버린 정신적 외상의 경험들을 기억해내도록 돕는 것을 포함하였다. Breuer는 환자들이 감정적으로 충전된 방식으로 경험들을 회상할 수 있을 때, 증상이 감소된다는 것을 알아냈다.

Freud와 Breuer는 히스테리 증상들은 정신적 외상 당시에 잘려나가서 신체적 증상의 형태로 표현해야만 되는 억압된 감정 혹은 감정적 경험의 결과라고 믿었다. Freud는 환자들이 정신적 외상의 기억을 회복하고 당시에 억압되었던 감정을 경험하도록 돕는데 최면 기법을 사용할 수 있다고 믿었다. 1893년에서 1895년 사이에, Breuer와 Freud는 *히스테리 연구(Studies in Hysteria)*를 공동출판하였다. 이 책은 다양한 임상 사례와 히스테리아의 심리적 기원에 대해 당시의 생각들을 개괄한 이론적 부분으로 구성되었다(Breuer & Freud, 1893-1895/1955).

그러나 *히스테리 연구*가 출판되었을 때 Freud는 이미 Breuer와 거리를 두고 있었고, 자신이 그를 뛰어넘었다고 느끼고 있었다. 이후 Freud는 히스테리아에 대한 그동안의 생각과 치료 방법들을 전반적으로 다듬어가기 시작하였다(Makari, 2008). 처음에는 신경증적 증상들은 궁극적으로 아동기 성적학대의 내력이 원인이라고 믿었는데 이것은 Breuer의 생각과는 달랐다. 시간이 흐르면서, Freud는 성적 학대가 심리적 문제들의 발달에 기여할 수는 있지만, 성적 학대에 대한 기억들은 종종 편파적으로 구성되기도 하고 성적본능에 의해 추진되는 무의식적이거나 억압된 아동기의 성적인 환상들을 반영하는 것이라고 믿기에 이르렀다(Gay, 1988; Makari, 2008).

20세기로의 전환기에, Freud는 무의식으로 들어갈 수 있는 창으로서 꿈의 역할에 대해 지속적인 관심을 갖기 시작하였다. Freud(1900/1953)의 저서, *꿈의 해석(The Interpretation of Dreams)*이 마침내 스위스 취리히에 있는 Burgholzi 연구소의 소장이자 매우 존경받고 있었던 Eugene Bleuler의 관심을 끌었다. Burgholzi Hospital(정신분열증 환자치료를 전문으로 하는 병원)은 유명한 의학적, 과학적 기관으로 서부유럽전역에 그 명성이 알려져 있었다. Bleuler 는 Carl Jung을 포함해서 많은 재능 있는 젊은 정신과 의사들 을 스텝으로 두고 있었다. Bleuler의 지도아래, Jung은 무의 식적 과정을 연구하기 위해 실험심리학에서 가져 온 연구방법 론을 적용한 단어연상검사 때문에 과학계에서는 이미 평판이 자자하였다. Bleuler는 Jung에게 Freud 저술을 읽기를 권하였 고, Freud, Jung, Bleuler, 그리고 Bleuler와 일하고 있는 취리히 의 정신과의사 그룹 사이에 동맹이 결성되기 시작하였다. 주류 정 신의학 내에서 Bleuler와 그의 동료들의 명성 때문에, 이 동맹은 궁극적으로 서구유럽 전역에 걸쳐 과학계가 정신분석을 수용하게 되는 데 중요한 기여를 하였다(Makari, 2008).

1909년에, Freud와 Jung은 미국심리학자 G. Stanley Hall에 의해 미국 보스톤 근교 우스터(Worcester)라는 도시에 있는 Clark University에서 강의를 해달라는 초청을 받았다. Freud의 강의에는 저명한 미국의 지식인, 정신과 의사, 신경학자, 심리 학자가 대거 침석해서 그를 환대하였다. 이 따뜻한 환영은 이 후 정신분석이 미국문화에 의해 흡수되고, 궁극적으로는 미국 이 세계에서 가장 중요한 정신분석 중심지 중의 하나로 변모하 는 토대를 만들었다(Gay, 1988; Hale, 1971, 1995; Makari, 2008).

제1차 세계대전은 정신분석의 발전뿐만 아니라 유럽대륙에 거주하던 정신분석가들의 개인적 삶에도 중요한 영향을 끼쳤 다. 전쟁 통에 Freud를 포함한 많은 정신분석가들의 치료 기회

는 말라버렸고 그들은 가난 속에서 턱없이 부족한 정부의 식량
배급으로 겨우겨우 생활하고 있었다. 모든 출판이나 전문적 활
동이 멈추게 되었고 의사였던 많은 분석가들은 응급의료자로
군대에 징집되었다. 2차 세계대전 발발에 이르는 몇 년 전부터
1939년 전쟁의 선전포고까지의 시기는 유럽대륙에 살고 있던
대부분의 정신분석가들의 삶에, 그리고 정신분석의 발전에 한
층 더 깊은 영향을 미쳤다. 독일에서는 1930년부터 Hitler가 독
일 통치자로 취임한 1933년까지 나치즘(Nazism)의 영향력이 커
져서 엄청난 수의 유럽대륙 출신의 유태인 정신분석가들이 박
해를 받았다. 때문에 탈출하는 행운을 잡은 정신분석가들은 세
계 각지로 이민을 떠났다. 가장 많은 수가 미국으로 향했고, 영
국과 남미가 뒤를 이었다. 시간이 경과하면서, 세 지역 모두 정
신분석의 요지가 되었다. 정착지의 문화로부터 받은 영향은 궁
극적으로 정신분석 이론과 기법들이 획기적인 방법들로 확장되
는 데 기여하였다(Gay, 1988; Makari, 2008). 미국에서는, 심리적
외상을 입은 참전 병사들의 치료와 심리 평가가 필요했던 군대
가 정신분석을 지향하는 정신과의사들과 심리학자들에게 많이
의존하게 되었다. 그리고 이는 미국정신분석의 성장에 엄청난
영향을 주었다(Hale, 1995).

초창기 정신분석적 사고의 진화과정

이 장에서는 1890년대 후반에서부터 1920년대 중반까지의
초창기 정신분석 이론의 발전을 간략하게 요약하고자 한다.
Freud가 환자의 정신적 외상 기억들을 회복하는 것을 돕기 위

해 초창기에 사용했던 최면법을 시작으로 자유연상, 저항, 전이와 같은 획기적이며 핵심적인 정신분석 원리들을 논의하고자 한다. Freud는 1923년까지, 마음에 대한 구조 모델을 발전시켰다. 구조모델은 원초아(id), 자아(ego), 그리고 초자아(superego)를 포함한 세 가지 각기 다른 심리적 주체를 차별화한다.

📊 자유연상

Freud는 초창기에 환자의 잊혀진 기억과 관련된 감정을 복구하기 위해 자기최면(mesmerism) 혹은 최면법(hypnosis)을 시도하였다. 하지만 시간이 경과하면서 그는 최면법이 믿을만한 것이 못 된다고 생각하게 되었다. 환자들 중에는 최면법을 사용하기에 적합한 경우도 있었지만, 많은 환자들이 쉽게 최면에 걸리지 않았다. Freud는 환자에게 최면을 거는 대신에 "검열 없이 마음에 떠오르는 모든 것을 말하도록" 격려하기 시작하였다. 이것이 정신분석의 기본 기법 중 하나인 자유연상의 기원이다. 자유연상을 할 때, 환자들은 자기비판 기능을 유보하고 의식 가까이 떠오르는 공상, 이미지, 연상, 감정들을 말로 표현하도록 격려받는다.

Freud와 초창기 분석가들은 정신분석과 정신분석이 유래된 최면법의 전통을 명확하게 구분하는 것이 필수적이라고 믿었다. Freud는 최면기법을 신뢰할 수 없다는 것을 깨달았고, 최면을 통해서 회복된 많은 기억들의 정확성에 대해서도 의심을 갖기 시작하였다. 분석가들의 임상경험이 많아지면서 최면이 증상을 경감시키기는 하지만 증상이 재발되는 경우 또한 드물지 않다는 것도 알게 되었다.

  정신분석의 특징과 목표에 관한 개념화가 지속적으로 진화하고 있었던 것도 이론적으로 정신분석과 최면이나 암시를 분명하게 구별하는 것을 강조하는 데 영향을 끼쳤다. 많은 의사들이 정신분석을 사용하는 것에 대해 더 많은 관심을 갖게는 되었지만, 최면술이 돌팔이 의사가 하는 짓이라는 대중적 이미지를 완전히 벗지는 못하였다. 이에 Freud와 동료들은 정신분석을 과학적 원리에 기반을 둔 치료로 그 입지를 굳히려고 부단히 노력하였다. 정신분석의 중요한 목표 혹은 가치가 진리추구를 포함한다는 인식도 높아졌다. 최면술은 암시를 통해서 혹은 믿음을 조성함으로써 사람들을 돕는다. 반대로, 정신분석의 목표는 사람들이 자신에 대해 더 회의적이 되고 불편한 진실에 직면하도록 돕는 것이다. 정신분석은 교화의 형태라기보다는 오히려 (사회적, 문화적 세뇌에 대해서) 교화를 반대하는 것으로 인식되기 시작하였다(Reiff, 1966).

  Freud는 정신분석이 암시적인 요소를 보유한다는 것을 인정하였다. 분석초기에 분석가에게 긍정적인 감정을 갖고 분석가의 능력에 대해서 희망을 갖는 것이, 환자가 어렵고 때로는 고통스러운 분석과정에 직면해서도 계속해서 치료를 해나가도록 동기화하는 데 중요한 역할을 하는 부분이 있기 때문이다. 이 긍정적인 희망과 기대는 치료자의 치유능력에 대한 환자의 환상에서 나오는데 그것은 환자가 자신의 부모가 강력하다고 믿는 것을 바탕으로 한다. 그러나 궁극적인 목표는 치료자에 대해서 갖는 환자의 투사적 환상을 분석하여 환자로 하여금 치료자에 대해 한층 더 현실적인 관점을 발전시킬 수 있도록 하려는 것이다. 이 현실적인 관점에서는 내담자는 더 이상 자신을 실제보다 과장된 힘을 가진 권위적 인물 즉 치료자의 거대한 힘에 의존하는 힘없는 인물로 보지 않게 된다.

정신분석과 암시를 차별화 하는 것은 변화의 기제와 선호되는 치료적 개입에 대한 이후의 개념적 발전에 중요한 영향력을 발휘하게 되었다. 변화의 기제와 관련해서는, 치료적 요인으로써 통찰과 이해의 중요성은 강조되고 치료자의 인간적인 자질과 관계적 요인의 영향은 경시되었다. 개입과 관련해서는, 분석가의 해석이 개입의 핵심이 되었는데 분석가의 해석은 환자가 스스로 접근할 수 없던 무의식에 접근하도록 안내해주는 것을 기반으로 한다. 충고, 제안, 안심, 격려 등은 정신분석의 진리추구의 측면과 암시적 요소 간의 경계를 흐리게 하고, 분석가에게 의존하도록 부추김으로써 내담자의 자율성을 위태롭게 할 수 있는 가능성 때문에 경시되었다.

📊 저 항

Freud는 환자들이 자유연상에 대한 지시를 늘 따르지는 못한다는 것을 발견하였다. 어쩌면 이는 필연적인 것이었는지 모른다. 이것은 *저항*이란 개념의 발전으로 이어졌는데, 저항은 처음에는 환자가 규정된 방식으로 치료자와 협력하는 것을 꺼리거나 할 수 없는 것으로 개념화되었다. Freud는 처음에 의사로서의 권위를 사용해 환자가 자기검열을 피해서 마음에 떠오르는 것을 말하도록 격려하는 방식으로 저항을 다루었다. 이후에 그와 여러 분석가들은 저항에 대해서 치료적인 탐색을 하는 것이 그 자체로 필수적이며 중요한 치료적 과제라고 믿게 되었다.

전 이

　Freud 사상이 발전을 거듭하는 과정에서 세 번째 주목할 만한 단계는 *전이* 개념이 발전한 시기이다. Freud는 내담자가 아동기의 중요한 인물—특히 부모—을 바라보고 관계했던 방식으로 분석가인 자신을 바라보고 관계하는 일이 흔하게 일어나는 것을 관찰하였다. 그는 환자들이 과거에 형성된 원형적 틀을 현 상황으로 "전이"시키고 있다고 추측하기 시작하였다. 예를 들어, 폭군적 아버지를 둔 내담자는 치료자를 폭군적이라고 볼 것이라고 생각하였다.

　처음에, Freud는 전이를 치료의 방해물로 보았다. 그는 전이를 정신적 외상 경험을 기억해내는 과정에서 일어나는 저항의 한 형태로 생각하였다. 내담자가 과거의 관계를 기억해 낸다기보다는 치료 장면에서 과거의 관계를 재연한다는 것이었다. 그러나 시간이 지나면서, Freud는 전이발달을 정신분석 과정의 필수불가결한 부분으로 보게 되었다. 내담자가 분석 관계에서 과거를 다시 체험하는 것을 통해 치료자는 어떻게 내담자의 과거의 관계가 현재에, 정서적 즉시성을 갖고, 영향을 주는지를 이해할 수 있는 기회를 갖는다. 이렇게 전이의 잠재적 가치를 개념화하는 것은 치료자가 중립적이고 관여하지 않는 태도를 유지해야 한다는 생각에 정당성을 더해준다. 분석가가 어느 정도의 익명성을 유지함으로써(자기의 사생활에 대한 정보나 사적인 반응을 유보하는 것을 통해서) 모호한 자극 혹은 빈 화면으로써 기능할 수 있다. 그리고 익명성은 전이발달을 조장하는 한편 치료자의 실제 성격에 의해 오염될 가능성을 줄여준다.

유혹이론의 유기

Freud 사상적 발달에서 또 다른 중요한 단계는 심리적 문제의 뿌리에는 항상 성적인 외상경험이 자리 잡고 있다는 믿음에서 환상과 본능적인 추동의 역할을 강조하는 것으로 이동한 것이다. 궁극적으로 Freud는 그의 모든 환자가 어린 시절 성적으로 학대받았다는 이론을 버리고 대신 아동기의 성 이론과 본능적 추동 이론을 발전시키게 되었다. Havelock Ellis, Albert Moll과 같은 당시 성(sexuality)연구자들의 의견에 동의하며, Freud는 아동기가 성적으로 순수한 시기라는 상식적인 시각과는 반대로, 아이들이 태생적으로 성적 감정 혹은 성적으로 발전할 수 있는 감정을 경험한다고 보았다. 그리고 이와 같은 감정은 본능적 원전으로부터 온다고 믿게 되었다(Makari, 2008). Freud는 이 성적으로 발전가능한 감정이 아이가 어른과 성적으로 접촉하는 것에 대한 환상을 갖도록 만든다고 믿게 되었다. 아이가 성숙함에 따라서, 이 환상은 너무 위협적인 경험이 되기 때문에 기억으로부터 밀려나거나 억압된다고 보았다.

Freud는 성적 외상에 대한 기억이 종종 실제로 발생했던 성적 외상이라기보다는 오히려 아동기의 성적 환상에 기반을 둔 사실상 재구조회된 기억의 산물이라고 추측하였다. Freud가 실제 성적 학대나 외상이 신경증적 문제의 원천이 되지 않는다고 믿은 것은 아니다. 하지만, 실제 성적인 학대나 외상을 덜 강조하면서, 더 이상 성적 외상이 모든 신경증적 문제들 속에 반드시 존재한다고 보지 않게 되었다.

유혹이론으로부터 무의식적 환상에 대한 강조로 전환한 것은 현대의 관점에서 보면 논란이 되는 부분이다. 특히 현재 심리학에서 지속되고 있는 성적 학대와 관련된 회복된 기억들(recovered memories)의 실체에 대한 논쟁을 감안하면 그렇다. 아동에 대한 성적 학대가 예전에 생각했던 것보다 훨씬 더 흔하다고 인식하게 되면서, Freud가 유혹이론에서 추동이론으로 이동한 것을 문제시하는 비평가들이 많다. 추가적으로, Freud가 정서적 문제의 발달에서 추동이 담당하는 역할을 더욱 강조하게 되면서 발달과정에서 양육적 돌봄의 질과 같은 환경적 요소가 담당하는 역할을 상대적으로 경시하는 분위기가 이어졌다. 환경적 요소에 대한 경시는 이후 많은 정신분석적 이론에서 수정되어왔지만, 여전히 몇몇 학파의 정신분석적 사상의 핵심적 부분으로 남아있다.

구조이론의 발달

Freud는 1923년, *The Ego and the Id*를 발표하면서 이후 구조이론이라 불리게 된 이론적 토대를 마련하였다(S. Freud, 1923/1961). 이 논문에서 Freud는 세 가지 다른 정신적 기능을 담당하는 구조를 원초아(id), 자아(ego), 초자아(superego)로 구분하였다. *원초아*는 본능에 기반을 두고 있는 것으로 태어나면서

부터 존재하는 정신적 측면이다. 원초아는 실제상황에 대해 현실적인 고려 없이 즉각적인 본능적 만족을 요구한다. *자아*는 원초아로부터 파생되어 현실적 관심사를 대표하는 기능을 한다. 이 모형에서, 자아는 개인이 현실의 관심사에 적응할 수 있도록 하는 역할을 한다. 그러므로 자아는 실제로 합리적 특성을 갖는다. 원초아는 즉각적인 성적만족을 위해 압력을 가하지만, 자아는 본능적 욕구를 만족시키는 데 있어서 상황의 적합성을 고려하고, 본능적 욕구를 충족하는 방법을 개인이 본능적 만족을 지연하거나 사회적으로 수용될 수 있는 방식으로 바꾸도록 한다(예: 성적 욕구의 대상을 잘 유혹하거나 성적인 욕구를 좀 더 바람직한 방법으로 방향을 바꾸는 것).

*초자아*는 사회적 가치와 기준을 내재화하는 것을 통해서 나오는 정신적 기능 혹은 구조이다. 초자아의 일부는 의식할 수 있지만, 나머지 측면은 그렇지 않다. 자아의 한 가지 중요한 기능은 원초아와 초자아의 요구를 중재하는 것이다. 여기서 자세히 설명하지는 않겠지만, 초자아는 종종 지나치게 가혹하고 요구사항이 많아 자신의 본능적인 욕구와 소망에 대해 자기 파괴적인 죄책감과 처벌적이고 배척하는 태도를 초래한다. 전통적으로 정신분석의 수요 목표들 중의 하나는 내담자로 하여금 초자아의 지나치게 가혹한 면모를 자각해서 자학을 덜 하도록 하는 것이다.

초자아의 요구와 양립될 수 없기 때문에 무의식적으로 위험하다고 경험되는 본능적 소망이 출현하면, 자아는 이 소망의 즉각적인 출현에 대해 불안하다는 신호를 보낸다. 불안은 소망, 환상 그리고 관련된 감정들을 의식 밖에 두기 위해서 여러 정신적 과정들을 작동시킨다. *방어*라고 불리는 이러한 정신적 과정들에 대해서 나중에 더 자세히 설명할 것이다. 구조적 관점의 근본전제는 본능적 소망과 그것을 막는 방어 사이에 계속적인 역동적 긴장이 있다는 것이다. 긴장 혹은 갈등이 상대적으로 건강한 방식으로 처리될 때, 개인은 욕구, 소망과 이것들이 불러일으키는 불안을 충분히 자각해서 긴장을 중재하는 건설적이고 적응적인 방식을 찾을 수 있다. 그러나 갈등이 부적응적인 방식으로 처리될 때, 다양한 형태의 정신병리가 나타날 수 있다.

FREUD 이후의 정신분석

Freud가 1939년에 사망할 때까지, 세계각지에서 각각의 문화적 전통 안에서 저술활동을 하는 많은 주요 이론가들의 영향으로 여러 정신분석적 전통들이 등장하기 시작하였다. 이 장에서는 자아심리학, Kleinian과 post-Kleinian 이론, 대상관계이론, 대인관계 정신분석, 관계적 정신분석, Lacanian 정신분석을 포함한 몇 가지 이론을 간단히 개관한다.

영국과 미국에서의 자아심리학의 발달

Freud의 구조이론과 구조이론으로 이어지게 된 Freud 사상에서의 개념적 발전은 궁극적으로 자아심리학으로 알려진 정신분석의 중요한 전통을 낳았다. 자아심리학 전통의 비공식적 지도자는 Freud의 딸 Anna Freud인데, 그녀는 Freud가 죽기 1년 전인 1938년 아버지와 함께 런던으로 이주하였다. Anna Freud

(1936), Wilhelm Reich(1941)과 Otto Fenichel(1945)과 같은 분석
가들의 영향력 아래에서, 자아심리학 사상의 중요한 맥이 나왔
다. 자아심리학은 무의식적 추동, 환상, 혹은 소망을 탐색하려
는 시도를 하기 전에 자아의 방어적인 기능을 이해하고 탐색하
는 것이 필요하다는 것을 강조한다. 내담자의 현재 부적응적인
방어적 기능 양식이 바뀌지 않는 한, 무의식적 본능의 자료를
탐색하고 내놓게 하려는 그 어떠한 시도도 무익하다는 가정에
근거한다. 그 이유는 애초에 소망들을 무의식에 묻어두도록 만
들었던 요인들이 여전히 그대로 있기 때문이다.

유럽 출신 이민자인 Heinz Hartmann(1964)는 미국에서 자아
심리학의 또 다른 줄기의 핵심 인물이 되었다. 정신분석을 정
신치료적 전통을 넘어서 심리 발달과 정신적 기능에 대한 일반
적인 이론으로 확장하는 데 각별한 관심을 가졌던 인물이다.
Hartmann과 그의 동료들은 자아의 적응적인 측면과 개인이 현
실에 적응하도록 돕는 자아의 다양한 방식을 이해하는 데 주로
관심을 가졌다. 자아심리학은 북미에서 지배적인 정신분석 전
통이 되었다. 1940년대, 1950년대, 1960년대 초 자아심리학의
전성기 동안에 자아심리학의 주류로부터 너무 멀리 갈라져 나
온 이론적 혹은 기법적 발달은 이질적이리고 낙인이 찍히고,
그 지지자들은 주류 정신분석에 의해 소외될 위험에 처하기도
했었다.

그 당시에 가장 의미 있고 임상적으로 관련성이 높았던 미국
정신분석적 저술의 일부가 뉴욕시에 자리 잡은 뉴욕 정신분석
연구소(New York Psychoanalytic Institute)에서 출판되었다. Jacob
Arlow와 Charles Brenner는 해당 저술의 이론적 관점을 통합하
여 명확하게 전달하는 데 공헌하였다(e.g., Arlow & Brenner, 1964).

정신분석을 일반심리학 안으로 발전시키는 데 관심이 있었던 Heinz Hartmann, 그리고 정체성 발달 같은 주제에 특히 관심을 가졌던 Erik Erikson(1950)과는 대조적으로, Arlow와 Brenner(1964)는 개인의 심리적 기능의 모든 측면에는 정신내적 갈등이 편재해 있다는 것을 강조하였다. 예를 들어, Hartmann은 완전히 합리적이고 갈등이 없는, 원초아로부터 충분히 독립된, 자아의 측면들이 존재한다고 주장하였다. 반면에 Arlow와 Brenner(1964)는 개인의 심리적 기능의 모든 측면들은 무의식적인 본능적 소망과 그것을 막는 방어들 사이의 타협으로 이해되어야만 한다고 주장하였다.

영국 내 Kleinian학파와 대상관계이론의 발전

Freud의 사상에서 나온 두 번째 주요 정신분석적 전통이 *대상관계이론*이다. Anna Freud와 그녀의 아버지가 1938년 런던에 도착했을 때, 호주 이민자 출신인 Melanie Klein(1882-1960)의 지도 아래 영국 정신분석학파(The British school of psycho-analysis)가 영향력을 갖고 있었다. Klein은 Freud의 가까운 동료인 Sandor Ferenczi(1873-1933)와 Karl Abraham(1949)에게 분석을 받았고, 1929년 런던으로 이민을 왔다. 본래 아동 분석가였던 Klein은 어머니와 유아사이의 초기 관계를 이해하는 데에 특히 관심이 있었다. 그녀는 심리적 성숙이 어떤 방식으로 중요한 타인과의 관계에 대한 내적 표상의 발달과정에 관련이 되는 지를 이해하는 데 초석이 되는 이론을 발전시켰다. 또한 Klein의 사상은 인간이란 계통발생학적으로 어머니, 그리고 다른 사람들과 관계를 갖는, 근본적으로 대인관계적인 존재라고 보는 이후 정신분석의 이론적 발달에 근간이 되었다.

대상관계이론은 중요한 타인과의 관계에 대한 내적 표상이 우리가 어떤 식으로 관계를 감지하고, 연애 상대와 친구를 선택하고, 타인과 관계를 형성하는 데 영향을 주는 지를 중요시한다. 이 내적 표상은 내적 대상 혹은 내적 대상관계로 불린다. 내적 대상 혹은 내적 대상관계가 발달되는 과정(내재화라고 불리는 과정)에 대한 저술은 임상적으로는 풍부한 정보를 제공하지만, 개념적으로 복잡하고 이해하기가 모호하고 어려울 수 있다 (Eagle, 1984; Schafer, 1968). 이 분야의 이론적 문헌과 관련된 개념적인 문제들 때문에, 애착이론으로부터 나온 내재화에 대한 개념화에 대한 관심이 높아지고 있다. John Bowlby(1970-1990)는 애착이론의 창시자이며 특히 아동발달연구에 관심을 갖은 영국의 정신분석가이자 정신과 의사였다. 책 후반부에서 Bowlby의 내재화 모델에 대해 좀 더 자세히 기술하도록 하겠다. 애착이론에서 나온 내재화에 대한 개념화와 대상관계 이론가들의 사상 사이에는 한 가지 주요한 차이점이 있다. 애착이론과 발달연구로부터 유래한 모델은 유아와 중요한 타인 사이에서 일어나는 실제 상호작용에 바탕을 둔 내적작동모델을 가정한다. 반면에, 대상관계이론의 가정에서는 내적모델이 이런 실제 경험과 무의식적 소망, 환상, 그리고 현실에 바탕을 두지 않는 다른 정신내적 과정이 결합해 다듬어진다고 믿는다.

Anna Freud가 런던에 도착해서 자신의 세력 기반을 확고히 하는 과정을 시작하자, Kleinian과 Freudian사이의 이론적 논쟁이 치열해지고 독설로 치닫게 되면서, 상대적으로 신생의 영국 정신분석학회(The British Psychoanalytic Society)의 존폐를 위협하는 지경에까지 이르게 되었다. "논란이 많은 토론"으로 특징지워

지는 일련의 토론 과정에서 Freudian은 Kleinian의 중심사상을
비판하였다. 이 토론들은 Kleinian의 근본적인 가정과 Kleinian
의 경향에 대한 비판을 중심으로 이루어졌다. Kleinian의 근본가
정은 유아에게도 어느 정도 정교한 무의식적 환상이 가능하다는
것이다. Kleinian의 경향은 내담자의 의식적인 자각에 더 가까이
있는 방어들을 적절히 탐색하지 않은 채 아이와 성인 내담자 모
두의 깊은 무의식적 환상을 해석하는 것을 강조한다. 궁극적으
로는 이 토론(혹은 더 정확하게는 열띤 논쟁)으로 인해 Kleinian과
Freudian의 사상이 둘 다 훨씬 더 명확해졌다.

급기야 Freudian과 Kleinian 사이에 소위 신사협정이 이루어
졌는데, 두 전통이 영국 정신분석학회 내에서 공존하기로 합의
된 것이다. 1940년대와 1950년대를 통틀어 더 혁신적인 이론
적, 기법적인 작업들이 Klein과 동료들의 작업으로부터 나왔다.
그들은 특히 어렵고 치료에 저항하는 사례들을 치료하는 데 관
심을 가졌다. 이 기간에 등장한 명성이 있는 Kleinian 분석가들
중에는 Hannah Segal, Herbert Rosenfeld, Hoan Riviere,
Susan Isaacs, Esther Bick, Wilfred Bion과 같은 이론가들이 포
함되어 있다(for a review, see, e.g., Sayers, 2001).
영국 정신분석학회로부터 나온 세 번째 정신분석적 이론가
그룹은 Freudian과 Kleinian 사상 모두에 의해 영향을 받았지
만, 어떤 하나의 전통과도 공식적인 동맹을 맺는 것을 꺼리는
분석가들을 포함하였다. 이들은 영국의 독립주의 학파(British
Independents) 혹은 중간그룹(Middle Group)으로 알려지게 되었
는데 Ronald Fairbairn, Michael Balint, Donald Winnicott,
Marion Milner, Masud Khan, John Bowlby와 같은 이론가들이

포함되어 있다(Rayner, 1991).[1] 이 중간그룹(Middle Group)의 업적과 관련된 핵심적 특징으로는 자발성, 창조성, 그리고 치료자의 유연성과 지지적이고 돌봐주는 치료적 환경의 제공에 대한 강조를 들 수 있다. Kleinian과 중간그룹(Middle Group)의 전통에서 나온 발전들은 이후 미국 정신분석의 발전과정에 편입되어 그 영향을 미쳤다. 그 중 Winnicott(1958, 1965)은 특히 창조성, 자율성, 진정성을 중요하게 강조하는 많은 현대 북미 정신분석가들에게 중요한 영감을 주었다. 그리고 John Bowlby의 업적은 애착 이론과 연구라는 아주 풍부한 학문분야를 일으키는 데 기여하였다. 여기에서 또 하나 주목할 만한 사람은, Sandor Ferencz로 그는 미국 정신분석의 최근의 발전 동향을 진작에 예견하였고 그의 문하생인 Michael Balint를 통해 간접적으로 영국의 독립주의 학파(British Independents)의 사상에도 중요한 영향을 주었다.

대상관계 이론가들(e.g., Fairbairn, 1952, 1994;Klein, 1955/2002a, 1975/2002b)은 내재화에 대한 다양한 이론적 모델을 제시하였다. 예를 들어 Klein은 내적 대상은 실제 경험과 본능에서 나온 무의시저인 환상이 상호작용하는 과정에서 나온다고 보았다. 인간은 사랑과 공격성 모두와 관련이 있는 본능적인 열정을 가지고 태어나는데, 이 두 가지는 타인과의 관계에 대한 무의식적 환상, 이미지와 연결되어 있다고 보았다. 본능에 연결되어있는 무의식적 환상은 타인과 실제로 만나기 이전부터 존재하는 것이고 타인을 인식하기 위한 기본적인 심리적 틀의 역할을 한

---

1) 정신분석에서 영국의 독립주의 학파의 전통에 대한 소개를 위해 Rayner (1991)를 추천한다.

다고 개념화 하였다.

Klein의 사상에서는, 본능에 기반을 둔 공격성이 특별히 중요한 역할을 한다. 그녀는 유아가 자신의 공격성을 견딜 수 없는 것으로 경험한다고 믿었다. 이런 이유로, 유아들은 공격성이 자신보다는 타인(Klein의 생각에서는 보통 어머니)에게서 비롯된다는 환상을 가져야 할 필요가 있다고 보았다. Klein은 유아가 자신 내부에서 오는 감정을 타인으로부터 오는 것으로 경험하는 정신내적 과정을 가리키기 위해서 *투사적 동일시*라는 용어를 사용하였다. 이 공격적이고 박해하는 타인(Klein이 내적대상이라 불렀던)과 관련된 무의식적 환상은 유아의 정신세계의 일부분이 된다. 그렇게 되면 이 공격적인 "나쁜" 내적대상들은 유아가 중요한 타인들을 위험하고 박해하는 대상으로 보도록 지각을 채색한다.

타인이 좋은 대상이고, 박해하지 않을 것이라는 지각을 어느 정도 유지하기 위하여 유아는 무의식적으로 타인 혹은 내적 대상의 이미지를 좋은 측면과 나쁜 측면으로 분리한다. 이렇게 함으로써 좋은 측면(혹은 좋은 부분 대상)은 나쁜 측면(혹은 나쁜 부분 대상)에 의해 오염되지 않은 채 유지될 수 있다. 인지적, 정서적 성숙과 함께, 현실의 중요한 타인들과의 지속적인 만남의 결과로써, 아이는 좋고 나쁜 대상을 하나의 전체(대상)로 통합하기 시작하고 공격성을 자신에게서 나온 것으로 다시 받아들일 수 있게 된다. Klein은 체계적인 이론가는 아니었다. 때문에 그녀가 남긴 많은 저술들을 보면 다년간의 임상경험에서 얻어진 직관을 글로 옮기려는 느낌이 있는데, 직관적 통찰을 명확한 개념적인 표현으로 옮기기는 사실 어렵다.

Fairbairn은 내적 대상이 보호자가 가까이 있지 않고, 양육적 욕구를 좌절시키고, 혹은 충격을 주기 때문에 개인이 외적 현실로부터 철수하고 대신에 그 대체물로 내적 현실을 만들기 때문에 생성된다고 주장하였다. Fairbairn에 따르면, 현실에서 중요한 타인과 불만족스러운 관계를 갖게 되면 환상 속의 관계에 빠지게 되고, 그것은 무의식적으로 표상화된다. 환상 속의 관계는 개인이 자기를 경험(sense of self)하는 데 중요한 초석이 되는데 왜냐하면 자기라는 것은 환상에 있든 현실에 있든 언제나 타인과의 관계에서 경험되기 때문이다. Fairbairn의 관점에서 보면, 실제의 관계보다는 환상의 관계를 발달시킴으로써 중요한 타인을 통제하려는 방어적인 시도는 궁극적으로 부분적으로만 성공적이라는 것이 문제가 된다. 그 이유는 중요한 타인이 박탈감을 주고 정신적인 외상경험을 제공하는 측면이 무의식적 환상이나 내적 대상을 만들기 위한 원자료를 제공하기 때문이다. 따라서 불가피하게 내적 구조의 일부분이 되거나 지속적인 영향력을 갖는 심적조직(psychic organization)을 발달시키게 된다.

📊 북미의 정신분석의 다원론을 향한 행보

앞서 지적한 대로, 영국에서는 화합의 관계는 아니었지만 어느 정도 동등한 위상을 누리며 세 개의 각기 다른 정신분석적 전통들이 제도화되었다. 하지만 미국에서는 공식적으로 오로지 자아심리학만을 정신분석으로 인정하였다. 미국의 자아심리학자들은 대체로 영국 대상관계이론에 친숙하지 않았다. 그리고 자아심리학의 주류로부터 너무 멀리 벗어나 있는 미국 이론가들은 미국정신분석협회로부터 사퇴하였거나 밀려나 자신들만의 학파를 시작하였다. 하지만 이들 학파들은 미국 정신분석의 주류에 거의 영향을 주지 못하였다.

Harry Stack Sullivan은 이렇게 독자노선을 걷던 미국 자아심리학자 가운데 가장 유명한 사람들 중 하나였다. 그는 미국 태생으로 기존의 인습에 타파적인 성향을 가진 정신과 의사였는데 정신분석적 수련을 공식적으로 받은 적은 없었다. Sullivan(e.g., 1953)은 자신만의 독특한 정신분석적 정신의학 모델을 개발하였는데, 그의 모델은 사회학의 장이론(field theory), 특히 시카고학파(Chicago School of Sociology)와 상징적 상호주의사상(symbolic interactionist thinking)이 결합된 형태의 장 이론에 의해 영향을 받았다. Freud와 달리, Sullivan은 가장 근본적인 인간의 동기는 인간관계에 대한 욕구라고 이론화하였으며 그의 사상에서 성의 특권적 역할을 제거하였다. 그는 또한 개인을 타인과의 관계 맥락 밖에서 이해한다는 것은 불가능하고, 이 원칙은 치료적 관계로까지 확장된다고 믿었다. 주류 정신분석가들과 반대로, Sullivan은 치료적 관계에서 일어나는 모든 것은 내담자의 심리나 전이의 차원에서만 볼 게 아니라 내담자와 치료자 두 사람이 치료에 지속적으로 기여하는 측면에서 이해될 필요가 있다고 주장하였다. Sullivan은 저술물을 거의 남기지 않았지만(그의 책 대부분은 사후에 출판된 강의자료들로 구성되어있다), 주로 강의와 수퍼비젼을 통해 미국 정신과 의사들의 수련과정에 강력한 영향을 미쳤다.

Sullivan은 또 다른 미국 태생의 정신과 의사인 Clara Thompson(1957)의 친구이자 정신적 멘토가 되었다. Sullivan의 격려로, Thompson은 Sandor Ferenczi 밑에서 수련을 하기 위해서 유럽으로 갔다. Ferenczi는 자신의 작업이 원숙해질수록, 더욱 대인관계적인 관점 쪽으로 기울어 가고 있었다. Sullivan 과 Thompson은 나중에 Erich Fromm과 동맹을 형성하였다. Fromm은 유럽태생으로 사회학자의 배경을 가진 수련 받은 정신분석가였고 정신분석을 사회학과 정치적 사상과 통합하는 데 관심을 갖고 있었다. 또한 인간주의적이고 실존적인 견해를 그의 사상에 통합하기 시작하였다(e.g., Fromm, 1941). Fromm의 관점은 치료적 관계에서 진정한 인간적 대면(human encounter) 혹은 만남의 중요성을 매우 강조하였다.

Sullivan, Thompson, Fromm은 1946년 뉴욕에 William Alanson White Institute를 설립하였다. White Institute는 이후에 미국 대인관계 정신분석의 선도적 위치에 오르게 되었다. 이 세 명의 공동 설립자의 각기 다른 관심과 예민함은 대인관계 분석의 발전에 큰 영향을 미쳤다. 대인관계 정신분석적 관점은 당시에는 미국의 주류 정신분석에 의해서 간과되었지만, 사상적으로 중요한 전통을 육성하고 유지해서 결국에는 1980년대와 1990년대에 와서 미국의 주류 정신분석에 중요한 영향을 주게 되었다.

북미 정신분석에 있어서 다원적 관점을 향한 움직임에 중요한 역할을 한 또 다른 중요한 인물이 Heinz Kohut(1984)이다. Kohut은 이민자 출신으로 1939년 비엔나에서 의학 수련을 마치고 시카고로 건너와서 정신의학 레지던트와 공식적인 정신분석 수련을 마쳤다. Kohut은 존경받는 주류 자아심리학자였다. 그러나 그의 사상과 치료적 경험이 무르익으면서 특히 자기애(narcissism) 치료에 각별한 관심을 갖게 되었다. 그리고 이와 같은 그의 이론적 개념화는 점점 더 주류 정신분석의 관점으로부터 멀어지게 되었다. Kohut은 개인이 일관된 자기감, 내적 활력의 경험, 자기존중의 능력을 발달시키는 과정을 이해하는데 특히 관심이 있었다. 그는 치료자의 공감적인 태도는 그 자체로 변화의 기제(changing mechanism)가 된다는 것을 점점 더 강조하였다. 또한 치료자의 공감의 결여로 초래된 치료적 관계의 파열을 복구하는 과정에도 공감이 중요한 역할을 한다고 믿었다.

Kohut은 내담자가 적응을 위해 현실과 타협하는 것에 중점을 두기보다는 일관된 자기감과 내적인 활력과 의미 있는 삶의 계획에 몰두할 수 있는 능력을 키우도록 돕는 것에 점점 더 관심을 가졌다. 내적인 공허감을 생동감과 진정성으로 변화시키는 것을 강조하는 것은 Michael Balint와 Donald Winnicott과 같은 영국의 중간그룹(Middle Group)의 이론적 관점을 반영한 것이었다. 궁극적으로 Kohut은 자아심리학의 주류로부터 떨어져 나왔고 자기심리학(Self Psychology)의 전통을 창시하였다.

관계적 정신분석의 발전은 1950년대와 1960년대 초에 미국의 정신분석을 지배하던 정신분석의 단일론적 관점이 결정적으로 무너지게 된 또 다른 중요한 계기가 되었다. Jay Greenberg와 Stephen Mitchell(1983)의 책 *Object Relations in Psychoanalytic Theory*는 다양한 이론적 관점을 포용하는 방향으로 발상의 전환이 생기기 시작했을 때 새로운 패러다임의 출현을 촉매하도록 도움을 준 핵심 저서이다. 이 책은 미국과 영국 출신의 다양한 정신분석적 이론가들의 연구에 대한 학문적 검토와 비평을 제공하였다. 여러 핵심적인 정신분석 이론가들 사이의 관계를 도식화하고 그 접근들의 진화과정에 기여한 지적, 사회정치적 요소들을 이해할 수 있는 독창적인 틀을 제공한다. Greenberg와

Mitchell(1983)은 정신분석의 역사는 Freud의 추동이론에 바탕
을 둔 동기모델을 버리지 않은 채 동기와 기능의 대인관계 모
델을 발전시키려는 여러 이론가들의 시도로 총체적으로 이해될
수 있다고 주장하였다.

Greenberg와 Mitchell의 책은 다양한 목적을 달성하였다. 우
선, Sullivan이 이론적으로 달성하려고 노력했던 것과 "적법한"
주류 정신분석가들이 성취하려고 시도했던 것 사이의 유사점을
보여줌으로써, 주류 정신분석 전통 안에서의 미국 대인관계 정
신분석 전통에 정당성을 부여하였다(e.g., Heinz Hartmann, Edith J
acobson Margaret Mahler, Otto Kernberg). Sullivan을 포함한 여러
이론가들이 Freud의 사상에 함축되어 있기는 하지만 이론적으
로 체계적이고 일관된 방식으로 개념화되지 않았던 정신분석의
대인관계 측면을 정교화하려고 시도한 노력을 설명하였다. 이
를 통해 대인관계이론으로부터 얻은 통찰과 주류 정신분석을
통합하는 길을 모색해 나갔다. 관련해서, 그들은 Sullivan의 대
인관계적 관점에 친숙하지 않았던 자아심리학자들에게 Sullivan
의 이론을 소개하는 역할을 하였다. 대인관계분석가들과 미국의
자아심리학자들 모두에게 Klein, Fairbairn, Winnicott과 같은 영
국의 대상관계이론가들의 중요한 작업을 소개한 것 또한 그들
의 중요한 공헌이었다.

📊 유럽과 남미에서의 Klein과 Post-Kleinian 전통

이 책은 주로 미국의 독자들을 겨냥하기 때문에 지금까지 미
국의 정신분석적 전통에 가장 커다란 영향을 끼친 정신분석의

사상적 발전들에 대부분 초점을 맞췄다. 그러나 미국 외의 세계 각지에서 대단한 영향력을 발휘하고 있고 미국 정신분석에도 영향력이 증가하고 있는 두 가지 발전들을 추가하지 않는 것은 무책임한 일이라고 생각한다. 그 첫 번째는 Kleinian과 post-Kleinian사상의 발전이다. 유럽과 남미의 여러 지역에 있는 많은 창조적인 사상가들은 Kleinian 사상의 바탕 위에서 참신하고 임상적으로 유용한 방식으로 치료 이론과 기법을 만들어내었다. 특히 주목할 만한 것은, Kleinian 혹은 Neo-Kleinian은 내담자가 치료자의 개입을 건설적으로 이용하는 정도를 모니터링하는 것을 중요시한다는 것이다. 뿐만 아니라 내담자가 치료적인 개입을 건설적으로 이용하지 못하는 것은 내담자가 자신을 나쁘고 부적절하게 느끼고 치료자는 선하고 너그럽게 보는 시기심(envy) 때문인 점을 감안하면서 주의 깊게 매 순간마다 모니터링할 것을 강조한다(e.g., Joseph, 1989). 유럽대륙에서 대단한 영향력을 발휘한 Kleinian과 post Kleinian 이론가들 중에는 Heinrich Racker, Willi Madeline Baranger, Leon Grinberg, Horacio Etchegoyen, Ignacio Matte-Blanco, Antonino Ferro가 포함된다(cf. Etchegoyen, 1991; Ferro, 2002). 이들 이론가들은 저명한 Neo-Kleinian 분석가 Wilfred Bion(1970)에게서도 깊은 영향을 받았다.

Lacanian 이론

마지막으로 소개할 정신분석의 주요 전통은 Lacanian과 post-Lacanian 이론이다. 이 전통은 프랑스 정신분석가 Jacques

Lacan(1901 – 1981)의 연구에 뿌리를 두고 있으며 프랑스 정신분석 발전에 중요한 역할을 하였다. 또한 남미(특히 아르헨티나)에서 상당히 영향력이 커졌고, 유럽 그리고 이후 영국의 정신분석에도 중요한 영향력을 발휘하였다. 미국에서, Lacanian 분석의 영향력은 전통적으로 문학비평, 인문, 여성주의 사상의 영역으로 제한되어왔다. 그러나 Lacanian 개념은 미국 정신분석의 실제에서 한 몫을 하기 시작하고 있다. Lacan은 악명이 높을 정도로 난해하다. 부분적으로는 그의 사상이 Anglo – American 의 지적 전통과 매우 다른 프랑스의 지적 전통의 맥락에서 체화되었기 때문이라 생각한다.

Lacan(1975/1988a, 1978/1988b)은 미국의 자아심리학의 전통에 대해 극히 비판적이었다. 그는 자아심리학이 Freud의 무의식적 과정의 핵심에 대한 가장 진보적이고 중요한 통찰을 배반하고 관습과 사회에 적응하는 것을 강조한다고 보았다. 미국 자아심리학자들이 자아의 적응적인 측면을 강조하는 것과는 반대로, Lacan은 자아(i.e., "나"라는 우리의 감각)는 환상이라고 주장하였다. Lacan에 따르면, 우리의 정체성 혹은 I – ness라는 느낌은 타인의 욕구를 자기 것으로 오인한 것으로부터 위조(forged)된 것이라고 생각하였다. 이것은 우리가 타인의 욕구를 민족시키려고 시도하는 어린 시절에 엄마의 욕구가 나의 욕구로 환생 (incarnated)하는 것에서 출발한다. 다른 말로 하면, 우리가 누구인가 하는 자기감은 부모의 욕구와 환상을 만족시키기 위해 구축한 정체성을 통해 형성되기 때문이다. 그러나 Winnicott(혹은 이 점에 대해서는 인본주의 정신치료자들)과는 달리, Lacan은 우리가 경험하는 환상에 불과한 "나"라는 느낌의 기저에서, 발견되기를 기다리는 진짜 자기(true self)가 있다는 것을 믿지 않는다. 대신

거기에는, Lacan이 공허 혹은 결핍으로 부르는 자기로부터의
근본적인 소외감이 자리하고 있다고 본다. 이 근본적인 소외와
*결핍*의 경험은 다양한 원천에서 유래한다. 가장 중요한 원천들
중 하나는 우리의 경험이 언어라는 중간다리 없이 상징화되거
나 소통될 수 없다는 것이다. 하지만 언어를 통해 우리의 경험
을 상징화하는 바로 그 과정이 경험의 왜곡으로 이어지고 소외
의 경험을 갖게 하는 데 기여한다고 한다.

 발견되거나 발굴되기를 기다리는 참자기가 없다면, Lacanian의
관점에서의 치유의 핵심은 무엇인가? 이 점에 대해서 Lacanian
이론은 모호하다. Lacan은 우리 자신의 욕구를 진정으로 소유하
고 타인의 욕구와 분리하는 것을 개발하는 것이 중요하다고 하였
다. 하지만 그는 본성적인 측면에서 욕구는 만족될 수가 없다고
도 주장하였다. 따라서 Lacan은 분석의 중요한 목표는 이와 같은
본질적인 결핍을 수용하고 받아들이는 것이라고 말하는 측면이
있다(Moncayo, 2008).[2]

 마지막으로, Lacan이 프랑스에서 영향력을 발휘하던 당시의
문화적, 역사적 맥락을 고려해보는 것이 의미가 있을 것 같다.
북미와는 달리, 프랑스는 1960년대까지 정신분석에 대해 진지
한 관심을 갖지 않았다. 프랑스는 미국의 문화적 혁명과 유사
한 문화적 혁명을 1960년대에 경험하였지만, 그 양상은 좀 달
랐다. 1968년 5-6월에, 학생들이 고등학교와 대학교를 그리고
노동자들이 공장을 장악하는 폭동이 일어났다. 사회주의 사상
(유럽과 북미에 더 큰 영향력을 발휘하였지만)에 의해 영감을 받은 학
생들과 노동자들은 프랑스 중산층의 견고한 체계와 관료주의적
구조에 도전해 새롭고, 자유롭고, 진보적인 사회를 만드는 길을

---

2) Lacan에 대한 유사한 해석은 Moncayo(2008)을 참조하도록.

닦고자 하였다. 이들의 비전은 완고하게 정해진 사회의 역할과
규칙으로부터 개인적인 자유를 찾는 것뿐만 아니라 참여적인
민주주의를 위한 좀 더 중요한 역할을 할 수 있는 기회를 제공
하는 사회를 만드는 것이었다. 이 시기는 프랑스의 문화생활이
새로운 가능성의 감성으로 가득 채워진 자극적이고 흥분된 시
간이었다. Sherry Turkle(1992)의 글에서:

> 프랑스 거리는 예전에 하지 못해 본 방식으로 서로에게 말
> 을 거는 사람들로 넘쳐났다. 그들은 성, 가족생활과 공적인 것
> 에 대한 불만족, 개방된 대화에 대한 욕구 등을 이야기하였다.
> 잠지지만 프랑스인의 삶에서 많은 부분을 차지하는 계층과 관
> 료주의적 구조는 잊혀졌다. 진정성과 소외에 대한 질문들이
> 즉각적으로, 마치 손에 잡힐 듯 생생하게 경험되었다(p.64).

Lacan은 프랑스 문화에서 독보적인 지위를 얻었다. 그는 관
습적인 규범에 대한 급진적인 도전과 정신분석에 존재하던 전
통적인 위계에 대한 공격으로 악명이 높았다. 더 나아가서,
Lacan은 다양한 교육적 배경을 가진 지망생들을 정신분석적 수
련 안에 받아들이노록 강력하세 촉진하고 징신분석에 존재하던
정통파와 권위주의에 도전하였다. 잘 알려진 프랑스 좌파지식
인들(그들의 많은 수가 Lacan의 인기 있는 강의에 참석하였다)과의 지적
인 접촉도 그의 인기에 한 몫을 하였다. 어떤 의미에서는, 프랑
스의 정신분석은 미국의 정신분석이 보수적인 문화적 기관의
역할을 자처하여 쇠퇴의 길을 가던 시기에 진보적이고 혁명적
인 세력으로 꽃을 피우며 등장하였다.

Lacanian 정신분석은 남미에서, 1970년대와 1980년대의 독재 정권의 출현으로 이어지는 정치적 동요 속에서 중요한 문화적 세력으로서 등장하였다. 프랑스의 상황과는 달리, 아르헨티나와 브라질과 같은 나라들은 이미 이 시기에 잘 확립된 정신분석 기관들이 있었다. 주류 정신분석 협회는 보수적인 비정치적 계파들로 갈라지기 시작하였고, 젊은 분석가들은 압제적인 전체주의 정권과 맞서며, 비정치적이고 타협하는 자세는 옹호의 여지가 없다고 느꼈다. Lacanian 전통의 반(anti) 권위주의적이고 정치적으로 체제 전복적인 요소는 좌파 지식인 사회와 연결되어 있을 뿐 아니라 Lacanian 전통의 매력을 높이는 중요한 역할을 하였다. 남미에서의 Lacan의 영향력은 1980년대 초반부터 중반까지 여러 독재정권의 몰락으로 더 활짝 꽃피웠다(Plotkin, 2001).

Lacanian 정신분석은 자기심리학과 관계적 정신분석이 미국에서 그랬던 것과 같은 방식으로 남미에서 전통적인 정신분석 기관들의 주도권을 붕괴시키는 중요한 역할을 하였다. 마지막으로 Lacanian이 의학적 수련이나 표준화된 수련교과목의 중요성과 기관 자격증을 수여하는 획일적인 절차에 대한 중요성을 강조하지 않음으로써 훨씬 더 넓은 범위의 잠재적인 수련지망생들에게 이 전문직을 개방하였다. 이 점은 미국의 전공생들과 달리 긴 기간의 집중적인 수련을 거치지 않고도, 대학에서 교육과 수련을 받고 자격증을 취득해서 활동했던 많은 심리학자들에게는 특히 중요한 부분이다(Plotkin, 2001).

3 장
이 론

정신분석과 정신분석적 지향을 갖는 치료의 가치와 목표는 무엇인가? 이미 지적했듯이, 정신분석의 다양한 전통과 진화하는 특성을 가지고 있다는 것을 고려해볼 때, 이 질문에 대한 답은 그리 간단하지 않다. 그럼에도 불구하고, 다양한 정신분석적 전통들이 포함하는 몇 가지 중요한 가치들을 설명하고자 한다. 게 중에는 상호보완적인 것도 있고, 긴장상태를 유지하고 있는 것들도 있다.

변방 학문으로서의 정신분석

정신분석은 의학 분야, 과학, 해석적 혹은 해석학적 체계, 철학적 체게, 문화 비평 등으로 다양하게 분류되어 왔다. Freud가

정신분석을 과학으로 정립하는 데 전념했지만, 많은 현대의 비평
가들은 정신분석은 "실패한 과학"이라고 주장해왔다(e.g., Grunbaum,
1984). 동시에 많은 현대 정신분석 지지자들 사이에서도 정신분석
을 과학으로 생각하려는 시도가 처음부터 잘못된 판단이었고 정
신분석은 더 정확하게는 해석학적 혹은 해석의 분야로 개념화하
는 것이 맞다는 주장이 있다. 많은 정신분석적 개념들이 경험적
으로 검증되지 않았고, 아예 검증하는 자체가 어려운 것들도
있다. 그럼에도 다양한 정신분석적 개념들을 지지하는 다수의
경험 연구들이 있다(e.g., Westen, 1998; and Westen & Gabbard,
1990).3) 나중에 다시 논의하겠지만, 정신분석적 치료의 효과를
지지하는 상당한 양의 연구가 진행되었고 그 수 또한 계속 증
가하고 있다(Shedler, 2010 ; Levy, Ablon, & Kaechele).

이런 증거 기반이 늘어나고 있음에도 불구하고, 정신분석을
과학으로 아니면 해석학으로 개념화하는 것이 최선인지에 대한
논쟁은 불가피하게 계속될 것이다. 그 이유는 정신분석이 다양
한 지적, 과학적 학문분야들 간의 경계에 놓여 있기 때문이다.
이 경계적 지위는 정신분석에 대한 인식에 상당한 혼란을 가져
왔지만 다른 한편으로는 활력을 주는 중요한 원천이 되어온 것
도 사실이다.

---

3) 정신분석 관련 경험적 문헌을 검토하기 위해서 Westen(1998)과 Westen &
Gabbard(1999)을 참조할 것.

정신분석과 건강한 삶의 본질

정신분석의 목표에 대해서 생각하기에 앞서 심리적 건강의 정의에 대한 몇 가지 가정을 살펴보는 것이 필수적이다. 심리적 건강의 정의에 대한 가정은 "건강한 삶"을 구성하는 것들이 지니는 특성에 대한 가치와 믿음에 의해서 필연적으로 영향을 받는다. 여러 형태의 정신치료와 다양한 정신분석적 전통들은 건강한 삶의 본질이 무엇이고 정신분석의 목표는 무엇인지에 대해서 여러 가지 암묵적 가정을 가진다. "정신분석은 신경증적 고통을 일상적인 불행감으로 바꿔주는 것이다"라는 Freud가 자주 인용했던 말은 어쩌면 인생에 대한 비관주의적 관점을 반영하는 것으로 보인다. 그러나 그것은 다른 한편으로는 매우 지혜로운 표현이기도 하다. Freud는 본래 삶은 여러 가지 형태의 고통을 수반한다고 믿었다. 병, 사랑하는 사람들과 친구들과의 이별 및 상실, 낙담, 실망, 궁극적으로는 죽음까지. 그러나 *실존적인 고통*과 자기가 초래한 신경증적 고통을 구별하는 것은 매우 중요하다. Freud의 관점에서 보면, 정신분석의 목표들 중의 하나는 사람들이 어느 정도의 평정심과 위엄을 갖추고 삶에서 필연적으로 대면하게 되는 것들에 대해 고심하는 것을 배우도록 돕는 것이다.

이 장 후반부에서 더 자세히 논의하겠지만, 많은 현대 정신분석가들은 치료의 목표로 생동감 있는 삶을 살도록 돕는 것을 강조한다. Dimen(2010)은 작가 Andrew Solomon의 말을 빌려, "좋은 치료는 행복이 아니라 활력을 되찾는 것이다"라고 말한 바 있다(p264). 많은 현대 정신분석가들은 "정신건강"에 대해서 공통된, 관습적인 정의를 강조하는 것은 잠재적으로 억압적인 규범이 될 수 있다고도 본다. 따라서 틀에 박힌 정의에 도전하고, 세상에 존재하는 다양한 삶의 방식을 존중하고 이해하고 다양성을 추구할 것을 강조한다(e.g., Corbett, 2009; Demen, 2010; Harris, 2008). 영향력 있는 영국의 정신분석가인 Donald Winnicott(1958)도 "우리가 단지 제 정신이기만 하다면, 우리는 실로 불쌍한 존재일 것이다"라고 말한 바 있다.4)

Cushman과 Gilford(2000)가 주장하였듯이, 많은 측면에서 정신분석은 우리 문화 속에 녹아있는 특성들을 반영하는 가치관이나 관리의료제도 혹은 증거기반 심리치료가 추구하는 방향과는 반대되는 행보를 보인다. 관리의료제도나 증거기반 심리치료체제의 도래, 그리고 건강보험제도를 장악한 인지행동치료 전통에서는 명료성, 적극성, 속도, 구체성, 실제성, 현실성, 효율, 체계화, 일관성, 독립성, 자기책임감 등과 같은 가치들을 중요시 한다.

이와 대조적으로 정신분석은 복잡성, 깊이, 미묘함, 인내심과 같은 가치를 중요시한다. 인내, 수용, 그리고 무위를 강조하는 것은 Freud 초창기사상으로까지 거슬러 올라간다. 이는 Freud 이후의 여러 정신분석적 전통에서도 다양한 방식으로 표현되는 핵심적 주제이다. Freud는 "furor sanandi"(치료하려는 과도한 열망)은 진정으로 도움이 되는데 필요한 인내와 수용적 태도를 취하는 능력을 방해할 수 있다고 분석가들에게 주의를 주었다. Wilfred Bion(1970)은 지금 일어나고 있는 것의 "정서적인 진

---

4) Donald Winnicott(1958) Through paediatrics to psycho－analysis: Collected papers(p.150).

실"이 드러나게 하기 위해서는 "기억이나 욕망 없이" 치료에
임하는 것이 중요하다고 말한 것으로 유명하다(p.57).

이런 관점은 Woody Allen 영화에서 희화화 된 것처럼 그리
고 내담자들이 우려하는 것처럼 분석이 끝이 없는 과정으로 비
춰질 수 있는 단점이 있다. 사실, 몇 몇의 저명한 분석가들은
이러한 태도가 내담자에게 진정으로 도움이 되는 것들에 대해
충분히 고심하지 못하게 만들고, 정신분석의 인기가 하락하도
록 하는 요인이 되었다고 주장하기도 하였다(Renik, 2006). 다른
한 편으로는, 정신분석에서 강조하는 것에는 현대 서양의 문화
적 경향성을 바로잡을 수 있는 지혜가 담겨져 있다. 현대의 서
양은 개인의 효능감과 통달(mastery)에 대한 인간의 능력을 과
대평가하고 "모든 것을 가질 수 있는" 우리의 능력에 한계가
있다는 것을 깨닫지 못하는 경향이 있다.

📊 복잡성, 모호함, 그리고 호기심

정신분석은 인간이 사회적, 문화적 요인들뿐만 아니라 다양
하고 때로는 모순되는 의식적, 무의식적 요인들에 의해 경험과
행위가 형성되는 복잡한 유기체라는 기본적인 관점을 취한다.
때문에 모호함을 견디는 것의 중요성을 강조한다. 정신분석적
사상은 인간경험의 복잡성을 고려하기 때문에 치료 과정에는
근본적인 모호함이 존재한다고 가정한다. 이 모호한 느낌은 치
료자로 하여금 내담자에 대해서 혹은 치료과정에서 일어나고
있는 역동에 대해서 늘 적절한 이해를 할 수 있다는 가능성을
배제시킨다. 하지만 이 점이 치료과정에 대한 명확한 이해와

개입방법에 대한 확실한 청사진을 갖고 있다는 확신이 필요한 초보 치료자들에게는 상당한 불안을 일으킨다. 한편 이런 근본적인 모호함이 갖고 있는 긍정적인 측면은 드러나는 것을 관찰하고 시간이 가면서 치료자의 이해가 넓어지게 되는 과정에 대한 진정한 호기심을 충족해 준다는 것이다(McWilliams, 2004). 이 것은 인간 본질의 복잡성에 대한 경외심과 궁극적으로는 그 어떤 것에 대해서도 완벽하게 아는 것은 불가능하다는 자각에서 오는 겸허함과 맥을 같이 한다.

📊 정직함의 윤리

Freud는 환상을 벗어버리고 삶에서 불가피한 것들을 수용하는 것이 중요하다고 믿었다. 그는 자기기만은 늘 일어난다고 믿었고 자기성찰과 진리탐구(자신의 진정한 심리적 동기를 찾는다는 면에서)의 과정에 가치를 두었다. 어떤 의미에서는, 정신분석은 정직함을 추구하는 윤리적 입장을 취한다고 말할 수 있다(e.g., McWilliams, 2004; M. G. Thompson, 2004). 내담자는 자신의 동기에 대해서 스스로 진실하려고 노력하도록 격려를 받고 이런 정직성은 치료자에게도 요구되기 때문이다.

일단 우리에게 무의식적인 동기가 있다는 생각을 받아들이면, 우리 모두는 우리 자신에 대해 다 알지 못한다는 것을 인식하기 시작한다. 우리 치료자들 역시 내담자들만큼이나 자기기만적이기 쉽다는 것도 깨닫게 된다. 수련생들은 흔히 수퍼비전을 통해서 자신이 내담자에게 개입하는 방식은 스스로 완전히 자각하지 못하는 감정들(예: 경쟁심, 불안감, 짜증, 통제하고 싶은 욕망)로부터 받은 영향을 반영한다는 것을 깨닫는다. 그리고 치료상황에서 치료자로서의 자신의 모습에 대해 이성적이고 이론적으로 이해하는 것은 부분적 이해에 지나지 않으며 자신의 태도에 대해서 뒤늦게 타당성을 찾는 것뿐이라는 것을 깨닫게 된다.

그러므로 정신분석적 관점에서 본다면 정신치료를 하는 것은 필연적으로 치료자가 자기발견과 개인적 성장을 계속해나가는 과정을 포함한다. 치료적 관계에 치료자 자신이 기여하는 것이 무엇인지를 적극적으로 그리고 지속적으로 탐색하지 않는다면, 그리고 치료시간에 본인이 하는 치료적 노력의 목적을 기꺼이 돌아보려고 하지 않는다면, 내담자와의 작업, 특히 쉽지 않은 내담자와 작업하기가 어렵다. 많은 현대 정신분석가들은 성공적인 치료에서는 내담자와 치료자 모두가 변화를 경험한다고 믿는다. 그러므로 정신분석은 용기가 없는 사람에게는 적합하지 않다.

📊 의미, 활력, 그리고 진솔성을 찾아서

Freud는 우리의 비이성적이고 본능적 소망들을 깨닫고 이성을 통해서 그것들을 포기하거나 길들일 것을 강조하였다. 북미를 중심으로 정신분석의 목표에서 한 가지 중요한 변화는 의미를 창조하고 자기를 되살리는 것에 대한 중요성을 강조하는 것이다. 이 변화는 부분적으로는 문화적, 역사적 조건이 변한 결과일 것이다. 문화적 감성의 측면에서 이와 같은 변화는 Freud의 시대와 우리 시대의 문화적 풍경에 중요한 변화가 일어났다는 것을 말한다. 정신분석은 개인주의가 점점 더 영향력을 갖기 시작하던 시대에 태동하였다. Freud 시대의 빅토리아 문화에서는, 자기를 내세우는 것은 위험한 것으로 간주하고, 자기숙련(self-mastery)과 자기절제를 강조하였다(Cushman, 1995). 지난 세기동안, 개인주의 문화가 계속하여 발전하였고, 개인은 점점 더 공동체로부터 소외되었다. 이것은 양날의 칼이기도 하다. 현대문화의 개인주의가 체화된 사람은 공동체의 숨 막히는 영향력으로부터 더 자유로울 수 있다. 하지만 다른 한편으로는 넓은 공동체와 일체가 되는 경험에서 나오는 의미와 행복감을 느끼기는 어렵다.

전통적으로 사람들을 함께 이어주었고 인생에 의미를 부여해주었던 믿음과 가치의 통합망이 붕괴되면서 Philip Cushman(1995)이 *빈자기(empty self)*라고 부르는 것이 출현하였다. 빈자기는 전통, 공동체 의식, 공유하는 의미의 부족을 내적인 공허감으로써 경험한다. 개인의 신념과 가치의 부족, 그리고 만성적이고 획일적인 정서적 허기와 같은. 그러므로 현대 서양문화에서, 심리적 갈등은 성적인 본능과 문화적 규범 사이의 갈등보다는 의미의 추구와 친밀하고 의미 있는 관계에 대한 허기와 관련이 있다(S. A. Michell, 1993; Safran 2003).

이 의미추구는 개별화의 과정 즉, 합의된 사회적 가치를 단순히 받아들이기보다 진심으로 믿는 것을 발견하고 결정하는 과정과 연결되어있다. 철학자들과 역사가들은 진솔성의 개념이 18세기에 유럽에 출현한 비교적 새로운 발명이라고 말한다(Guignon, 2004; Taylor, 1992). 진솔성의 출현은 낭만주의 문화의 부흥과 연관이 있다. 낭만주의 운동은 계몽주의에 대한 반발로써 이해될 수 있다. 낭만주의 운동은 근대화가 시작되면서 잃어버린 일체성과 전체성의 느낌을 되찾으려는 시도였다. 낭만주의 운동에서는 진리는 과학적 탐색이나 논리를 통해서가 아니라 우리의 가장 깊은 감정 속으로 몰입함으로써 발견되는 것이라고 믿었다. 낭만주의 운동에는 사회에 대한 불신과 자연과 조화를 이루는 내면의 "참자기" 존재에 대한 암묵적인 믿음이 있었다. 관습적인 사회적 의식(儀式, rituals)들은 인위적이고 공허한 것이고 진솔성을 질식시킬 수 있는 것으로 보았다. 이와 같은 감성과 일치하는, 현대 정신분석적 사상에 중요한 맥이 있는데 그것은 내담자에게 치료자가 진솔한 반응을 하는 것을 변화과정에서 중요한 요소로 본다는 점이다. 순간 순간의 요구에 자발적으로 혹은 즉흥적으로 반응할 수 있는 치료자의 능력은 사회적 의식(ritual)과 복종으로 인해 잃어버린 삶의 활력을 되찾게 해주는 해독제가 될 수 있는 것으로 보인다(e.g., Ringstrom, 2007; Stern et al., 1998). Irwin Hoffman은 의식절차를 희생해서 즉흥성의 가치를 강조하지 않는 게 중요하고 그 반대도 마찬가지라는 설득력 있는 주장을 하기도 하였다. 따라서 치료과정에서 의식절차와 즉흥성 사이의 변증법적 상호작용의 측면을 생각하는 것이 가치 있다고 주장하였다. Hoffman의 관점을 자세하게 토론하는 것은 이 책의 범위를 넘는 것이므로 관심 있는 독자는 Hoffman(1998)의 책을 참조하기 바란다.

행동하는 성찰과 기술적 합리성

현대 정신치료 분야에서는 표준화된 방식으로 산출된 자료를

근거로 하는 치료를 개발하는 것의 중요성이 점점 더 강조된
다. 하지만 정신분석은 모든 치료적 만남은 고유한 특성을 갖
는다는 믿음과 개입의 원리들을 "표준화"하는 것은 불가능하
다는 것을 강조한다. 전문적인 지식이 "과학적 이론과 기법을
적용해서 엄격하게 만들어진 기계적인 문제해결"로 이루어져있
다는 생각은 Schon(1983, p.21)에 의해 *기술적 합리성(technical
rationality)*이라는 이름이 붙여졌다. 흥미롭게도, 전문가 대 초심
자의 문제해결 스타일에서의 차이를 연구한 Schon(1983)과 동
료들은 다양한 학문 분야의 숙련된 치료자들은(음악가, 건축가, 공
학자, 경영자, 정신치료자들) 기술적 합리성 모델과 일치한 방식으
로 문제해결을 하지 않는다는 것을 발견하였다. 숙련된 치료자
들은 Schon이 *행동하는 성찰(reflection-in-action)*이라고 이름
붙인 작업에 몰두한다. 이것은 신속하게 전체론적인 관점에서
(적어도 부분적으로는) 진화하는 상황에 대한 지속적인 평가를 포
함한다. 행동하는 성찰은 내담자가 치료자의 feedback에 어떻
게 반응하는지를 참고하여 치료자가 자신의 이해와 행동을 수
정해 갈 수 있도록 관련 상황에 대해 성찰적인 대화를 하는 것
을 포함한다.

현대 정신분석적 사상가들은 행동하는 성찰의 개념이 기술적
합리성 모델보다 숙련된 치료자의 치료적 활동을 개념화하는 데
있어서 더 좋은 틀을 제공한다고 주장한다(Aron, 1999; Hoffman,
2009; Safran & Muran, 2000). 치료자는 더 이상 치료적 개입을 주
도하는 일원화되고 보편적인 원리들에 의존하지 않아도 된다.
대신 치료자는 특정 내담자와 특정 순간에 어떻게 행동하는 것
이 최선인지를 숙고하는 데 도움이 되는 이론적 관점이 다양하
다는 사실과 맞닥뜨리게 된다. 이론에서 나온 치료적 지침들은

치료자 자신의 환원할 수 없는 주관성(Renik, 1993)이 궁극적으로 내담자의 고유한 주관성과 통합되어 해당 치료적 순간을 촉진시키는 효과를 가져와야 한다.

핵심 개념

다음에서는 정신분석적 사상의 몇 가지 핵심개념들의 개요를 제시하고자 한다. 이들 개념의 대부분은 정신분석의 역사와 함께 발전해왔다. 덧붙이면, 이 개념들의 일부는 정신분석 초창기에 기원을 두고 있고 반면에, 나머지 것들은 정신분석 이론의 진화과정 중 후반기에 나왔다.

무의식

무의식의 개념은 정신분석에서 중심이 되는 개념이다. 시간이 흐름과 함께 정신분석적 개념도 진화를 거듭했기 때문에 무의식에 관한 다양한 모델들이 여러 정신분석 학파에 의해서 강조되고 있다. Freud의 무의식에 대한 원래의 모델은 특정한 기억과 그와 관련된 감정들이 개인에게 너무 위협적이기 때문에 의식으로부터 분리되었다는 것이다.

무의식에 대한 Freud의 생각이 진화하면서, 그는 항상 동시에 일어나는 정신 기능의 두 가지 다른 과정을 구분하기 시작하였다. 이차석 과정과 일자적 과징이 그깃이다. *이차적 과정*

(secondary process)은 의식과 연관이 있고 합리적이고 숙고하는 사고를 할 수 있는 토대이다. 그것은 논리적, 순차적이고 정돈된 것이다. 일차적 과정(primary process)은 무의식적 수준에서 작동하는데, 이차적 과정보다 본질적으로 더 원시적이다. 일차적 과정에서는 과거, 현재, 미래사이의 구별이 없다. 여러 가지 감정과 경험들이 하나의 이미지, 상징 속으로 함께 농축될 수도 있고 감정이 은유적으로 표현되기도 하고 다양한 사람들의 정체성들이 융합될 수도 있다. 일차적 과정의 "언어"는 이차적 과정 혹은 의식의 합리적, 순차적 규칙과 일관성 있게 작동하지 않는다. 일차적 과정은 꿈과 환상에서 드러난다.

Freud가 무의식에 대한 이해를 개념화하는 과정에서 무의식은 분리되어 떨어져 나간 정신외상의 기억과 관련된 것 뿐만 아니라 의식 속으로 들어가는 것이 허락되지 않는 본능적인 충동, 그리고 연관된 소망 등을 포함하게 되었다. 왜냐하면 문화적으로 조건화된 우리는 결코 이 충동들이 받아들여질 수 없을 것이라는 것을 알기 때문이다. 예를 들어, 한 여자가 자기 언니의 남편에 대해 성적인 감정을 갖게 되면, 그것을 부인하고 의식 밖으로 밀어낸다. 왜냐하면 그녀는 그것이 너무 위협적이라고 경험하기 때문이다. 한 남자가 상사에게 화난 감정을 갖게되면 역시 의식 밖으로 밀어낸다. 왜냐하면 그것이 너무 위협적이기 때문이다. Freud는 수용될 수 없는 소망들이 의식 안으로 들어오지 않도록 하는 과정을 억압(repression)이라고 불렀다.

이 관점은 결국 Freud가 원초아, 자아, 초자아 간의 구분을 개념화하고 정교화하는 것으로 이어졌다. 그러나 중요한 것은 이 개념화가 이후의 정신분석 이론의 발전에 중요한 영향을 주었지만 많은 현대 정신분석가들은 더 이상 그것이 유용하다고 생각하지 않는다는 것이다. 한 예로, Charles Brenner는, 1950년대 미국의 주류 자아심리학이 발전하는 데 일조한 주요 인물들 중 한명인데, 1990년대 중반에(Brenner, 1994) 이미 이와 같은 마음모델(*model of the mind*)의 유용성에 대해 분명하게 거부하였다. 대신에 그는 정신내적 갈등은 어디서나 존재하는 것으로 단순하게 보는 모델을 지지하였다.

현대의 대인관계 정신분석가들과 관계적 정신분석가들은 마음이란 다양한 자기상태가 정도의 차이를 두고 서로 갈등상태에 있으며 여러 관계적 맥락들에서 드러나는 것이라고 이해하는 것이 더욱 유용하다고 생각한다(e.g.,, Bromberg, 1998, 2006; Davies, 1996; Haris, 2008; S.A. Mitchell, 1993; Pizer, 1998). 이 관점에서는, 중심이 되는 실행 제어장치가 자아의 형태로 존재하지 않는다. 의식이란 여러 자기상태들의 연합체의 기능이라는 것이다. 그러므로 의식은 현재의 대인관계 맥락으로부터 영향을 받은 자기조직화 체계에서 나타나는 산물이라고 한다. 발달적인 관점에서 보면, 강렬하게 불안을 일으키거나 정신 외상을 초래하는 대인관계적 상호작용 맥락에서 일어나는 경험은 우리의 의식 안으로 들어올 수 없다. 그러나 그것을 의식 안으로 들어오지 못하게 하는 가설적인 심리적 기관은 존재하지 않는다. 대신에, 경험에 주의를 기울이고 그 경험에 대해서 이야기를 구성하는 데 실패한다(Stern, 1997, 2010). 이와 같은 주의와 구성에서의 실패가 경험의 여러 측면들을 분리해 내고 해리시킨다는 것이다. 그리고 대인관계적 맥락이 애초에 특정경험이 해리되는 데 기여했듯이 우리가 특정경험에 주의를 기울이고 이 야기를 구성해내기 위해서는 타인의 도움이 필요하다. Donnel Stern(2010)이 자신의 가장 최근의 책에서 서술하였듯이, 이렇게 해서 치료자는 내담자를 위한 필수적인 "사상적 파트너"로서의 역할을 한다.

무의식이 전통적인 Freudian 용어로 개념화 되든지 아니면 상징화되지 않는 경험의 측면들(혹은 해리된 자기상태)과 관련해서 개념화 되든지, 무의식의 개념은 정신분석적 사상의 중심에 위 치해있다. 대부분의 정신분석가들에게 있어서, Freud의 가장 중요한 통찰들 중 하나는 "우리는 우리가 소유한 집의 주인이 아니다"라는 것이다. 우리 모두는 우리가 자각하지 못하는 힘 에 의해 동기화된다.

📊 환 상

정신분석 이론은 환상이 심리적 기능과 외부경험 특히 다른 사람들과 관계하는 방식에 중요한 역할을 한다고 믿는다. 환상 은 의식적인 자각의 수준에 따라 백일몽과 의식의 곁을 잠시 스치고 지나가는 환상에서 방어되어야 하는 깊은 무의식적 환 상까지 다양하다. Freud의 초창기 사상에서, 환상은 본능에서 유래된 소망과 연결되어있고 가상의 소망을 충족하는 기능을 한다. Freud의 관점에서 환상은 보통 성 혹은 공격성과 연결된 다. 시간이 지나면서 Freud와 다른 분석가들은 환상의 본질에 대해서 더 정교한 관점을 발전시켰는데, 환상은 자존감을 조절 하고자 하는 욕구, 안전감에 대한 욕구, 감정을 조절하고자 하는 욕구, 트라우마를 극복하고자 하는 욕구를 포함한 많은 심리적 기능을 하는 것으로 보았다. 환상이 우리 행동을 동기화시키고 우리의 경험을 만드는 것으로 가정하지만 대부분 의식의 중심 밖에서 작동하기 때문에 내담자의 환상을 탐색하고 해석하는 것을 정신분석의 중요한 부분으로 간주하였다.

📊 한 사람 vs. 두 사람 심리학

정신분석의 여러 학파들 모두에게서 일어난 중요한 발전은 *한 사람 심리학(one person psychology)*으로부터 *두 사람 심리학(two person psychology)*으로의 이동이다. 치료자를 내담자가 자신의 전이를 투사하는 빈 화면의 역할을 하는 객관적이고 중립적인 관찰자로 보는 Freud의 원래 관점은 치료자와 내담자를 의식적, 무의식적 수준에서 상호적인 영향을 주고받는 과정에 참여하는 참여자들(co-participants)로 보는 관점으로 대체되었다. 이 개념적 변화는 나중에 논의할 많은 개념들(예: 저항, 전이, 역전이)의 진화과정 뿐만 아니라 정신분석적 기법에 중요한 함의를 지닌다. 치료자가 내담자와의 상호작용에서 자신이 어떻게 계속적으로 기여를 하고 있는지를 자각하지 않는다면 내담자를 정확하게 이해할 수가 없다고 생각하게 되었기 때문이다. 치료자의 궁극적 목표는 여전히 내담자를 이해하고 돕는 것이다. 하지만 이 목표는 치료자가 계속적으로 자기탐색 과정을 병행하지 않는 한 성취될 수가 없다. 이것은 다른 사람들 내부에 무의식적 수준에서 복잡한 감정과 반응들을 불러일으키는 경향이 있는 나누기 어렵거나 상대적으로 더 심각한 정신장애가 있는 내담자들의 경우에 특히 어렵다. 그러나 치료적 관계에서 치료자 자신이 기여하는 바를 탐색하는 과정은 정신장애가 비교적 덜 심각한 내담자들의 심리적 기능과 대인관계 스타일의 미묘한 측면을 밝히는 데 도움이 될 수 있다.

📊 지식과 권위

전통적으로 정신분석은 내담자가 자신에 대해서 알 수 없는 것들을 알아차리는 치료자의 능력을 강조해왔다. 내담자들은 의식적 자각에 한계가 있으므로 어쩔 수 없이 앞이 잘 보이지 않지만 치료자는 수련, 전문성, 그리고 개인적 성장의 결과로 내담자가 보지 못하는 것을 볼 수 있는 특권적인 위치에 있다고 믿었기 때문이다. 치료자가 내담자에 비해 더 많이 알고 있다는 우월성(superiority in understanding)은 치료적 관계에서 이미 존재하고 있는 힘의 불균형을 악화시키는 경향이 있다. 안타깝게도 이것은 치료자의 권위 남용으로 이어질 수 있을 뿐만 아니라 원래의 힘의 불균형 때문에 이런 면에서 이미 취약성을 느끼고 있는 내담자를 폄하하거나 가르치려 들 수도 있다. 치료자로부터 도움을 구하는 위치에 있는 내담자는 이미 한 수 아래에 있는 상황이기 때문이다.

치료자가 갖고 있는 지식의 본질, 전문성의 유형, 그리고 (있다고 한다면) 이 전문지식이 치료관계에서 힘과 권위와 어떻게 교차하는가에 관한 것들도 고려해야 할 문제들이다. Freud 시대에는, 치료자들이 내담자가 가지지 못하는 객관성을 가지고 있고, 내담자는 무의식적 갈등을 가지고 있으며 자신의 방어를 깨고 들어가서 무의식적 경험을 자각할 능력이 없다고 보았다. 때문에, 치료자는 전문적 수련이나 개인 분석, 그리고 외부에서 내담자를 볼 수 있는 능력을 키워 내담자의 무의식적인 갈등을 해석할 수 있는 역량을 가질 수 있다고 믿었다.

이미 논의했듯이, 현대 정신분석적 사상에서는 두 사람 심리학으로의 이동과 치료적 관계의 상호성을 더욱 강조한다. 어느 정도는 치료자는 내담자의 무의식에 대한 전문가로서의 자신의 지위를 박탈당하였다. 더군다나, 치료자가 대인관계 영역에 필연적으로 참여하게 된다는 것과 자기투명성의 결여가 점점 더 강조되면서, 치료적 관계의 실체에 대한 이해와 관련해서 치료자와 내담자 둘 중 누가 더 정확한지의 여부를 가늠하기 어려워졌다는 의식이 팽배해졌다.

📊 방 어

방어는 사고, 소망, 감정, 환상을 어떻게 해서든 의식의 바깥으로 밀어냄으로써 정서적 고통을 회피하기 위해 기능하는 심리내적 과정이다. 예를 들어, 부모의 죽음과 같은 대인관계적인 상실에 대해 말하는 내담자가 그것과 연관된 감정에 대해 자각하지 못하는 것은 방어 과정에 참여하고 있기 때문이다. 이 과정 혹은 기제를 *방어(defense)*라고 부른다. 자아심리학의 전성기에는, 다양한 방어들을 개념화하고 범주화하는 체계적인 시도가 이루어졌다. 대중문화 언어의 일부가 된 방어들의 흔한 예가 *지성화*(위협적인 무언가에 대해서 말하면서 그것과 연관된 감정과는 거리를 두는 것), *투사*(자신이 경험하고 있는 위협적 감정과 동기를 다른 사람 탓으로 돌리는 것), *반동형성*(위협적인 감정을 부인하고 반대로 느낀다고 주장하는 것. 예를 들어 친구에게 짜증이 나있는 사람이 "나는 절대로 너에게 화가 났을 리가 없다"라고 말하는 것)이다.

인기 목록에 들어가지 못한 중요한 방어가 *분열*이다. 분열은 개인이 타인을 좋다고 지각한 것이 부정적인 감정들로 오염되는 것을 피하기 위해서 타인에 대한 표상을 두 가지 상반된 이미지(모든 좋은 이미지와 모든 나쁜 이미지)로 분리하는 시도를 할 때 일어난다. Melanie Klein은 이 방어는 유아가 엄마로부터 안전감을 느끼기 위해서 특정한 발달단계에서 흔하게 사용한다고 믿었다. 바람직하거나 바람직하지 않은 모습 모두를 지니고 있는 엄마에 대해서 복잡한 표상을 발달시키기보다는, 엄마에 대한 두 가지 분리된 표상이 만들어 진다. 모든 게 좋은 표상(all-good)과 모든 게 나쁜(all-bad) 표상. 이렇게 함으로써 유아는 매순간마다 더 지배적인 표상에 의존해서 엄마를 모두 좋은 혹은 모두 나쁜 대상으로 보게 된다. Klein에 따르면, 엄마에 대한 좋고 나쁜 표상들을 통합하는 능력은 발달적으로 성취하는 것이다. 이것은 타인에 대한 양가적인 감정을 견디는 능력을 발달시키는 것과 관련이 있다.

심각한 심리적 문제를 가진 내담자(예: 경계선 내담자)는 성인이 되어서도 이 능력을 성취하지 못하기 때문에 심리적으로 건강한 개인에 비해 분열을 방어로 더 많이 사용하는 것 같다. 분열은 다른 방어들보다 개인의 일상적인 기능에 더 심각한 영향을 주는 경향이 있다. 왜냐하면 분열을 주된 방어로 사용하는 개인은 다른 사람들에 대한 지각이나 감정체험에 극적인 변동을 경험하기 때문이다. 타인을 완벽하다고 이상화했다가 악

마처럼 여기면서 악(evil)으로 보는 것 사이를 오간다. 이와 같은 강력한 변동은 타인과의 관계를 안정적으로 유지하는 것을 매우 어렵게 만들고, 치료자의 신뢰성에 대한 안정적 이미지를 유지하는 것을 어렵게 한다.

저 항

*저항*이란 개인이 변화에 저항하거나 치료과정을 약화시키는 방식으로 행동하는 경향이다. 방어와 저항은 어떻게 다른가? 저항은 치료자의 목표나 의도(agenda)를 방해하기 위한 방어과정이 치료시간에 분명히 드러나는 방식이다. 예를 들어 내담자가 치료시간 동안에 무슨 말을 해야 할지 모르겠다고 하는 것은 저항의 한 형태로 이해될 수 있다. 지속적으로 치료시간에 늦게 오거나 치료시간을 잊어버리는 경향도 저항의 한 형태로 생각될 수 있다. 저항의 예들 모두에서, 주된 동기가 되는 요인은 정서적 고통을 피하려는 무의식적 소망이다(예: 위협적인 감정 혹은 변화에 대한 두려움을 탐색하는 것과 연관된 고통). 고통과 두려움을 피하려는 이 경향은 치료자의 의도와 치료 과정을 좌절시키거나 방해하는 행동으로 나타난다.

저항의 이유는 다양하다. 치료 과정을 통해서 불러일으켜지는 위협적인 감정을 회피하기 위해서, 변화를 자기소멸(self-annihilation)의 경험과 동일시하기 때문에, 치료자를 믿었다가는 곧 버림받고 더 큰 고통을 받게 될 것이란 두려움 때문에, 치료자에 대한 시기심 때문에, 그리고 어느 정도는 개인적 역동 안에서 생기는 치료자를 향한 부정적 감정 등이 그 이유다.

저항이란 개념은, 가치가 있기도 하지만, 또한 문제가 될 수도 있다. 한 가지 문제는 *저항*이란 용어가 내담자가 치료 과정에서 치료자와 협력하지 않는다는 점 때문에, 무언가를 잘못하고 있다는 함의를 가질 수가 있다는 것이다. 그러므로 그 개념은 비난이 섞인 정신병리적인 성격을 띤다. 시간이 흐르면서, 정신분석 이론과 기법에서 중요한 변화가 일어났는데, 저항을 더 이상 치료과정에서 장애물로 보지 않는다는 것이다. 때문에 회피하기보다는 오히려 밝히고 이해할 필요가 있는 내담자의 심리적 기능을 반영하는 내재적 양식 또는 내담자의 성격으로 보는 것이다. 게다가, 더욱 중요한 것은 저항의 자기보호적인 측면에 주목하기 시작했다는 것이다. 이런 식으로 저항의 개념을 공감적이고 긍정적인 용어로 개념화하는 중요한 변화가 있었다. 우리 모두는 복잡하고 모순적인 욕구와 동기를 가진 복잡한 존재이고 변화하는 것에 대해서 양가적이 되는 자연스러운 경향이 있다. 우리는 변하고 싶으면서 동시에 그대로 머물러 있기를 원하는 상태로 치료를 시작한다(Bromberg, 1995). 현상유지를 원하는 이 욕구는(이것은 보통 무의식적이다) 우리의 정체성을 상실할 수 있다는 두려움, 그리고 우리가 자신이라고 정의하고 타인과 관계했던 익숙한 방식들을 포기하면 완전히 버림을 받거나 자기라는 느낌 자체를 상실할 것이라는 두려움을 포함한 많은 요인들에 기반한다.

그러나 저항이 공식적으로 공감적이고 긍정적인 용어로 개념화된다고 하더라도, 치료자가 저항을 문제가 있는 것으로 느끼는 것은 자연스런 경향이다. 왜냐하면 저항이 치료목표와 의도를 방해하기 때문이다. 그러므로 저항이 생길 때 치료자가 내담자에게 좌절감을 느끼거나 자극을 받고 치료 작업을 진행하려고 저항을 깨고 들어가서 해석을 하려는 시도를 하는 것은 드문 일이 아니다. 그러므로 저항을 탐색하는 과정이 치료를 하기 위해서 반드시 선행되어야 하는 작업이 아니라 치료과정의 핵심이라는 것을 기억하는 것이 도움이 될 것이다.

저항을 개념화하는 데 있어서 또 다른 중요한 발전은 이전에 언급되었던 한 사람 심리학에서 두 사람 심리학으로의 변화를 반영한다. 한 사람 심리학은 저항의 원천을 내담자에게서 찾는 반면에, 두 사람 심리학이 강조하는 것은 저항이 생기는 데에 종종 치료자가 중요한 역할을 한다는 점이다. 저항은 때때로 어느 정도 치료자가 실수를 한다든지 정확한 공감적 이해가 부족할 때 나타나는 충분히 이해가 될 만한 반응이다. 또한 저항은 치료자가 상호작용에 더 미묘하게 기여하도록 기능할 수가 있다. 예를 들면, 슬픈 감정을 다루는 것을 무의식적으로 두려워하는 치료자는 사랑하는 사람의 상실에 대한 감정을 충분히 탐색하지 않음으로써 내담자와 공모할 수 있다. 치료자는 계속해서 지적으로 대화를 하면서 내담자와 공모할지도 모르는데, 그 주제가 치료자 자신의 삶에서 고통스런 경험과 함께 공명하기 때문이다. 이렇게 저항을 탐색하고 해석하는 것은 종종 치료자가 저항에 어떻게 기여하고 있는 지를 탐색하는 것을 포함한다(Safran & Muran, 2000).

📊 전 이

대부분의 정신분석 개념들과 마찬가지로, 전이란 개념은

Freud가 1905년에 처음으로 발전시킨 이래로 상당히 진화해왔다. *전이*란 내담자가 자신의 발달배경에서 중요한 양육자 혹은 다른 중요한 인물들과의 경험을 통해서 형성된 측면에서 치료자를 보는 경향을 말한다. 이렇게 초기의 발달적 경험들은 현재에 교류하는 사람들에 대한 인식을 만들어 내는 원형 혹은 도식을 형성한다. 자기부모와의 경험을 기반으로 형성된 도식을 통해서 타인을 보는 경향은 모든 새로운 관계에서 일어나는 일이다. 도움을 주는 역할을 한다는 사실 때문에 치료자의 역할은 그 중에서도 특별한 기대로 채색되는 경향이 있다. 치료자는 우연히 선택된 사람이 아니라 부모나 권위적 인물을 대신한다. 그리고 내담자는 이런 치료자를 대상으로 (부모에게 향했던) 의존성을 드러내게 된다.

그러므로 치료 관계는 치료자와의 관계를 통해서 내담자에게 과거에 중요했던 부모나 다른 중요한 인물과의 관계에 대한 기억(이것은 종종 무의식적이다)을 되살아나게 하는 기회를 제공한다. 이것은 내담자가 과거에 중요한 인물들과의 경험이 어떻게 풀리지 않은 갈등으로 이어져서 현재 관계에 영향을 미치게 되었는지에 대한 통찰을 얻을 수 있는 기회도 제공한다. 전이는 내담자의 초기 관계가 현재에 되살아나는 것을 포함하기 때문에, 치료자의 관찰과 피드백은 내담자가 자신이 치료 상황에 기여하고 있는 바를 생생하게 경험하고 볼 수 있도록 돕는다. 그 결과로 얻은 통찰력은 내담자에게 결정적인 영향을 주지 못하는 순전히 지적인 이해이기보다는 오히려 변화를 이끌어 내는 체험적인 특성을 갖게 될 것이다.

전이에 대한 초창기 개념화는 전이가 객관적인 현실을 왜곡하는 측면이 있다고 가정하였다. 전이로 왜곡되게 드러나는 치료적 관계와 전이되지 않은 현실에 기반한 자각을 구별하는 것은 흔한 일이었다. 두 사람 심리학의 영향력이 커지면서, 전이를 내담자의 지각과 치료자의 성격 및 행동의 합작품으로 보게 되었다. 이것은 전이 개념화에 있어서 중요한 변화이고 그 중요성은 아무리 강조해도 지나치지 않다. 전이에 대한 전통적인 개념화에서는, 내담자는 심리적 문제 때문에 객관적인 현실을 정확하게 지각하는 것이 어렵고, 치료자는 객관성을 기반으로 하는 피드백을 제공해서 내담자의 왜곡된 지각을 수정할 수 있도록 하는 능력을 가지고 있다고 가정하였다.

이 관점에는 두 가지 문제가 있다. 첫째, 치료자가 (치료적) 현실에서 궁극적인 권위자라는 가정은 치료적 관계에 내재되어 있는 힘의 불균형을 악화시킨다. 내담자는 주도권을 빼앗긴 느낌을 가질 수 있고 치료자는 이 힘의 불균형을 남용할 수도 있다. 둘째, 내담자가 치료자를 지각하는 것은 과거 경험에 의해 영향을 받을 수 밖에 없지만 치료자에 대한 내담자의 지각이 왜곡됐다는 가정에는 문제가 있다. 내담자가 치료자를 비판적이라든지 억제적이라고 (혹은 부끄러움을 타거나, 가학적이거나, 교태를 부린다거나) 지각하는 것이 어느 정도는 치료자의 실제 성격에 기반한 것이라면 어떻게 하겠는가? 혹은 치료자의 반응을 이끌어내는 내담자의 행동이 자신의 기대에 맞추어서 치료자의 반응을 이끌어 내는 것이라면 어떻게 하겠는가? 예를 들어, 자신의 아버지나 어머니가 했던 것과 같은 방식으로 치료자가 학대할 것이라고 예견하는 내담자는 치료자를 향해 적대적인 방식으로 행동할 것이고, 그렇게 함으로써 치료자로부터 적대적이고 학대하는 행동을 이끌어낼 것이다. 그러므로 내담자가 치료자를 학대하는 사람으로 지각하는 것은 왜곡이 아니다. 그것은 여러 요인들의 영향을 받아 내담자가 현재 상황을 구성한 것이다.

📊 역전이

치료자의 내담자의 전이와 대응되는 개념이다. Freud는 치료자의 *역전이*를 치료자가 내담자의 해결되지 않은 무의식적 갈등으로 기능하는 전이에 대해서 느끼고 반응하는 것이라고 개념화하였다. 예를 들어, 남자 치료자가 희생적인 자신의 어머니와 비슷한 역할을 하는 내담자에게 극도로 강한 부정적인 반응을 할 수가 있다. 아버지와 아주 경쟁적이었던 치료자는 경쟁적인 내담자에게 강렬한 경쟁심을 느낄 수도 있다. Freud의 관점에서 보면, 역전이 반응은 치료에 방해물이었고 치료자의 과제는 개인 수퍼비전, 치료 혹은 자기 분석을 통해서 자신의 역전이를 분석하고 훈습하는 것이었다.

최근에, 역전이는 내담자에 대한 총체적인 치료자 반응(감정, 연상, 환상, 언뜻 떠오르는 이미지를 포함해서)으로, 더 넓은 의미로 정의되는 경향이 있다. 두 사람 심리학에서는 전이를 배타적으로 내담자의 왜곡으로만 보는 것이 불가능하듯이, 역전이를 오로지 치료자의 풀지 못한 갈등에서만 비롯됐다고 개념화하는 것역시 불가능하다고 본다. 내담자의 성격과 치료실 안에서 치료자에게 전달되는 미묘한 교감 또한 역전이에 기여할 수 있다. 역전이를 내담자에 대해서 가치 있는 정보를 제공하는 것으로 보는 이 관점은 치료적으로 아주 유용할 수 있지만, 한편 위험

스러울 수도 있다. 정신분석적 문헌 중에는 역전이 경험이 내
담자의 무의식적인 경험에 대한 확실한 정보원을 제공한다고
가정하고, 치료자 자신이 역전이에 대해 고유한 기여를 한다는
것은 충분히 강조하지 않는 경우가 있다.

　각기 다른 이론가들은 역전이를 활용하는 각각의 다른 방법
들을 강조한다. 그 스펙트럼의 한 끝에서, 어떤 분석가들은 탐
색을 깊게 하는 방식으로 내담자와의 주관적인 경험을 선별적
으로 개방하라고 권유한다. 몇몇 분석가들은 관련이 있을 수
있는 치료자 자신의 꿈을 다루는 수준까지 아주 멀리 가는 경
우도 있다. 다른 분석가들은 내담자에게 역전이 경험을 개방하
는 것에 대해 더 조심스러워 하고, 대신에 치료자의 내적 작업
의 가치를 강조한다. 치료자는 자신의 경험을 개인적으로 숙고
하고, 내담자와 치료자 사이에 무엇이 일어나고 있는지, 그리고
내담자를 이해하기 위해서 둘 사이에서 일어나고 있는 것의 의
미가 무엇인지에 대해서 개념화하도록 돕기 위해서 역전이를
활용한다(e.g., Bollas, 1992; Jacobs, 1991; Ogden, 1994).

　수련생들이 내담자에 대한 정보원으로서 역전이의 잠재적인
가치에 대해 문제를 제기하는 것은 흔한 일이다. 예를 들어, 나
의 자녀들 중 한 명이 만성적인 병에 걸렸다는 것을 알게 된 상
황을 상상해보자. 이것은 내가 만나고 있는 모든 내담자와 갖게
될 경험에 중요한 영향을 줄 것이다. 그렇지만 나의 경험의 독특
한 형태와 명암은 또한 나와 작업하고 있는 특정 내담자에 의해
서 영향을 받을 것이다. 어떤 내담자와는 내가 무기력감과 슬픔
을 더 인식할지도 모른다. 또 다른 내담자와는, 나의 상황이 어
마어마하게 불공평하다고 느껴져 분노감정이 일어날 수도 있다.

📊 재연(Enactment)

*재연(enactment)*은 내담자와 치료자 사이의 관계에서 발생되는 반복적인 시나리오라고 개념화된다. 이 시나리오가 개인의 개인사, 갈등 그리고 다른 사람과 관계를 맺는 특징적인 방식 모두에 있어서 무의식적으로 기여한다는 것을 반영한다. 내담자와 치료자는 의식적, 무의식적 수준 모두에서 항상 서로에게 영향을 주기 때문에, 그들은 결국 이 시나리오에서 불가피하게 상호보완적인 역할을 하게 된다. 그들 각각이 이 시나리오에 어떻게 기여하고 있는가를 탐색하는 협동적인 과정은 내담자에게 자신의 관계 도식이 재연(enactment)에 어떻게 기여하고 있는지를 볼 수 있는 기회를 제공한다. 또한 인생에서 중요한 다른 사람들과 새로운 시나리오를 만들어냄으로써 현재의 관계 도식을 수정할 수 있는 기회를 제공한다.

전통적인 정신분석에서는 치료자가 재연에 참여하는 것을 피해야 하고 대신에 치료자는 자신을 향한 내담자의 전이를 해석할 수 있도록 중립적 자세를 유지하려고 노력해야 한다. 그리고 그렇게 함으로써 내담자로 하여금 자신의 무의식적 가정, 투사, 이전의 발달경험에 의해 지금 현재가 어떻게 부적응적인 방식으로 형성되고 있는지를 볼 수 있도록 도와준다. 그러나 현대 정신분석적 사고에서의 일반적인 입장은 치료자가 아무리 심리적으로 건강하고 성숙하더라도 이 재연에 동참하는 것을 피할 수는 없다는 것이다. 왜냐하면 첫째, 사람들은 해독하기 어려운 타인들과의 복잡한 비언어적 대화에 의해 어쩔 수 없이 영향을 받는다. 그리고 치료자들도 다른 사람들과 마찬가지로 자기 자신에게 완전히 투명하지 못하기 때문이다.

치료적 중립성을 추구하는 것을 원칙으로 삼는 것은 중립성이라는 비현실적인 기준을 세워서 치료자가 자신에게 불가능한 요구를 하게 한다. 뿐만 아니라 치료자 자신이 재연에 기여하는 면을 수용하고 인식하는 것을 더 어렵게 만들어서 스스로를 부끄럽고 수용될 수 없는 사람으로 느낄 수 있다. 이런 자기수용의 부족은 치료자에게 자기경험의 일정부분을 소외시켜 궁극적으로는 치료자가 재연에 동참하는 것이 어떤 의미인지를 인식하고, 재연으로부터 벗어나도록 하는 것을 더 어렵게 만든다.

뿐만 아니라, 내담자들과의 재연에 참여하는 것을 피하는 것이 가능할지라도, 재연을 피하는 것은 치료자에게서 내담자들이 관계하는 세상속으로 들어가 내담자의 관계적 세상이 어떤 것인지에 대한 살아있는 체험을 느낄 수 있는 경험을 빼앗는다. 그러므로 이 재연에 참여하는 과정은 Philip Bromberg(1998)의 말에서처럼, 치료자가 "밖에 있는 내담자를 안에서" 알 수 있도록 한다. 내담자들이 치료자에게 언어적으로 표현할 수 없는 것들이 비언어적인 행동과 행위를 통해 전달된다. 내담자의 내적 경험의 중요하면서도 해리된 측면을 알 수 있는 유일한 방법은 치료자가 내담자의 관계적 각본에서 상호보완적인 역할을 맡고 이 역할을 하면서 갖는 느낌을 체험하는 것이다.

📊 치료동맹

치료동맹이라는 개념은 초창기 정신분석 이론에서 비롯되었다. Freud가 분명하게 그 용어를 사용하지는 않았지만, 그는 내담자와의 좋은 협력관계를 구축하는 것이 중요하다고 강조하였다. Richard Sterba(1934)는 기념비적인 논문에서, 치료란 내담자가 치료자의 관찰하는 기능을 동일시해서 자기관찰하는 능력을 발전시키는 과정이라고 주장함으로써 치료동맹에 대한 사고를 위한 기초 작업을 확립하였다.

아마도 치료동맹에 대해 가장 잘 알려진 정신분석적 설명은 미국 Ralph Greenson의 개념화일 것이다. Greenson(1965)은 왜곡된 치료관계의 전이적 측면들로부터 내담자의 이성적이고 왜곡되지 않은 치료자에 대한 지각 및 진정한 연결, 신뢰, 존경의 감정에 바탕을 둔 동맹을 구별하는 것이 중요하다고 봤다. Greenson은 치료적 관계에서 누군가로부터 돌봄을 받는 인간적인 면이 내담자가 정신분석에서 도움을 받는 데 중요한 역할을 한다고 강조하였다.

많은 현대 정신치료 연구자들은 Edward Bordin(1979)의 동맹에 대한 초이론적(transtheoretical) 개념이 유용하다는 것을 알고 있다. Bordin은 치료동맹이 과제, 목표, 유대를 포함하는 세 가지 상호의존적인 요소들로 구성되어있다고 개념화하였다. 그에 따르면, 동맹의 힘은 치료의 과제와 목표에 대해서 내담자와 치료자 사이에 어느 정도의 동의가 이루어졌는가 그리고 그들 사이에 관계적 유대의 질이 어떠한가에 달려있다. 치료과제(예: 꿈, 전이의 탐색)는 내담자가 치료로부터 이득을 얻기 위해서 참여해야만 하는 특정한 활동(외현적, 내현적)을 포함한다. 치료

목표는 치료가 지향하는 일반적인 목표들이다(예: 증상완화, 성격 변화). 동맹의 *유대감(bond)*요소는 내담자가 치료자에게 갖는 신뢰의 정도와 내담자가 치료자에 의해 이해받는다고 느끼는 정도를 말한다. 동맹의 유대감, 과제, 목표 요소들은 항상 서로에게 영향을 미친다. 예를 들어 과제와 목표에 대해 내담자와 치료자 사이에 동의가 이루어진 정도에 따라 유대감은 강화될 것이다. 치료 과제나 목표가 처음에는 내담자에게 이해되지 않았다 하더라도, 강력한 유대감이 어떤 동의나 작업적 합의를 발전시키는 것을 더 쉽게 만들어 줄 것이다.

관계적 정신분석의 발전뿐만 아니라 Bordin(1979)의 생각을 바탕으로, 나와 나의 동료들은 치료동맹을 내담자와 치료자 사이에서 치료 과제와 목표에 대한 계속적인 협상과정으로 생각하는 것이 더 유용하다고 주장하여 왔다. 왜냐하면 계속적인 협상과정으로서의 치료동맹이란 것은 내담자에게 치료자가 작업하는 방식에 맞추라는 책임감과 부담을 주기보다는 내담자와 치료자 모두가 함께 작업하는 길을 찾기 위해서 상호적인 시도를 하는 것이 중요하다고 강조하기 때문이다(see, e.g., Safran & Muran, 2000). 계속적으로 진행되는 협상과정은 부분적으로만 의식적이고, 그 자체로 변화 과정의 중요한 요소이다. 그것은 내담자가 자신의 욕구를 부인하거나 대인관계에 대해 완고한 자세를 취하는 방법으로 갈등을 다루기보다는, 자신의 욕구와 다른 사람의 욕구를 협상하는 것이 가능하다는 것을 배울 수 있는 기회를 제공한다. 그러므로 지속되는 협상으로서의 치료동맹은 내담자로 하여금 건강한 관계를 위해서 다른 사람의 주체성을 부정할 필요가 없고, 자기 소멸을 경험하거나 자기 통합의 감정을 위태롭게 할 필요도 없다는 것을 배우게 한다.

치료자의 자세

고전적 정신분석 사상은 치료에서 절제, 익명성, 중립을 포함한 치료자의 자세를 위한 매우 확실한 지침을 처방하였다. *절제(abstinence)*란 내담자의 소망과 요청을 채워주는 것이 치료과정을 방해하는 것으로 보일 때 치료자가 그것들을 충족시키지 않도록 삼가는 것을 말한다. 여기에서 초창기 정신분석 사고는 Freud가 자신을 (그리고 다른 분석가들을) 향해 성적인 전이를 발전시키는 경향을 가진 히스테리 환자들과 작업한 경험에 의해 영향을 받았다는 것을 기억할 필요가 있다. 또한 Freud는 치료자들에게 내담자들이 밑에 깔려있는 성적인 소망을 이해하도록 돕는 대신에 내담자들의 성적인 소망을 충족시키지 않도록 주의를 주었다는 것을 기억하는 것이 중요하다.

*익명성(anonymity)*은 전이 발달에 치료자가 영향을 주는 것을 최소화하기 위해서, 치료자가 개인정보를 공개하는 것을 최소화하도록 설계된 치료적 자세를 말한다. 치료자 중립성의 의미는 시간이 가면서 변화됐지만, 핵심적으로는 이상적인 객관성, 내담자의 자율성에 대한 존중, 그리고 어떤 방식이로든 내담자에게 영향을 주지 않으려는 것으로 설명되는 치료자의 태도를 말한다. 중립성의 원칙은 이전에 논의한 바와 같이 분석과 암시(suggestion)를 구별하는 것에 대한 전통적인 강조와 정신분석의 진리추구의 전통에 의해 일면 영향을 받았다.

익명성에 대한 지침들은 여전히 오늘날의 정신분석적 사고에 어느 정도는 영향력을 발휘하고 있다. 그러나 많은 이론가들은 실제장면에서는 지침들을 그대로 따르기보다는 수정·보완하여 실행한다. 아예 지침들을 사용하지 않기도 한다. 예를 들어, 절제 원칙의 경우 경계선 장애를 갖고 있는 내담자가 면담 외의 시간에 커피를 마시자고 요청하는 데 동의하는 것은 치료적이지 않을 수 있지만, 면담 외의 시간에 위기에 처한 내담자와 전화로 얘기하거나 특정한 내담자에게 조언을 주는 것은 치료적일 수 있다. 이 모든 것은 내담자의 고유한 욕구와 특수한 맥락적 요인에 의해 좌우된다.

익명성 원칙의 경우, 두 사람 심리학쪽으로의 이동, 그리고 치료자는 아무리 익명으로 남으려고 하더라도 자신에 대한 정보가 필연적으로 전달될 수밖에 없다는(예: 비언어적 행동, 치료자가 하는 개입의 유형을 통해서, 혹은 언제 침묵하고 언제 말하는지에 대한 의사결정을 통해서) 인식이 강해지는 바람에, 중립성이 치료자의 치료적 자세에 필수적인 요소라는 강조 또한 줄어들고 있다. 그럼에도 불구하고, 현대 정신분석 치료자들에게는 치료자 자신에 대한 다양한 정보를 공개하는 것이 내담자에게 어떤 잠재적인 영향을 주는 지에 대해서 지속적으로 반성적 성찰을 하는 노력이 습관화되어있다.

예를 들어, 내담자가 치료자의 개인적 배경과 사생활에 대한 정보를 물어보는 것 혹은 자신에 대해서 치료자가 현재 어떻게 느끼는지에 대해서 물어보는 것에 답을 하는 것이 치료과정을 촉진시키는가 아니면 방해하는가? 내담자는 왜? 지금 이 시점에서? 다른 것이 아닌 이런 질문을 하고 있는가? 내담자의 질문이 치료자에게 어떠한 정서적 영향을 미칠까? 두 명의 다른 내담자들이 동일한 질문을 할 수 있지만 (예: 치료자가 어디서 사는지, 자녀가 몇 명인지에 대한 질문), 첫 번째 내담자에게는 그와 같은 질문들에 대해서 편안하게 대답을 할 수 있다고 느끼는 치료자가 두 번째 내담자로부터는 침범당하는 것처럼 느낄 수 있다. 어떤 내담자에게는, 치료자가 느끼는 내담자에 대한 현재의 감정을 자발적으로 개방하는 과정이 내담자가 자기 탐색과정에 더 깊이 들어갈 수 있도록 촉진할 수 있다. 하지만 다른 내담자는 같은 치료자의 자기 개방을 매우 거북하게 느낄 수 있다. 다음 부분에서 치료자의 자기개방에 대한 주제를 더 자세하게 서술하겠다.

📊 자기개방

치료자 중립성에 대한 정신분석적 사고가 진화함에 따라서, 자기개방에 대한 생각 또한 달라졌다. 주류 고전적 정신분석의 전성기 때에는, 치료자가 어떤 형태의 자기개방이든 아주 조심스럽게 접근해야 한다고 믿었다. 그 이유는 자기개방을 하는 것이 치료자에 대한 개인적인 정보를 통해서 전이에 영향을 미침으로써 잠재적으로 전이를 "오염" 시킬 수 있다고 보았기 때문이다. 이것은 때때로 치료시간 밖에서의 치료자의 생활(예: 치료자 또한 내담자의 문제와 비슷한 문제들로 씨름해본 적이 있는지, 치료자의 결혼 여부, 자녀들, 취미, 휴가를 어디로 가는지에 대한 질문) 혹은 치료시간 동안 치료자의 생각이나 감정에 대해서 자세히 탐색하는 질문(예: 지금 당신은 무엇을 생각하고 느낍니까?)에 대해서도 대답하기를 꺼리는 극단적인 태도로 이어졌었다.

*자기개방(self-disclosure)*에 대한 이와 같이 엄격한 관점은 분명한 지침을 제공하는 이점을 가지고 있었고, 어떤 맥락에서는 촉진적일 수도 있는 장점이 있었다. 하지만, 치료자의 유연성을 제한하고, 어떤 사례에서는 불필요하게 내담자와 거리를 두고 멀어지게 하는 단점이 있었다. 북미에서의 주류가 두 사람 심리학적 관점 쪽으로 이동함에 따라서, 언제 자기개방을 할지 언제 자기개방을 하지 않을지에 대한 의문이 주제로 떠오르고 논란이 되었다. 최근에, 자기개방에 대해서 "상황에 달려있다"는 분명한 답변 덕분에 이 논란은 어느 정도 진정이 되었다. 즉, 자기개방은 개방의 유형이 어떠한가에 따라, 내담자의 고유한 특성과 요구에 따라, 그리고 자기개방의 특정한 형태가 내담자와 치료자 두 사람에게 무엇을 의미하는가 등에 기준해서 접근해야 한다.

특정상황 하에서는, 치료자가 자기개방을 하는 것이 매우 촉진적일 수 있다. 예를 들어, 치료자가 내담자가 가진 비슷한 문제들로 고투한 적이 있거나 고투하고 있다는 것을 내담자가 아는 것이 도움이 될 수 있다. 혹은 치료자가 미혼이거나 기혼자라는 것을 아는 것이 미혼인 내담자를 안심시킬 수 있다. 치료자가 크게 해롭지 않은 질문에 기꺼이 대답하는 것은 인위적인 거리감이나 형식을 없애고 치료적 동맹을 촉진하는 장점도 있다.

하지만 다른 사례에서는, 치료자의 자기개방이 치료적 과정을 방해할 수도 있고 의도치 않게 해로운 결과를 가져올 수도 있다. 내담자가 치료자에 대해서 알고자 하는 과정에는 양가적이고 모순되는 욕구가 작용한다(Aron, 1996). 한 편으로는 친밀감의 욕구, 치료자와 가까워지고 싶은 욕구, 치료자도 내담자처럼 인간이라는 것을 앎으로써 힘의 불균형을 줄이고자 하는 욕구가 있다. 또 다른 편으로는, 내담자도 치료자의 익명성을 유지하고 싶은 모순되는 욕구를 갖고 있다. 치료자에 대한 개인적 정보를 알지 못한다는 것은 내담자의 입장에서는 치료자가 가진 욕구에 대해서 걱정할 필요를 없애준다. 즉, 치료자를 자신을 도와주는 특성을 갖은 도우미(helper)의 역할로만 유지시킬 수 있다.

자기개방의 또 다른 형태는 치료시간에 치료자가 자신의 개인적 생각과 감정을 드러내는 측면이다. 이런 형태의 자기개방은(종종 *역전이 개방*으로 불린다) 내담자 역시 다른 사람 혹은 존재에게 은연중에 영향을 줄 수 있다는 것을 깨닫게 하는 유용한 방법이며, 탐색적 과정을 시작하는 데도 필수적인 역할을 한다(Ehrenberg, 1992; Safran & Muran, 2000). 예를 들어, 치료자가 자신이 특정한 내담자에게 특별히 조심스러워 하고, 자신감을 잃는다는 것을 의식하고 내담자에게 "정확하게 왜 그런지는 모르겠는데 나는 당신을 대할 때 매우 조심스럽고, 주저하게 되네요. 마치 계란 위를 걷는 것 같은 기분입니다"라고 의아한 태도로 말할 수 있다.

이런 방식으로 치료자의 역전이를 내담자에게 개방하는 것은 치료적 관계에서 암묵적으로 일어나고 있는 것을 말로 옮기는 유용한 방법이 될 수 있다. 그렇게 함으로써 의식의 불빛에 비추어서 점검할 수 있게 한다. 사람들이 무의식적으로 행동을 한 것이 다른 사람들에게 미묘한 영향을 주기도 하고 혹은 이해하기도 어렵고 말로 옮기기도 어려운 복잡하고 모순된 반응을 일으키는 것은 일상적인 의사소통 과정에서도 흔한 일이다.

예를 들어, 어떤 사람은 다른 사람들을 향해 미묘하게 모욕적인 방식으로 행동함으로써 그들 내부에 있는 부적절함과 경쟁심을 불러일으킨다. 어떤 사람은 습관적으로 생생한 농담조로 남을 놀림으로써 사람들을 심란하게 하여 거리를 두도록 만든다. 일상의 사교적인 담화에서의 보이지 않는 규칙은 이런 미묘한 상호작용에 대해서 이야기 하도록 허락하지 않는다. 결과적으로는, 관계적 맥락에서 지속적으로 일종의 신비화가 진행되는 것이다. 특히 자기파괴적인 사람들에게 그런 경우가 흔하다. 이런 경우 치료적으로 사용할 수 있는 방법은 사교적 담화의 평범한 규칙을 깨고, 한 발 뒤로 물러서서, 보통 일상에서 탐색되지 않는 것에 대해서 이야기할 수 있도록 허용해주는 것이다.

역전이의 개방은 내담자들이 자기자각을 촉진시키는 데 엄청나게 가치 있는 도구가 될 수 있다. 그러나 자기개방의 다른 형태와 마찬가지로, 역전이 개방은 특정한 맥락에 따라서, 촉진적일 수도 있고 방해가 될 수도 있다. 예를 들어, 자기애적인 자기몰입이 두드러지는 부모를 둔 내담자는 치료자의 역전이 개방에 대해 치료사의 자기애직 자기몰입으로 느끼거나 혹은 내담자의 욕구를 방치하는 것으로 느낄 수 있다. 자기애적 내담자는 자기감이 너무 취약해서 상대방의 주체성에 주목하는 것을 견딜 수 없어 하고 치료자의 역전이의 개방을 압도적으로 혹은 위협적인 것으로 느낄 수 있다. 그러므로 역전이의 개방을 활용하는 것은 항상 치료자가 특정한 내담자의 욕구와 고유한 맥락에 따라 결정하는 것이 중요하다.

📊 정서와 동기

이미 논의하였듯이, *추동(drive)*의 개념은 인간의 동기(motivation)에 대한 Freud 사상의 핵심이다. Freud에게, 추동은 본능에서 나오는 힘으로, 심리적인 것과 생물학적인 것 간의 경계에 존재한다. 추동은 유기체 내부에서 나오는 자극들의 심적 표상으로, 마음에 작용을 하도록 요구한다. 그러므로 이것은 심적 에너지이다. Freud의 성숙된 사상에는 삶의 본능과 죽음의 본능이란 두 가지의 주된 추동이 있다. 동기란 이 두 가지 추동 사이에서 일어나는 복잡한 상호작용이며, 또한 과거에 쌓인 심적 에너지를 방출하는 것을 촉진함으로써 만족에 다다르는 상황을 재확립하려는 시도로 개념화된다. Freud의 사상에서 체계적인 정서모델은 실상 존재하지 않는다. 이전에 논의한 대로, Freud의 추동모델은 그 당시 받아들여졌던 신경생리학적 이론과 진화모델에 기반을 두고 있지만, 그 이후로는 다른 이론적이고 경험적인 분야의 발달에 의해 대체되어왔다. 여러 해 동안 정신분석가들이 수정된 혹은 대안적인 동기모델을 개발하고자 많은 시도를 하였다. 그렇지만 현대 정신분석적 사고에서 가장 일반적인 동향은 추동이론을 동기 관점으로 대체하는 것이다. 이 동기 관점은 정서 이론과 연구에 대한 현대 과학의 발달에 기반을 두고 있다(Safran & Muran, 2000). 이 관점에서는, 정서가 인간의 동기에서 핵심적 역할을 한다. 정서는 내부에서 생성된 정보라고 개념화할 수 있는데, 환경과 상호작용하는 생물학적 유기체로서의 우리자신에 대한 피드백을 제공한다. 어떤 기본 정서들은 진화하는 과정을 통해 인간 유기체 안에 생물학적으로 배선이 되어 있다. 이 기본 정서들과 더불어 학습을 통해서 더 정교해진 정서들은

종(species)이 생존하는 데 있어서 적응적인 역할을 한다. 정서
는 유기체의 관심사를 보호해주는 기능이 있다. 어떤 관심사들
은 생물학적으로 프로그램화되어있고 핵심적인 동기 시스템과
대응적 관계에 있다(e.g., Ekman & Davidson, 1994; Frijda, 1986;
Greenberg & Safran, 1987; Safran & Greenberg, 1991).

예를 들어, Lichtenberg(1989)는 다섯 가지 핵심 동기시스템이
있다고 이론화하였다. 첫째는 생리적 필요를 심리적으로 조절하
고자 하는 욕구이다. 둘째는 애착과 소속의 욕구이며, 주장과
탐색의 욕구와 적대감과 철회를 통해서 싫은 반응을 하고자 하
는 욕구도 있다. 그리고 마지막으로 성적인 즐거움의 욕구(예:
호기심)가 있다. 그 밖의 다른 관심사들은 학습의 결과이다. 학습
된 관심사들은 애착체계를 만족시키는 하위목표들에 대해 학습
한 결과로 파생된 가치들이다. 예를 들어, 어떤 사람들은 애착
인물과의 연결을 유지하기 위해서 의존할 필요가 있다는 것을
배우고, 또 다른 사람들은 성숙한 것이 중요하다는 것, 혹은 성
적 바람직성이 그 역할을 한다는 것을 배울 수 있다.

📊 애착 이론

John Bowlby는 Freud의 동기모델이 부적절하다고 생각하고
동기모델을 체계적으로 개발하는 과정에 돌입하였고 그것은 주
류 발달심리학에서 점차 명성을 얻게 되었다. Bowlby의 동기
모델은 기본적인 정신분석적 개념들과 유아 대상의 관찰 연구,
행동학, 제어시스템이론(역동적 시스템의 행동을 다루는 공학과 수학의
학제 간 분과)들을 결합한 것이다. 애착이론은 지난 몇 십 년 동

안 엄청난 양의 경험연구를 지향하였고, 실제 정신분석 이론에
서 나온 가장 풍부한 연구 분야들 중의 하나가 되었다. 애착이
론에 대한 논문들과 서적들은 아주 방대하기 때문에(see, e.g.,
Cassidy & Shaver, 2008), 애착이론의 몇 가지 기본 명제들만을
자세하게 다루고, 어떻게 애착이 무의식적 동기에 대한 정신분
석적 관점에 꼭 맞는 중요한 자리를 차지하게 되었는지 탐색하
는 것으로 제한하고자 한다.

Bowlby에 따르면, 인간은 본능적으로 자신의 주요 양육자(애
착 인물로 불린다; Bowlby, 1969, 1973, 1980)와의 근접성을 유지하
고자하는 기본욕구 혹은 동기(애착이론가들이 동기시스템이라고 부르
는 것)를 가진다. 이 동기시스템은 *애착시스템(attachment system)*
을 가리키는데, 유아가 생존하는 데 필수적인 양육과 보호를
받을 수 있는 가능성을 높이는 적응적인 기능을 한다. 애착 인
물에 근접성을 유지하기 위해서 유아는 애착 인물과의 상호작
용에 대한 표상을 발달시키고 이 표상을 가지고 어떤 행동이
애착 인물과의 근접성을 유지할 가능성을 증가시키는지, 어떤
행동이 그 관계를 위협하는지 예측할 수 있게 된다. Bowlby는
이 표상을 *내적작동모델(internal working model)*이라고 불렀다.
여러 해 동안, Bowlby의 연구는 주류 정신분석 이론가들에게
무시당하였는데 그의 생각이 단순하고 기계적이라는 이유에서
였다. 그럼에도 불구하고, 엄마-유아의 상호작용을 연구하는
경험적 연구에 관심을 두는 많은 협력자들의 연구를 통해서,
Bowlby의 연구는 주류 발달심리학 내에서 점점 더 영향력을
갖게 되었다. 이 점에서 특별히 주목할 것은 Mary Ainsworth의
연구인데(Ainsworth, Blehar, Waters, & Wall, 1978), 그녀는 낯선상

황(strange situation) 실험절차를 개발하여서, 엄마－유아의 상호
작용을 관찰하고 1~2세 유아의 애착상태를 분류하였다. 이 절
차는 이후 애착연구의 전형적인 방법이 되었다. 이후에 Mary
Main과 동료들(e.g., Main, Kaplan, & Cassidy, 1985)이 개발한 성
인애착면접(adult attachment interview)을 통해 구조화된 면담과
신뢰할 만한 코딩체계를 가지고 성인 애착의 내적작동모델을
평가할 수 있게 되었다. 성인애착면접의 개발은 이렇게 애착연
구의 발달에서 또 다른 중요한 전환점이 되었고 이후에 아주
풍부한 임상적 함의를 가진 방대한 경험적 연구를 낳았다(e.g.,
Steele & Steele, 2008). 애착이론과 연구를 정신분석과 통합하는
것이 지금은 흔한 일이 되었고(see, e.g., Fonagey, 2001; Holmes,
2010), 정신분석 세계 안에서 Bowlby의 연구는 적법한 자리를
차지하게 되었다. 이제 정신분석적 치료의 이론과 개념을 마치
고, 다음 장에서는 치료과정을 자세히 설명하고자 한다.

4 장

치료과정

정신분석적 치료는 풍부하면서도 복잡한 과정이다. 이 장에서는 정신분석적 치료 과정 관련해서 몇 가지 요소들을 설명하고, 개입의 원칙을 시작으로 정신분석적 접근의 핵심적 측면을 잘 보여주는 사례들을 제시하고자 한다.

개입의 원칙

개입 원칙의 측면에서 치료과정을 논의하고자 한다. 이는 바꾸어 말하면 정신분석적 치료 개입에 대한 치료자의 접근 방법을 안내하는 일반적 원리들은 무엇이며, 치료자가 활용하는 특정한 개입 방법들은 무엇인가에 대한 논의라고 할 수 있다.

📊 사례개념화

수련 중에 있는 치료자들에게 특별히 유용한 일반적인 도식은 성격의 조직화 수준을 고려하는 것이다. 이 관점에서는, 내담자 자아의 조직화 수준이 얼마나 심리적으로 성숙하거나 건강한지를 연속선상에서 평가한다. 가장 낮은 수준의 조직화를 의미하는 정신증 수준에서 시작해서 중간 정도인 경계선 수준, 그리고 연속선상에서 가장 높은 수준인 신경증 수준으로 이동한다. 이와 같은 사례개념화 과정에서 치료자는 내담자가 방어기제를 사용하는 고유한 양식, 자아강도와 열악함, 성찰능력, 그리고 내적 대상관계의 본질과 같은 요인들을 고려한다. 예를 들어, 어떤 방어기제(예: 지성화)는 다른 방어기제(예: 분열)보다 더 성숙하다고 본다. 자아강도는 충동제어, 판단, 직업을 유지할 수 있는 능력, 그리고 현실검증 능력을 포함한다.

정신분석에서 사례개념화란 매우 복잡한 주제이다. 따라서 사례개념화 과정에 고려해야 할 다양한 요인들을 설명하는 방대한 양의 문헌들이 존재한다. 우선, 정신분석은 단일접근이 아닌 다양한 이론들로 구성되어 있다. 따라서 각각의 정신분석적 이론은 치료자로 하여금 특정현상에 초점을 맞추게 할 수 있다. 즉, 같은 사례라도 다른 방식으로 개념화 할 수 있다. 그러므로 자아심리학, 대상관계이론의 여러 모델들(e.g.,, Klein, Fairbairn, Winnicott), 대인관계이론, 자기심리학, 라캉이론, 상호주체성이론, 혹은 관계적 정신분석적 관점에서 동일한 사례를 각기 다르게 개념화 할 수 있다.

자아심리학 혹은 현대 갈등이론(현대 미국 자아심리학)은 무의식적 욕구와 그것에 맞서는 방어 사이에서의 갈등과 관련해서 임상적 문제들을 개념화하는 경향이 있다. 예를 들어서, 어떤 사람은 자기 주장을 하고 싶어 하는 소망이 있으면서도 지나치게 수용적이 되는 것으로 자신의 소망에 맞서서 방어한다. 또 어떤 내담자는 친밀감을 갈구하지만 이와 같은 소망을 해리시키고 오히려 반대되는 방향으로 행동함으로써 친밀감의 욕구를 방어한다.

대상관계와 대인관계/관계적 이론은 반복적인 자기파괴적 패턴을 유발하는 데 기여하는 내적 자기대상과 관련해서 사례를 개념화한다. 예를 들어, 독재적 아버지를 둔 내담자가 가지고 있는 남자 권위자에 대한 내적표상은 대적하기에는 위험한 그렇다고 비위를 맞추는 것도 불가능한 모습이다. 다른 내담자는 세 살 때 부모가 이혼했고, 이후 아버지로부터 버림받았다. 이 여성은 남자란 정서적 돌봄을 기대할 수 없는 존재란 내적표상을 갖고 있었다. 그리고 마치 자신을 버린 아버지의 사랑을 쟁취하려는 듯 늘 정서적 돌봄이 소홀한 남자들에게 끌리는 관계 패턴을 보인다. 정서적으로 침해하는 어머니를 둔 또 다른 남자내담자는 여자란 정서적으로 침해한다는 내면화된 표상을 발달시키고 연애 상대와의 친밀감을 피하는 관계 패턴을 발달시킨다.

사례개념화 과정에서 갈등모델과 관계모델을 통합하지 못할 이유는 없다. 예를 들어, Matthew는 사람들이 공격성을 용납하지 못한다는 내면화된 표상을 가지고 있어서 자신의 공격적인 충동을 방어하고 과도하게 남들의 욕구에 맞춰주는 방식으로 행동하는 패턴을 발달시켰다. 이 관계 패턴은 타인들로 하여금 자신을 이용하게 만들고, 이는 분노를 초래한다. 하지만 분노는 부인되거나 억압되어야만 한다. Matthew는 분노감정을 의식하지 못하지만 수동 공격적 방식으로 분노를 표현한다. 이런 그의 행동은 다른 사람들로 하여금 공격적으로 반응하게 하고 그는 이것이 부당하다고 느낀다. 이와 같은 관계패턴은 Matthew 내부에 있던 자신이 무기력한 피해자란 느낌을 더 강화시킨다.

사례개념화를 하는 과정은 여러 가지 다양한 원천(source)들로부터 정보를 종합하는 것이다. 치료자는 내담자가 현재의 대인관계와 과거의 대인관계(내담자 부모와의 관계를 포함해서)에 대해서 이야기 하는 과정 속에 나타나는 반복되는 주제를 찾는다. 치료자는 또한 치료적 관계에서 드러나는 패턴 혹은 주제들에 주의를 기울인다. 그러기 위해서는 치료자 자신의 감정과 경험이 미묘하게 변동하고 있는 것에 주목하고, 치료적 관계에 치료자 자신이 어떻게 기여하고 있는지 계속 숙고하는 것이 필요하다.

정신분석적 접근에는 사례개념화로 이끌어 주는 여러 이론적 관점들, 그리고 적절한 개념화에 도달하는 것과 관련해서 고려해야 하는 여러 주제들이 있다. 그렇지만 정신분석 내에서는 사례 개념화 자체가 드러나는 정보에 개방적인 자세를 유지하는 능력을 방해하거나 편견으로 작용하지 않도록 하는 중요하고 오래된 전통이 있다. Freud는 초창기 때 치료기법에 대해서 쓴 논문에서 치료자가 골고루 떠있는 주의(evenly hovering attention)를 갖는 태도를 함양해서 자신의 예상과 일치하지 않

는 것들도 듣고 볼 수 있게 되는 것이 중요하다고 썼다. 그러
나 Freud의 저술 안에서조차, 치료자가 불확실성과 모호함을
견디는 것을 함양하는 것이 중요하다고 강조한 것과 실제로
Freud가 자신의 사례에 대해 서술하는 경향 간에는 팽팽한 긴
장감이 존재한다. 현대적 감성의 차원에서 보면 모호함이나 불
확실성이 아니라 확신을 갖고 기술한 것처럼 느껴진다. 마치
Sherlock Holmes의 소설에서 미스터리가 풀리는 순간 모든 조
각들이 동시에 딱 들어맞는 모습을 연상시킨다.

그럼에도 불구하고 개방적이고 수용적인 태도를 유지하는 훈
련을 하는 것이 중요하다고 강조하는 것은 Freud 이후 Theodor
Reik(1948), Wilfred Bion(1970), Donald Winnicott(1958, 1965)
그리고 최근에 Thomas Ogden(1994)과 Christopher Bollas(1992)
같은 분석가들을 포함한 여러 분석가들의 저술에서도 찾을 수
있다. 내담자뿐만 아니라 치료자도 자신의 무의식적 경험으로
부터 오는 정보를 받아들이는 데 있어서 개방적이고 수용적인
마음을 유지하는 것을 강조한다.

최근 몇 년 사이, 지나치게 엄격하고 논리 정연한 사례 개념
화를 통해 내담자에게 접근하는 것을 자제하는 쪽으로 변화가
일어나고 있다. 새로운 정보에 직면했을 때 개념화를 쉽게 수정하
지 않을 위험성이 있기 때문에 조심하는 것이 중요하다는 것이다.
이것은 특히 영국의 독립주의(British Independent) 이론가들(e.g.,
Bollas, 1992; Coltart, 2000; Parsons, 2000)의 작업과 미국의 관계적
사상가들의 저술에서 분명하게 드러나고 있다. 내담자로부터
알게 되는 것, 그리고 치료자 자신이 진행 중인 재연(enactment)
에 기여를 하고 있다는 것을 받아들이는 것이 중요하다고 강조

한다(Aron, 1996; Bromberg, 1998; S. A. Mitchell, 1988, 1997).

예를 들어, Donnel Stern(1997, 2010)은 좋은 정신분석적 과정이란 내담자와 치료자 두 사람 모두가 서로 서로에게 영향을 받도록 허락함으로써 현실에 대한 관점을 공유하는 시야의 융합(철학자 Gadamer가 언급했던 것)이라고 주장하였다. 현대 이론에서 중요한 맥은 우리는 다른 사람이 어떤 상태인지를 객관적으로 이해할 수 없다는 것을 강조한다. 왜냐하면 우리가 어떻게 이해를 하게 되는지는 우리 스스로가 참여자가 되는 역할재연(enactment)에 의해서 불가피하게 영향을 받기 때문이다. Philip Bromberg는 내담자들은 분열되고 해리된 경험들을 언어화할 수 없기 때문에 치료자는 내담자의 언어적인 보고만을 기반으로 해서는 내담자에 대해서 알 수 있는 것에 한계가 있다고 강조하였다(Bromberg 1998, 2006). 이 관점에서, 내담자를 진실로 이해하는 유일한 길은 내담자의 관계적 세계 속으로 들어가서 무의식적 방법으로 내담자와 여러 가지 각본을 실행해 보는 것이다. 자신의 경험으로부터 해리된 내담자들은 종종 행동을 통해서만 경험을 전달할 수 있다. 왜냐하면 경험은 비언어적인, 행위적 수준에서 암묵적인 관계적 앎(implicit relational knowing)의 형태로써만 나타나기 때문이다. 그러므로 치료자는 내담자가 이런 식으로 치료자를 활용하도록 허락하고 치료자 자신의 역전이를 경험하고 숙고함으로써 내담자들의 해리된 경험과 접촉할 수 있다.

나는 내담자와의 관계를 확립하고 이 관계를 통해 내담자를 이해하기 이전에 내담자에 대한 적절하고 종합적인 개념화를 할 수 있다는 의견에 절대 반대한다. 전통적인 관점에서는, 내담자의 핵심 주제와 정신역동에 대한 적절한 개념화는 내담자가 자신의 무의식적 갈등에 대한 통찰력을 얻는 데 도움이 되는 치료자의 해석을 가능하게 한다. 이와는 대조적으로, 내가 여기서 일반적으로 제시하는 가이드라인은 치료적 관계에서 일어나고 있는 것에 대해 이해하고, 관계하고, 반영하며, 소통하는 것은 개념화가 정확한 해석으로 이어진 다음에 통찰을 통해 변화를 일으키는 연속적인 단계라기보다는 이음새 없는 하나의 전체 과정이라는 것이다.

📊 공 감

현대 정신분석적 관점에서는, 가장 근본적인 개입은 공감이다. 내담자와 동일시하고 우리를 내담자의 경험 속으로 몰두하게 만드는 능력은 치료동맹을 확립하는 데 핵심적이다. 덧붙이면, 치료자 자신을 내담자와 동일시하고 치료자의 공감적인 경험을 내담자에게 전달하는 능력은 그 자체로 변화의 핵심적인 기제이다. 정신분석 저술에서 전통적으로 공감이란 주제는 방치되어왔고, "정확한 해석"을 하는 것이 중요하다고 강조해 왔다. 그러나 Heinz Kohut의 자기심리학의 발전과 함께, 공감이라는 주제가 전면에 놓이게 되었다. Kohut은 해석이 "정확"한 것으로는 충분하지 않다고 주장하였다. 정확한 해석이란 내담자가 공감적이라고 경험하는 것이어야 한다고 하였다.

Kohut은 *대리적 내성(vicarious introspection)*으로 불렸던 것의 중요성을 강조하였다 즉, 치료자가 자신을 내담자의 입장에 놓고 내담자가 현상학적으로 경험하는 것이 어떤 느낌인지를 알아내려고 시도하는 것이 중요하다고 보았다. 덧붙이면, 그는 공감적 반영 혹은 거울되어주기(mirroring)라는 치료적 과정이 내담자가 일관된 자기감을 발전시키도록 돕는 역할을 한다는 것을 강조하였다. 엄마-유아 관계에 대한 발달연구가 정신분석적 사고에 점점 더 많은 영향을 주게 된 것도 공감의 중요성을 강조하는 데 일조하였다. 예를 들어, Daniel Stern(1985)의 엄마-유아 관계에서의 감정조율에 대한 연구는 내담자의 정서적 경험을 조율하고 공명하는 치료자의 능력이 어떻게 내담자가 자신의 정서적 경험을 설명하고 이해하도록 도울 수 있는지에 대한 개념적 모델을 제공한다.

📊 해 석

역사적으로, 정신분석적 치료자가 사용할 수 있는 가장 중요한 개입들 중 하나가 *해석*이다. 해석이란 전통적으로 내담자가 자신의 무의식적인 정신내적 경험과 관계 패턴을 자각하도록 돕는 치료자의 시도라고 개념화될 수 있다. 전통적인 관점에서 해석과 공감적 반영 간의 차이는 다음의 방식으로 개념화될 수 있다. 공감적 반영은 환자가 말하고 있는 것에 숨겨진 의미를 표현하려는 시도이고, 해석은 내담자의 의식 밖에 있는 정보를 전달하려는 시도이다.

전통적으로 해석이 내담자의 무의식적 기능의 "실제" 측면을 반영하는 정도에 따라서 해석의 정확성 대 해석의 질 혹은 유용성(내담자가 해석을 변화 과정의 일부분으로써 활용할 수 있다는 면에서 유용하다)이 차별화된다. 이론적으로는, 해석이 유용하지는 않더라도 정확할 수는 있다. 질의 차원은 다양한 방법들로 설명할 수 있다. 예를 들어, 타이밍(맥락은 맞는지? 내담자가 그것을 들을 준비가 되었는지?), 깊이(해석이 어느 정도로 깊은 무의식적 자료 혹은 의식에 더 가까운 자료에 초점을 두는지?), 공감의 질(해석이 어느 정도로 내담자의 자기존중감에 끼치는 영향에 대해 민감한 방식으로 전달이 되는지? 해석이 어느 정도로 내담자가 진심으로 이해받는 경험에 기여하는지?)로 설명될 수 있다.

전통적으로 해석은 심층적인 수준에서 표면적 수준에 이르기까지 연속선상의 다양한 수준으로 개념화되어왔다. 깊은 수준의 해석은 내담자의 무의식 깊숙이에 있는 자료를 이해하는 데 초점을 맞춘다. 연속선상에서 표면에 가까운 해석은 거의 의식에 근접한 경험에 초점을 맞추기는 하지만 반드시 그런 것만은 아니다. 이 관점에서는, 공감적인 반영은 연속선상에서 표면적 수준에 초점을 맞추는 해석으로 개념화될 수 있다.

해석의 유용성을 평가하는 데는 해석되고 있는 경험이 내담자 스스로 말로 표현할 수 있을 정도로 의식에 근접해 있는지의 여부가 중요하다. 하지만 더 깊은 수준에서 이루어지는 해석의 잠재적 가치를 배제하지 않는 것이 중요하다. 예를 들어, Kleinian식 해석의 전통적 특징은 내담자의 경험에서 멀리 떨어져있는 깊은 무의식적 자료를 깊이 해석하는 것에 초점을 맞추는 것이다.

내담자가 이해할 수 없고, 두렵고, 압도적이고 혼란을 주는 수준의 깊은 해석을 하는 치료자와의 경험에 대해서 불평하는 것은 드물지 않은 일이다. 그럼에도 불구하고, 나의 경험으로는 이런 종류의 깊은 해석이 내담자에게 도움이 될 수 있다. 특히 내담자가 견딜 수 없어하는 무의식적 불안과 원시적이고 무의식적인 공포(예: 파괴적인 분노와 공격 혹은 자기 소멸과 관련 있는 공포)를 치료자가 다룰 수 있으면 내담자에게 도움이 된다. 이런 상황에서는, 치료자 스스로가 견디기 어려운 경험에 압도되지 않고, 자신감을 가지고 접근할 수 있어야 내담자를 안심시키고 품어(containing)줄 수 있다. 이렇게 보면, 해석을 하는 동안 치료자의 존재감과 마음의 상태가 중요한 요소가 된다. 바꾸어 말하면, 치료자가 자기 안에 그 어떤 감정의 소용돌이가 몰아쳐도 압도되지 않고 형언하기 힘든 공포에 기꺼이 닿고자 하는 태도를 보이는 것이 중요하다. 이런 치료자의 태도는 보통 이런 능력을 보유하지 못한 내담자를 안심시키고 안전감을 느끼게 해준다.

Elyn Saks(2008)는, 개인적으로 정신병과 사투를 벌인 경이로운 경험을 회고 하면서, 숙련된 Kleinian 분석가(Mrs. Jones라고 불렀다)와의 경험에 대해서 말한 적이 있다. 그 분석가(Mrs. Jones)는 Saks가 무의식적으로 심한 시기심을 느끼는 것과 분노와 직대적인 감정을 다른 사람에게 투사하는 것과 같은 요인들이 그녀로 하여금 정신병적 증상을 갖게 하는 데 일조하였다고 해석함으로써 Saks의 이해를 도왔다. Saks를 인용하면:

> 나는 Mrs. Jones를 일주일에 세 번 만났다... 나는 망상과 내가 통제할 수 없는, 참을 수 없이 사악한 힘들을 보고하였다. 나는 악의적이고, 나쁘고, 세상을 파괴시키는 사람이었다. 하지만 그녀는 두려워하지 않았다; 그녀는 놀라서 쳐다보는

일이 없었다. 그녀는 판단하지 않았고 오로지 들어주었다. 그리고 내가 한 말의 의미를 어떻게 해석했는지 말해주었다.

다음은 Saks와 Mrs. Jones 사이의 대화이다.

Mrs. Jones: 대학에서 겪는 어려움에 대해서 말해보세요.

Saks: 나는 별로 똑똑하지 않아요. 나는 제대로 하는 일이 없어요.

Mrs. Jones: 당신은 Vanderbilt 대학교 수업에서는 일등을 했었지요. 그런데 Oxford 대학교에서는 속이 상하는군요. 왜냐하면 당신은 최고가 되기를 원하는데 할 수 없을까봐 두렵기 때문이지요. 당신은 당신 어머니 엉덩이에서 나온 똥덩어리처럼 느끼는군요.

Saks: 나는 지금부터 커텐을 치고 있을 거에요. 왜냐하면 길을 건너는 사람들이 나를 보고 있기 때문이에요. 그들은 내가 말하는 것을 들을 수 있어요. 그들은 화가 났고 나를 해치고 싶어해요.

Mrs. Jones: 당신은 당신의 화나고 적대적인 감정을 다른 사람들에게로 철수시켜버리는군요. 화가 나고 비판적인 사람은 당신인데요. 그리고 당신은 여기서 일어나는 것을 통제하고 싶어하는군요.

Saks: 나는 통제권을 쥐고 있어요. 나는 세상을 통제해요. 세상은 내 변덕스러움을 따르죠. 나는 세상과 그 안에 있는 모든 것을 통제해요.

Mrs. Jones: 당신은 통제한다고 느끼고 싶군요. 사실은 너무 무기력하기 때문에요.

Saks에 따르면:

> Mrs. Jones이 나에게 말한 내용이 항상 위로가 되는 것은
> 아니었지만 (자주, 그것은 놀랄만한 것이고 놀라서 멈칫할 만
> 한 것이었다) 이 방에서의 그녀의 존재는 고요하고 적절하였
> 다. 그녀는 내가 말하는 것이 무엇이든지, 얼마나 역겹고 싫은
> 지 간에 내가 말한 것에 절대 움찔하지 않았다. 그녀에게 나
> 의 생각과 느낌은 옳거나 틀린 것이 아니고, 좋거나 나쁜 것
> 이 아니고 그냥 있는 그대로였다(Saks, 2008, pp. 92-93).

해석이 공감적으로 경험되는 데는 많은 요소들이 영향을 미
친다. 우선 내담자 의식(consciousness)의 가장자리에 있는 감정
이나 생각에 얼마나 가까운 해석이냐에 따라서 내담자는 이해
받는다는 느낌을 받는 것 같다. 내담자에게 맞는 따라서 "적합
하고" 수긍이 가는 설명이면서 동시에 내담자가 스스로는 표현
할 수 없는 경험을 포착하기 때문이다. 내담자 스스로는 표현
하지 못하는 감정을 알아차려 명료화하고 해석해주는 것은 내
담자에게 평소 체험해 보지 못한 방식으로, 상대방이 자신의
마음을 "알아주는" 느낌을 제공한다. 내담자는 공감받는 경험을
한다. 이런 유형의 해석은 치료자가 내담자가 이제 겨우 희미하
게 보기 시작한, 그래서 아직은 혼란스럽고 혼자있는 듯한 소외
감을 동반하는 감정과 경험을 표현해 줄 때 특히 중요하다.

해석은 치료자가 내담자가 부정하는 자신의 경험에 대해서
인정받고, 지지받고, 그리고 긍정적으로 확인받는 경험을 하게
해줄 때 확실히 도움이 되는 것 같다. 예를 들어서, 치료자가

내담자의 경험 저변에 있는 슬픔과 고통을 해석할 수 있으면서 동시에 이런 감정들과 공감적으로 공명할 수 있을 때, 내담자는 치료자와 연결되어있고, 확인받는 느낌을 받는다(개념적인 수준에서 내담자의 관점을 상상하는 것뿐만 아니라 지극히 주관적이고 강력한 정서적인 수준에서 내담자의 경험과 일시적으로 동일시하는 것이다). 이런 상황에서는, 치료자의 마음상태(치료자가 공감적으로 내담자와 연결되어 있다고 느끼는 정도)가 특정한 해석의 내용만큼이나 혹은 그 이상 중요하다. 비슷한 맥락에서 치료자가 내담자 스스로 인정하지 못하는 분노를 해석해주고 이를 체험하는 내담자와 일시적으로 동일시 할 수 있으면, 내담자는 자신의 분노를 경험하는 과정에서 이해받고, 인정받는 느낌을 가질 수 있다.

치료적 동맹과 치료자에 대한 내담자의 신뢰가 높으면 위협적일 수 있는 해석도 도와주려는 선한 의도를 가진 치료자가 제공하기 때문에 안전하게 경험될 수 있다. 즉각적인 관계적 맥락 역시 치료자의 해석을 받아들이는 것에 영향을 준다는 것도 명심해야한다(Mitchell, 1993). 똑같은 해석이라도 내담자가 치료자에 의해서 존중받고 돌봄을 받는다고 느끼는지 여부에 따라 비판적으로 혹은 배려 받는 것으로 경험한다.

모든 해석은 관계적 의미의 측면에서 이해되어야만 한다. 다른 말로 하면, 치료자가 특정한 내용을 내담자에게 해석해줄 때 (예: 당신은 과거에 버림받은 것 때문에 사람들을 신뢰하기가 어렵군요. 그래서 지금 나를 믿는 것이 어렵군요); 첫째, 이 특별한 해석의 의미가 내담자가 다른 사람과 대인관계를 맺어 온 역사에 의해서, 둘째, 치료자 자신의 고유한 과거에 의해서, 셋째, 자신만의 고

유한 역동을 가진 치료자에게 이런 해석이 주는 의미에 의해서
(예: 치료자는 자신의 특별한 이슈 때문에 내담자와 같은 딜레마를 경험하
는 사람들과 동일시하는 경향이 있는가?), 그리고 마지막으로 내담자
와 치료자 모두 이 순간에 자신이나 서로에 대해서 어떻게 느
끼고 있는지에 의해서 영향을 받을 것이다. 내담자의 무의식적
동기에 대한 심층적인 해석이 내담자에게 존중받지 못한다는
느낌 혹은 무력화(disempowered)되는 느낌을 줄 수 있다. 반대
로 매우 안심시켜주는 경험이 될 수도 있다. 해석은 치료자를
모든 것을 알고 있는 사람의 위치에 올려놓을 수 있기 때문에,
정답을 알고 있는 강력한 권위자의 존재를 간절히 갈망하는 내
담자를 안심시키는 경험이 될 수도 있는 것이다.

📊 명료화, 지지, 조언

정신분석에서는 전통적으로 내담자를 과도하게 안심시키거
나, 조언을 제공하지 말라고 강조해왔음에도 불구하고, 많은 현
대 정신분석적 치료자들은 그러한 지지가 변화과정에 중요한
역할을 할 수 있다고 생각한다. 치료자는 내담자가 스스로를
믿는 능력을 촉진하는 것을 목표로 하는 것이 이상적이지만,
안심이 되는 치료자의 진심어린 반응이 어려운 상황과 씨름하
며 흔들리고 있는 내담자에게 필수적일 수 있다는 것 또한 인
식해야 한다. 비슷한 맥락에서, 완전히 압도되고, 혼란스럽고,
위기에 빠져있는 내담자에게 적시에 제공되는 치료자의 조언이
매우 중요한 개입이 될 수 있다. 전통적인 정신분석은 치료자
가 내담자에게 조언을 하거나 의견을 나눌 때 이것이 내담자에

게 영향을 주고 자율성을 해칠 위험이 있다고 우려를 해왔다. 그러나 Own Renik(2006)같은 비평가는 치료자로서 자신의 의견을 삼가는 것은 순수하지 않다고 주장하였다. 왜냐하면 어차피 내담자에게 전달되는 메시지에는 치료자의 믿음이 암묵적으로 영향을 미치기 때문이다. 특히 내담자에게 치료자의 입장을 충분히 숙고하고, 원한다면 동의하지 않아도 되는 기회를 주지 않으면서 메시지가 전달되기 때문에 더욱 그렇다. 조언을 해달라고 요청을 받을 때, 치료자가 기꺼이 조언을 해주고자 하는 것은 치료자와 내담자의 관계에서 힘의 불균형을 줄이는 데도 기여할 수 있다. 어차피 치료자는 신비화의 과정에 참여하는 게 아니라 내담자들에게 (자신의) "패를 다 펼쳐놓은" 게임을 하고 있기 때문이다.

전이와 역전이의 해석

해석의 가장 중요한 형태들 중 하나가 *전이해석*이다. 전이해석은 지금 여기에서 내담자와 치료자 사이에 일어나는 치료적 관계에 초점을 두는 해석이다. 전이해석이 특별히 중요한 이유는 지금-여기 이 순간에 일어나고 있는 것에 내담자의 주의를 끌어당길 수 있는 이점을 가지고 있기 때문이다. 즉, 전이의 해석은 즉각적이고 경험적인 특성을 갖고 있다. 내담자의 지각과 행위가 지금-여기에서 특정 경험을 만들어 내고 있는 방식에 내담자의 주의를 끌어당김으로써, 치료자는 내담자가 그 상황을 경험하는 과정에서 스스로를 관찰할 기회를 제공한다. 그러므로 내담자는 현실을 만들어 가는 데 있어서 자신들을 주체

(agent)로 경험하기 시작한다. 전이의 해석은 치료 관계에만 초점을 맞출 수도 있고 치료 관계와 내담자의 일상의 삶 속 다른 관계에서(과거 현재 모두) 일어나고 있는 것 사이에서의 유사점을 탐색할 수도 있다. 예를 들어서, Doris는 30대 중반의 이혼녀인데 파트너가 정서적으로 밀착된 느낌이 아니라고 계속 불평하고 그녀의 상사도 충분하게 자신을 지지하지 않는다고 말하곤 하였다. 지난 몇 번의 치료시간(이번 치료시간을 포함해서) 동안 Doris가 나에게 좌절감을 느끼고 있다는 것을 감지하였다. 그래서 "당신 상사와 경험하는 것과 당신이 이 순간에 우리 관계에서 경험하고 있는 것 사이에 어떤 유사점이 있는지 궁금하군요"라고 말하였다. 지금-여기의 치료 관계에 초점을 두지 않은 해석은 지적인 이해로 갈 위험성이 있다. 하나는 자신이 자기패배적 패턴에 기여한다는 것을 개념적으로, 지적으로 이해하는 것이고 다른 하나는 경험에 바탕을 둔 즉각적인 정서적 이해이다.

많은 현대 정신분석적 치료자들에게, 전이의 해석은 전이와 역전이를 탐색하는 과정과 분리해서 이해될 수 없다. 두 사람 심리학이 강조하는 것과 일관되게 전이는 진공상태에서 일어나는 왜곡된 지각이 아니라 진행 중인 전이-역전이의 재연(enactment)에 작용하는 요소로 개념화된다. 그래서 치료의 실제에서, 전이의 해석은 종종 그 관계에서 누가 무엇을 어떻게 기여하는지를 지속적이고 협력적으로 탐색하는 것을 포함한다. 나의 저술에서는, 이 협력적 탐색의 과정을 *메타커뮤니케이션 (상위의사소통)*이라고 부른다(e.g., Safran & Muran, 2000). 메타커뮤니케이션은 현재 실행되고 있는 관계의 순환(relational cycle)

밖으로 한 발 물러서려는 시도를 포함한다. 이것은 관계의 순환에 대한 협력적 탐색에 초점을 두고 다룸으로써, 지금 일어나고 있는 관계적인 거래 혹은 암묵적으로 의사소통하고 있는 것에 대해서 이야기하거나 논평하는 과정이다. 이는 달리 말하면 있는 그대로의 상호작용과 관련된 자각을 가져오려는 시도이다. 메타커뮤니케이션에는 다양한 형태가 있다. 치료자는 자신과 내담자 사이에서 일어나고 있는 것에 대하여 조심스럽게 관찰한 것을 전달할 수 있다(예: 지금 우리가 서로 많이 조심하고 있는 것 같은데, 그것이 당신의 경험과 일치합니까?). 치료자는 내담자가 하고 있는 것에 대한 주관적인 인상을 전달할 수 있다(예: 나는 당신이 지금 나를 제쳐놓으려고 하는 인상을 받습니다). 또는 치료자가 치료 관계에서 일어나고 있을지도 모르는 무엇인가를 탐색하기 위한 출발점으로서 자신의 경험을 개방할 수 있다(예: 나는 지금 당장 당신에게 도움이 될 만한 것을 말해 줄 능력이 없는 것 같습니다). 이런 식의 치료자의 자기 개방은 전이/역전이가 반복되는 양상을 지속적으로 탐색하기 위한 첫 발을 내딛는 것으로 간주되어야 한다. 치료자 자신의 감정이 내담자에 의해서 촉발된다고 가정하면서 시작하지 말고, 오히려 자신의 감정이 내담자와의 관계에서 무의식적으로 실행되고 있는 것들에 대한 단서를 제공할 수 있다고 봐야 한다.

특히 치료동맹이 한계에 이른 상황에서는 내담자는 치료자가 제공하는 직접적인 전통적 전이해석을 비판 혹은 치료자가 한 수 위라는 것을 과시하는 것으로 경험할 수 있다. 다른 말로 하면, 전이해석은 "지금 우리 관계에서 일어나고 있는 긴장감은 (내담자)당신의 잘못이며 나는 그것과 아무 관련이 없다"는 인상을 넌지시 비춤으로써 치료자가 기여하는 부분을 부인하는 것이다. 이런 경우는 치료자가 역할재연(enactment)에 말려든 상황에서 무의식적으로 해석을 사용해 현재 일어나고 있는 것에 대해 책임을 부인할 때, 혹은 치료 관계에서 상호적으로 만든 역동적 패턴에 대한 방어로 내담자를 비난할 때 생기는 것 같다.

📊 전이 이외의 것들에 대한 해석

지금까지는 전이의 해석이 정서적 즉시성을 갖고 있기에 그 가치를 강조해왔다. 하지만 치료 관계와 관련없는 해석의 잠재적 가치를 과소평가하지 않는 것도 중요하다. 어떤 상황에서는, 치료실 밖에서 내담자의 대인관계에서 일어나고 있는 사건에 대해서 시의적절하고 정확한 해석이 매우 유용할 수 있다. 내담자가 그 상황에서 일어나는 것에 대해서 혼란스러워 하고 특정한 무의식적 갈등이 영향을 미치고 있을 가능성을 받아들일 수 있는 경우 특히 그렇다. 그러나 해석이 도움이 되려면, 내담자가 해석을 지금 일어나고 있는 것을 이해하기 위한 지적인 시도로 받아들이지 않아야 한다. 해석을 통해 새롭고 정서적으로 의미 있는 방법으로 그 상황을 경험할 수 있어야 한다. 실상 어떤 맥락에서 이 새로운 느낌이 촉진되는지를 정확하게 구체화하기란 어렵다. 내담자가 진정으로 혼돈스러운 느낌을 경험하고 이것에 대한 이해를 하려고 노력하며, 해석이 이런 탐색 과정을 방해하기보다 더욱 촉진하는 방식으로 표현되어야 한다고 말할 수는 있다. 예를 들어, Peter는 40대의 성공한 전문직 남자인데, 여자 동료와 바람을 피운 것이 아내에게 발각

되어 아내로부터 헤어지자는 협박을 받아, 치료를 시작하였다. 그는 외도를 즉시 그만두었고, 무엇 때문에 외도를 하게 되었는지를 이해하고자 치료를 찾았다. 그가 외도를 한 것은 이번이 처음이었는데 실상 그럴 성격도 아닌데 마치 제어할 수 없는 강박과 중독의 형태로 경험하였다. 몇 번의 치료시간이 지나면서 이 내담자가 아내에게 인정받지 못하고 정서적으로 소외되었으며, 억압된 화가 상당하다는 것이 감지되기 시작하였다. 나는 그가 외도를 한 것이 자신이 힘 있고 매력이 있다는 느낌을 재확인 받고자 하는 시도이며 부인하고 있는 아내에 대한 화를 표출한 것이라고 해석하였다. 그는 자신의 인정욕구와 친밀감의 욕구가 채워지지 않고 있다는 것을 받아들이고, 자신이 몹시 분노하고 있다는 사실을 깨달아 가는 과정에 해석이 큰 도움이 되었다고 하였다.

전이 이외의 것(extratransference)들에 대한 해석이 의미 있는 또 하나의 이유는 내담자가 일상생활에서의 문제를 다루기 위해서 치료에 오는 것이지 치료자와의 관계에서 일어나는 문제를 다루기 위해서 치료에 오는 것이 아니기 때문이다. 치료자가 전이 해석에만 전적으로 초점을 맞추면 내담자는 자신의 일상생활과의 관련성을 찾지 못할 수 있다. 물론 치료 장면에서 이 잠재적인 문제는 전이해석을 할 때, 치료 관계에서 일어나는 것과 내담자의 일상적 관계에서 일어나는 것 사이에 밀접한 관련이 있음을 밝혀주면 줄어든다. 하지만 이런 식의 해석이 도움이 많이 되기는 하는데 잠재적 위험성 역시 가지고 있다. 앞서 지적하였듯이, 두 관계를 연결하는 것은 내담자로 하여금 치료자가 치료관계에서 일어나고 있는 것에 대해 내담자를 비난하려는 시도라고 생각하게 할 위험이 있다. 왜냐면 "당신은 다른 사람들에게 했던 대로 지금 나에게 똑같이 하고 있습니다"라고 말하는 것과 마찬가지이기 때문이다. 이것은 특히 치료동맹이 약하거나 치료가 교착상태에 빠졌을 때 그렇다. 그 상황에서는, 각자가 지금 일어나고 있는 것에 어떻게 기여하고 있는지를 이해하고자 하는 진실한 개방성을 가져야한다. 그리고 치료 관계에서 일어나고 있는 것을 내담자의 일상생활 속 관계와 연결을 지으려고 서두르는 것보다는 있는 그대로 조심스럽게 탐색하는 것이 더 유용할 수 있다.

📊 전형적인 전이 해석과 역사의 재구성

해석의 세 번째 주요유형은 틀에 박힌, *전형적인 전이해석(genetic transference)*이다. 전형적인 전이해석은 내담자의 발달경험이 현재의 갈등을 형성하는 데 기여한다는 가설을 전달한다. 예를 들어, 자신의 욕구를 부인하고 다른 사람들을 지나치게 보호하려는 내담자의 경향이 우울하고 유약한 어머니를 보호하려는 내담자의 과거력에서 유래한다고 해석할 수 있다.

정신분석이 내담자의 과거를 탐색하는 것에서 비롯되었기 때문에, 정신분석적 사고에서는 전형적인 전이해석을 하는 것의 중요성을 과대평가하는 경향이 있다. 하지만 이런 유형의 해석을 지나치게 강조하는 것은 해석이 진정한 변화로 이어지지 않고 과거가 현재에 영향을 줄 수 있다는 지적인 이해로 이어질 수 있다. 이러한 잠재적인 문제점에도 불구하고, 전형적인 전이

해석은 장점을 갖고 있다. 내담자가 혼란스럽고 당황스러운 감정을 의미 있고 이해하는 느낌으로 대치하도록 돕는 데 있어 가치 있는 역할을 할 수 있다. 또한 내담자의 현재 문제가 다루기 어려웠고 외상적이었던 어린 시절의 상황에 대처하려는 의미 있고 납득할만한 시도라는 것을 이해하도록 함으로써 내담자의 지나친 자기비판 경향을 줄이도록 할 수 있다. 삶의 방향성을 잃고 만성적인 경도 우울, 무능감을 경험하는 20대 중반의 남자 내담자 Howard의 예를 보자. 그의 아버지는 매우 성공한 기업의 임원이었고, 카리스마가 있고 늘 관심의 중심에 있었다. Howard가 여덟 살 때 부모님이 이혼하였다. 그는 아버지와의 관계를 유지했지만 아버지로부터 인정받지 못했다. 시간이 지나면서 Howard는 자기가 성취한 것이나 열정을 갖는 것에 대해 아버지에게 말할 때마다 이런 감정들이 올라오는 것을 경험했고, 아버지가 자신을 하찮게 여긴다는 인상을 가졌다. 치료시간에 나는 Howard에게 아버지는 아마도 주목받는 중심에 있고 싶은 욕구가 커서 아들의 성공에 위협감을 느끼기 때문에 아들을 "깎아내리려는" 욕구를 느끼는 것 같다고 넌지시 말하였다. Howard는 이 해석이 많은 도움이 되었고, 연상되는 중요한 감정들을 탐색할 수 있는 통로가 되었다고 생각하였다.

물론 현재의 자기패배적 패턴의 역사적인 뿌리를 너무 파헤치는 것은 변화를 촉진할 수 있는 자기유능감(self-agency)을 발달시키기보다 오히려 과거에 집착하고 타인을 비난하는 경향으로 이어질 수 있다. 하지만 꼭 그렇게 되지는 않는다. 그리고 설령 그런 결과가 초래되더라도 다른 방어기제를 탐색하는 것과 동일한 방식으로 이와 같은 경향을 탐색하면 된다.

📊 꿈의 활용

꿈의 해석은 한 때 정신분석의 실제에 핵심으로 간주되었다. Freud는 꿈을 "무의식으로 가는 왕도"로 언급하였고, 정신분석 이론과 실제에서 초창기 그의 획기적인 학문적 발전이 자신의 꿈과 내담자의 꿈 해석으로부터 비롯되었다. Freud는 꿈을 일종의 소망 성취로 생각하였고 꿈에 대해 작업하기 위해 잘 다듬어진 방법론을 활용했다. Freud 시대 이후로, 꿈의 의미를 개념화하고 꿈 작업을 하기 위해서 다양한 정신분석적 모델이 개발되었다. 꿈 해석에 특별히 유용한 접근법은 Fairbairn에 의해 개발되었는데, 그는 꿈속에서의 모든 인물들은 자기의 다양한 측면들을 나타낸다고 하였다. 예를 들어서, 나는 남편이 없을 때 혼자 집에서 자는 것을 두려워하는 여자 내담자를 만난 적이 있다. 그 당시에, 그녀는 일상적으로 도끼 살인마에게 쫓기는 꿈을 꾸었다. 나는 그녀에게 도끼 살인마의 역할에서 자신을 볼 수 있는지를 실험해보라고 제안하였다. 그녀는 그 역할에서 연상되는 공격적인 감정과 접촉할 수 있었고 궁극적으로는 남편의 잦은 출장 때문에 받았던 그러나 애써 부인해온 버림받은 느낌과 관련된 분노에 접촉할 수 있었다.

꿈 해석에 대한 여러 가지 다양한 정신분석적 접근들이 시간이 흐르면서 발전되었다. 하지만, 한 때 핵심적인 역할을 하던 꿈 해석이 더 이상은 북미 정신분석적 이론과 실제에서는 그다지 중요한 역할을 하지 않는다. 전이, 역전이, 그리고 재연을 탐색하는 것이 더 핵심적이 되었다. 그럼에도 불구하고, 대부분의 정신분석가들과 나를 포함한 정신분석적 치료자들은 특정

상황에서는 꿈을 가지고 작업하는 것이 매우 유용하다는 것을 잘 알고 있다. 꿈이 특히 유용한 상황은 내담자가 치료시간 동안 자신의 내면세계를 접촉하고 표현하는 것을 어려워할 때이다. 이런 상황에서, 내담자들에게 그들의 꿈에 주목하고 꿈을 적어 보라고 제안하는 것은 내담자가 자고 있는 동안에 즉흥적으로 떠오르는 자료들을 치료를 위해서 제공하도록 할 수 있다. 이렇게 하면 내담자의 경험의 폭을 극단적으로 제한할 수 있는 방어적 과정에 제약을 받지 않아도 된다. 물론, 내담자가 꿈을 기록하고 이후의 치료시간에 그것을 이야기하는 것은 재구성하는 과정이지만, 재구성되는 방식 또한 그 자체로 흥미로울 수가 있다. 꿈을 가지고 작업하는 것이 중요한 또다른 이유는 내담자들은 주로 생생하게 기억되는 꿈이나 충격적이고 놀라운 이미지와 연상되는 감정이 들어있는 꿈을 보고하기 때문이다.

꿈에 대해서 들을 때, 꿈의 다양한 측면들이 무엇을 상징하는지에 대하여 예견하거나 꿈을 어떻게 작업할지에 대하여 미리 생각하는 것을 피하는 것이 좋다. 나는 수용적이고 개방적인 태도로 꿈을 들으려고 하고 꿈이 나 자신의 감정, 공상, 무의식적 경험에서 작동하도록 한다. 내담자가 꿈에 대해서 말하는 방식에 주의를 기울이고, 꿈을 회상하는 동안에 내담자의 정서적 경험이 변동하는 것에 주목한다. 종종 특정한 지점에서 내담자를 멈추게 하고 내담자가 경험하고 있는 것을 물어보기도 한다. 내담자가 꿈에 대해 어떻게 생각하는 지를 물어보면서 시작할 수도 있다. 내담자의 해석을 완전히 이해할 때도 있고, 내 마음 속에 불쑥 떠오르는 생각이 내담자의 개념화와 극

히 다른 경우도 있다. 만약 해석에 큰 차이가 있으면 내 생각
을 전달하고 내담자가 어떻게 반응하는지를 탐색한다. 내담자
에게 꿈을 다시 천천히 말하도록 요청하고 그 길을 다시 따라
가다가 다양한 지점에서 내담자를 멈추게 하고 무엇이 떠오르
는지를 물어보는 과정을 반복한다.

가장 중요한 것은, 꿈을 해석하는 데는 수없이 다양한 경로
가 있고 그 꿈의 재료가 우리에게 상호 작용에 참여할 기회를
제공해 준다는 점이다. 그리고 상호 작용을 하는 동안에 우리
는 사물을 보는 여러 가지 방식에 대해 실험하고 이 다양한 대
안들이 우리 둘 모두가 사물을 이해하는 데에 어떻게 영향을
주는지 탐색할 수 있다. 내담자가 꿈을 설명할 때 내 안에 떠
오르는 것들이 내담자의 심리보다는 나의 심리를 더 많이 반영
하는 것은 당연하다. 하지만 그럼에도 불구하고 내담자가 자신
의 경험을 심화시키는 방식으로 되돌아보도록 돕기 위해서 나
의 반응, 환상, 연상, 생각들을 자극제로 사용하는 과정에 동참
하도록 내담자를 초대한다. 나는 꿈 작업을 내담자와 치료자가
자료를 가지고 유희하듯 함께 작업하는 과정으로 본다. 논리적
이고 선형적인 사고에 기반한 일상에 대한 대화와 달리 직관과
상호작용을 통해 둘이 같이 의미를 만들어가는 과정이라고 생
각한다. 늘 그렇듯이, 나는 꿈의 어떤 측면들이 우리 관계와 나
에게 주는 암묵적인 암시로서(정신분석가들은 *암시*를 *전이*라고 부른
다) 해석되는 것에 특히 주목한다. 나중에 장기적인 정신분석적
치료를 했었던 Simone이라는 젊은 여성의 사례를 논의할 때,
이 과정을 자세히 기술하겠다.

📊 저항과 방어를 다루는 작업

　정신분석적 사고에서는 초창기부터 저항과 방어의 해석을 핵심적인 기법으로 보았다. Freud는 초창기에 내담자가 내적인 저항에도 불구하고 억압된 기억과 경험을 탐색하도록 동기화함으로써 저항을 극복 혹은 우회하려고 시도하였다. 하지만 분석가들은 저항을 분석하고 해석하는 것이 무의식적 기억, 환상, 소망을 밝혀내는 서곡이라기보다는 치료 작업의 핵심이라고 믿게 되었다. 이와 같은 발상의 전환은 Freud가 1923년 구조모델을 설명한 것과 구조이론에서 나온 여러 이론적, 기법적 발달에 의해서 촉진되었다. 이 과정에 기여한 발달이론 중 하나가 자아심리학이다. 자아심리학은 자아가 무의식적 충동을 방어하는 데 있어서 능동적인 역할을 하는 데 기여하는 다양한 방법을 탐색하는 것에 특별한 관심을 가지게 되었다.

　자아심리학의 핵심원칙 중 하나는 분석이 표면적인 수준에서 시작해서 심층적인 수준으로 진행되어야 한다는 것이다. 바꾸어 말하면, 우리는 항상 내담자의 저항과 방어를 분석하는 과정을 시작으로 점차적으로 저항의 분석과정에서 드러나는 의식 밑에 깔려있는 충동, 환상, 소망들을 해석해야 한다. 이미 논의한 대로, 정신분석 관점에서 보면, 저항을 탐색하는 것은 변화를 이끄는 과정에 매우 본질적인 것이다. 내담자들은 불가피하게 변화에 대해 양가적 감정을 가지고 있고 이에 따른 갈등은 치료 과정에 다양한 방식으로 드러난다. 더군다나, 저항은 끝없이 많은 원인요인들(예: 변화에 대한 두려움, 자기를 잃을 것 같은 두려움, 고통스런 감정을 피하기, 치료자나 치료과정에 대한 부정적인 감정, 치료자로부터 독립하고자 하는 욕구, 이차적 이득(현재의 증상을 유지하는 것에서 비롯되는 이득), 이전의 관계패턴 애착, 자신의 애착 인물과 무의식적인 상징적 연결을 잃을지도 모른다는 두려움)로부터 기인한다.

저항이 치료에서 표현되는 일반적인 방식은 치료시간에 늦게 오는 것, 치료시간을 빼먹는 것, 침묵을 길게 하거나 대화하려 하지 않는 것, 피상적인 이야기나 사교적 대화로 치료시간을 채우는 것, 치료비를 지불하지 않는 것, 순종하는 것, 그리고 "건강으로 도피하는 것"(예: 더 깊은 문제들을 탐색하는 것을 피하는 방법으로 증상을 급속히 일시적으로 완화시키는 것)등을 포함한다. 치료에서는 특정 행동이나 존재 방식이 어떤 맥락에서는 진전되고 있다는 것을 반증하거나 촉진하는 것일 수도 있지만 다른 맥락에서는 저항으로 기능할 수도 있다. 예를 들어, 내담자가 꿈을 보고하는 것이 내담자가 의식적으로는 접근할 수 없는 감정과 주제를 전달함으로써 치료과정을 심화시키는 중요한 방법으로 기능할 수도 있다. 그러나 매 치료시간에 의식적으로 꿈을 보고하면서 치료를 시작하는 내담자는 지금-여기에서 일어나는 중요한 감정이나 주제들을 탐색하는 것을 피하고 있을 수도 있다.

📊 방어 해석

방어를 해석하는 기법에 대해서 수많은 논문과 저서들이 나와 있는데, 다음은 관련된 몇 가지 원리를 간략하게 기술한 것이다.

1. 치료자는 방어의 해석이 치료적 동맹을 형성하는 데 필요

한 것이라고 내담자에게 방어를 해석하는 이유를 설명해야 한다. 예를 들어, 나는 내담자에게 이렇게 말한다.

사람들은 종종 고통이나 수치심 같은 괴로운 감정을 피하는 방법으로서 자동적으로 혹은 무의식적으로 자신을 위협하는 감정, 생각, 소망, 환상을 회피합니다. 예를 들어 가끔씩 사람들은 슬픈 감정과 지속적으로 접촉하기 힘들어합니다. 왜냐하면 슬픈 감정에 압도되어서 헤어 나오지 못할지도 모른다는 두려움이 있기 때문입니다. 치료자로서 내가 해야 하는 일들 중 하나는 당신이 무엇을 어떻게 하고 있는지 뿐만 아니라 이것을 하고 있을 때 이를 자각하도록 돕는 것입니다. 그리고 이를 통해 당신이 무의식적으로 그것을 피하지 않고 대신에 특별한 감정, 환상, 소망에 기꺼이 머무를 것인지를 선택할 능력을 키울 수 있게 될 것입니다. 당신이 이와 같은 경험에 대해 자각하는 것이 많아지면 무엇이 당신의 행동을 동기화하는지 더 잘 이해할 수 있고, 정말로 당신에게 의미 있는 일이 무엇인지, 그리고 주어진 상황에서 당신이 정말로 원하는 것이 무엇인지를 이해할 수 있게 될 것입니다.

2. 일단 이와 같이 방어를 해석하는 이유가 내담자에게 전달되면, 치료자는 내담자가 자신의 경험을 잘라내거나 회피하는 여러 형태와 방식을 모니터링하는 과제를 시작한다. 그리고 회피와 방어적인 책략에 주목하도록 하는 과정에 돌입한다. 예를 들어,

당신은 아내가 떠나는 것에 대해 이야기하기 시작하면서부

터 목소리가 차분해지고 약간 단조로운 어투로 말하시는 것 같습니다. 본인도 이런 자신의 모습을 알고 있는지요? 지금도 이 치료시간에 어떻게 느끼는지에 대해 말씀하실 때 쭉 아래를 내려다보고 계십니다. 당신은 이것을 자각하고 있는지요?

내담자들 중에는 치료자가 즉각적으로 주목시키고자 하는 자신의 방어적인 책략에 대해서 자각을 하는 경우도 있다. 이런 경우 치료자는 다음과 같은 질문들을 덧붙일 수 있다. "그 순간에 당신의 내부에서 무엇이 일어나고 있었는지 아십니까?" 혹은 조금 더 직접적으로 "이 순간에 피하고자 하는 것이 무엇인지 아십니까?" 내담자가 내적인 경험을 자각하게 되고 탐색할 수 있다면, 치료자는 그 때 "이 감정들에 집중하는 것이 왜 그렇게 어려운지 아십니까?"와 같은 질문을 할 수 있다.

3. 내담자가 자신의 방어적 시도들을 자각할 수 없는 초기 단계에서는 방어들을 탐색하는 이유를 되풀이해서 말해준다. 그리고 방어들이 다시 등장하면 거기에 주목시킬 것이라는 것을 내담자들에게 상기시켜주는 것이 치료에 도움이 될 수 있다. 방어가 현재 순간에 드러나면 계속해시 내담자들이 그들의 방어를 자각하도록 이끌어 실시간으로 방어를 관찰할 확률을 높일 수 있다. 이것은 내담자들에게 지금 이 순간에 주목할 기회를 준다. 또한 단지 추측을 하기보다는 경험이 바탕이 되는 탐색과정에 실제로 참여할 기회를 제공한다. 치료자는 내담자가 어떻게 경험을 방어하는지(예: 주제 바꾸기, 감정을 축소하기 위해서 근육을 수축시키기, 이성화하기) 그리고 특정 감정, 소망, 환상을 경험하는 것을 막고 있는 무익식적인 공포, 믿음, 기대가 무엇

인지를 탐색하도록 도울 수 있다.

4. 시간이 흐르면서 정신분석에서 방어의 해석 과정은 사실상 더 탐색적이 되고 대화체로 진행되며, 협동적인 면모를 갖게 되었고 덜 "해석적"(치료자가 단순히 내담자의 방어를 지적한다는 의미에서)이 되었다. 이런 차원에서는 *방어 해석(defense interpretation)*이라기보다는 *방어 탐색(defense exploration)*이라는 말이 더 정확할 것이다. 맥락을 고려하지 않은 채 특정 행동이 어떤 정해진 기능을 한다고 가정하는 제한적인 방어의 목록이란 존재하지 않는다는 것도 기억해야 한다. 예를 들어, 과거에 대해서 말하는 것에 집착하는 것은 때때로 현재를 탐색하는 것을 막는 방어적 역할을 한다. 하지만 경우에 따라서는 현재에 집중하는 것이 슬픔을 막는 방어가 될 수 있다. 또 다른 상황에서는 슬픔이 화를 막는 방어가 될 수 있다. 내담자가 말하거나 행동하는 것이 맥락적으로 어떤 기능을 하는지를 판단하는 것은 내담자의 말과 행동이 방어적인 역할을 하고 있는지를 평가하는 과정에 항상 중요한 부분이다.

5. 추가적으로, 방어가 나올 때마다 해석하거나 탐색하는 것이 바람직한 것은 아니다. 물론 치료자는 내담자의 표현양식과 방식에 늘 주목하고 내담자가 매 순간 올라오는 경험과 접촉하거나 회피하는 정도를 지속적으로 평가하는 것이 중요하다. 때로는 방어를 탐색하는 과정에서 내담자를 지나치게 직면시키거나 비판하는 듯한 느낌을 갖게 할 수도 있다. 이렇게 되면 내담자가 안전하게 느끼는 편안한 속도로 드러나는 내적 경험들과 접촉하기가 어려워진다. 다른 말로 하면, 때때로 내담자로

하여금 내적 경험을 개방하기에 필요한 안전감을 충분히 제공하기 위해서 치료자가 내담자의 방어를 지지해주거나 협력하는 것이 필요하다. 이처럼 방어를 해석하는 작업은 노련하게, 가끔씩 그리고 현명하게 접근해야 한다.

📊 치료의 교착상태를 벗어나는 작업

정신분석 문헌에서는 치료의 교착 상태를 다루는 이론적 그리고 기법적 중요성을 점점 강조하고 있다(cf. Safran & Muran, 2000). 치료 과정에서의 교착 상태에 대한 이해는 내담자가 저항하는 기능으로 보는 관점에서 두 사람의 상호과정으로 보는 관점, 즉 내담자와 치료자 중 누구 하나도 관계에서 벗어날 수 없다는 상호보충적 "doer or done to" 입장으로 얽혀있다는 관점으로 변화해왔다. Benjamin(2004), Davies(2004), Aron(2006)은 치료과정에서 어떻게 내담자와 치료자 모두가 갇혀버리는 순간들이 생기게 되는지에 대해 잘 설명하였다. 이런 치료의 교착 상태는 내담자와 치료자 두 사람 모두가 근본적이고 수용하기 어려운 차원에서 자신이 틀렸거니 니쁘다고 느끼지 않으면서, 상대방의 관점이 타당하다고 인정할 수 없기 때문에 생긴다. 예를 들어, 내담자가 치료자를 가학적이라고 비난하고 치료자는 내담자에게 비난받고 있다고 느낄 수 있다. 치료자가 "네, 당신이 맞아요, 내가 학대하고 있어요" 라고 말한다고 하더라도, 문제는 치료자가 정말로 자신이 가학적이라고 느끼지 않으면 진심으로 자신의 가학적 면모를 보는 것이 불가능하다는 것이다.

이런 상황에서, 내담자와 치료자 둘 다 상대방의 관점이 타당하다고 생각할 수가 없다. 인정하는 것을 일종의 자기 침해 혹은 자기 위상을 해치는 것으로 느끼기 때문이다. 다음의 상황에 대한 대안이 없는 한 이 정체된 상태를 풀어내기가 어렵다. 첫째, 내담자의 관점이 타당하고 치료자의 관점이 중요하지 않거나 타당성이 부족하다. 둘째, 치료자의 관점이 타당하고 내담자의 관점이 근거가 없고 타당하지 않다. 따라서 치료자의 과제는 세 번째, 즉 "당신이 옳고 내가 틀리다" 혹은 "내가 옳고 당신이 틀리다"의 이진법적 선택에 대한 대안을 찾도록 도와야 한다. 그렇게 하려면 치료자는 자기경험의 분리된 측면을 인정하면서 수면아래의 무의식적인 두려움과 위협 때문에 집요하게 움켜쥐고 있었던 입장을 "포기하고" "놓아주는" 내적인 변화가 있어야 한다(Safran & Muran, 2000). 예를 들어, 첫 번째 예시에서 치료자는 실제로 가학적인 자신의 측면을 경험하는 것이 너무 위협적이고 참을 수 없을 것이고 두 번째 예시에서 치료자는 "이용당한다"라는 경험을 둘러싸고 있는 분노와 수치심의 복잡한 감정을 충분히 인정하는 것이 위협적으로 느꼈을 것이다.

치료자가 자신의 경험에서 해리된 측면들을 인식하고 받아들일 수 있게 되면, 자신의 주체성을 타협하거나 희생 혹은 완전히 침몰시키는 경험 없이도 내담자의 주관적 경험을 이해하고 공감하는 심리적 자유를 경험하기 시작한다. 그러므로 이 변화는 상호주체성을 향한 움직임을 포함하는데, 상호주체성이란 치료자와 내담자의 관계에서 치료자는 자신의 주체성을 잃지 않는 동시에 내담자를 객체 혹은 대상이 아닌 또 다른 주체로 경험하는 것을 의미한다(Benjamin, 1988, 1990, 2004).

📊 종 결

　종결은 치료의 가장 중요한 단계들 중의 하나이다. 잘 마무리된 종결은 내담자가 치료에서 얻은 효과를 공고히 하도록 돕는 데 필수적인 역할을 할 수가 있다. 반대로, 종결에 대해 제대로 작업하지 못하면 치료 과정에 부정적인 영향을 줄 수 있다. 시간 제약을 두지 않는 치료에서는, 종결이란 주제가 내담자 혹은 치료자에 의해서 제기될 수 있다. 종종 종결은 내담자가 자신의 목표에 도달하였다고 느끼거나 혹은 진전이 없는 것에 좌절을 느껴서 촉발될 수 있다. 그렇지만 이상적으로는 치료가 종결될 때 쯤 되면 내담자와 치료자는 치료과정에 대해 편하게 그리고 건설적인 차원에서 충분한 논의를 했을 것이다. 따라서 종결에 대한 결정은 서로 합의하에 내려졌을 것이다. 때로 종결을 고려하고 있는 내담자가 직접적으로 종결에 대한 이야기를 꺼내기가 어려울 수 있다. 따라서 치료자는 내담자가 종결을 고려하고 있다는 단서에 민감해야 한다. 에를 들어, 내담자가 계속해서 치료시간에 늦게 도착하거나 약속을 취소하기 시작하고 치료에 덜 적극적인 것인 듯 보이거나 다른 사람들은 얼마나 오랫동안 치료를 받는 지에 대해 질문하는 등이 단서가 될 수 있다.

　이상적으로는, 종결에 대한 결정이 내담자와 치료자에 의해서 협력적으로 이루어진다는 자체가 도움 되고 만족스러웠던 치료가 끝이 날 때 쯤 되었다는 증거가 된다. 그러나 현실에서는, 시간 제약이 없는 치료에서의 종결은 교과서에 나와 있는 것보다 훨씬 덜 매끄럽다. 종종 외적인 요인들에 의해 종결이 되기도 하고(예: 내담자가 다른 도시로 이사한다), 내담자가 치료가 진전이 없다고 느껴 좌절할 때, 휴식을 취하고 싶어하거나 혹은 다른 치료자를 찾아가기로 마음먹을 때 치료가 종결되기도 한다.

가외적인 요인들로 인한 종결이 아닌 경우 치료자보다는 내담자가 종결을 주도하는 것이 더 흔하다. 치료자가 이론적인 관점에 끌려서 변화에 대해 너무 야심찬 목표를 갖고 있거나 내담자가 치료에 만족하지 못하면 그렇게 된다. 내담자나 치료자 모두 초기의 치료 목표를 달성하였다고 느끼는데 내담자가 이를 먼저 인식하고 말을 꺼내는 경우도 있다. 내담자가 종결을 언급하는 태도에 조급함이 있어, 종결이 시기상조라는 생각이 들면, 치료자는 내담자가 종결을 원하는 이유를 신중하게 탐색해야 한다. 예를 들어 내담자는 치료에 대한 불만족이나 치료자에 대한 화 혹은 실망을 치료자에게 직접적으로 표현하기가 어렵기 때문에 종결하고 싶다고 말하는 경우가 있을 수 있다. 그런 상황이라면, 치료자의 과제는 내담자로 하여금 치료에 대한 모든 부분에 대해 편하게 이야기 할 수 있는 분위기를 제공해 주는 것이다. 치료에 대한 그 어떤 우려 혹은 부정적인 의견일지라도 진지하게 들을 준비가 되어있다는 것을 알게 해서 내담자에게 안전감을 제공해 주어야 한다. 한편 내담자가 말하기를 꺼려하는 대답, 생각, 감정을 파악하려고 너무 세게 밀어붙이지 않도록 주의해야 한다. 내담자로 하여금 치료자가 내담자의 사생활에 대한 권리 즉, 말하지 않아도 되는 권리를 존중하고 내담자의 최종 결정이 무엇이든 간에 타당성을 인정하고 존중한다는 것을 느끼게 해주어야 한다.

때때로 내담자는 약속된 시간에 나타나지 않고 약속을 다시 잡는 것을 꺼리는 식으로 종결을 시도할 수 있다. 이런 상황이라면 내담자에게 마지막으로 한 번 더 오라고 격려하는 것이 바람직하다. 그러면 마지막 치료시간 동안 내담자는 훨씬 자유롭게 자신의 걱정거리들을 말할 수 있고 치료자는 내담자가 어떤 상태인지를 파악할 수 있다. 이(마지막) 치료시간 이후 내담자는 치료를 계속 하기로 마음을 바꿀 수도 있고, 종결할 수도 있다. 계속 치료받기를 원치 않는 경우, 내담자는 이런 기회를 갖지 않았던 것보다는 훨씬 더 의미 있는 종결의 경험을 하면서 치료를 끝낼 수 있는 확률이 높다.

정신분석적 작업의 중요한 맥은 표면적인 설명 이면의 더 깊은 의미나 무의식적 동기를 파악하는 것이다. 치료자가 치료나 치료자에 대한 내담자의 부정적이거나 양가적인 감정을 진지하게 들어주면서 내담자가 종결을 하고자 하는 이유를 민감하고 존중하는 방식으로 탐색해야 한다. 그렇게 하면 경우에 따라서는 그것이 분노, 불신, 실망과 같은 감정을 탐색하는 것으로 이어질 수도 있다. 치료자가 공감적으로 들어준다면 이와 같은 탐색이 치료적 관계를 강화시키고 내담자가 치료에 다시 헌신하는 것으로 이어질 수도 있다. 한편 내담자가 치료자에게 너무 가까워져 상처받고, 의존적이 될까 두려워져서 치료를 종결하는 반대의 경우도 있을 수 있다.

한편 치료자가 내담자가 떠나고 싶어 하는 이유를 액면 그대로 받아들이지 않고 내담자가 미처 못하거나 의식하지 못하는 감정이나 동기를 받아들이라고 밀어부치면, 내담자는 강압적으로 휘둘리는 느낌을 받거나 자신의 문제가 훨씬 심각한 즉, 병리적인 것으로 받아들일 수 있다. 그러므로 치료자는 한 편으로는 종결을 원하는 내담자를 너무 과도하게 막으려 하지 않으면서 다른 한 편으로는 종결하고 싶어하는 것으로 표현되고 있는 내담자의 마음 속 숨은 동기를 공감적으로 탐색하는 균형을 유지해야 한다.

내담자가 치료를 그만두고 싶어하는 소망을 탐색하는 과정이 궁극적으로 종결하는 것으로 귀결이 되면, 건설적인 방식으로 종결할 기회를 제공하기 위해서 몇 번의 마지막 치료시간을 가지는 계약을 맺는 것도 유용할 수 있다. 종결에 대해 작업하는 과정에는 여러 가지 원칙이 있다. 치료에서 일어난 변화를 검토하는 것, 변화를 가져온 요인들에 대한 이해를 함께 구축해 나가는 것, 내담자로 하여금 변화 과정에서 자신이 어떤 역할을 했는지 인식하도록 돕는 것, 내담자가 종결과 치료에 대해서 느끼는 (긍정적, 부정적 모두) 많은 감정들을 표현할 수 있는 공간을 만들어 주는 것, 이런 감정들의 탐색을 촉진하는 다양한 개입방법을 사용하는 것, 이 감정들을 경험하지 못하게 하는 방어들을 탐색하고 해석하는 것, 이별하는 것에 대한 두려움과 상실감과 같은 고통스러울 수 있는 감정을 탐색하는 것, 치료에 대한 실망감을 탐색하는 것, 그리고 무엇보다도 이런 감정들에 대해서 방어적이지 않고 수용하는 것이다.

📊 양가감정을 탐색하기

　인간이 모든 관계에 대해서 양가적인 감정을 갖는 것이 정상인 것처럼, 치료를 종결하는 내담자가 치료와 치료자에 대해서 양가감정을 갖는 것 역시 지극히 정상이다. 내담자는 그들의 삶에 이루어진 변화에 대한 고마움, 치료가 끝나는 데 대한 두려움, 더 이상 치료를 받을 필요가 없다는 안도감, 치료자를 잃는 슬픔, 버려지는 느낌, (충분한) 변화가 일어나지 않은 데 대한 실망감, 초기의 치료목표를 실현하지 못했거나 치료와 치료자에 대한 다른 실망감 때문에 치료자에게 분노심을 갖는 것 등을 포함해서 다양한 감정들을 경험할 것이다. 이 모든 감정들은 상호 배타적이지 않다. 치료자는 내담자가 종결에 대해서 가지는 다양한 감정들을 탐색하고 표현할 수 있는 안전한 공간을 제공해서 내담자가 치료를 잘 마무리(closure) 할 수 있도록 도와주어야 한다. 내담자들 중에는 종결에 대한 부정적인 감정을 인정하는 것을 어려워하는 경우가 있다. 부정적인 감정을 갖는 자체가, 긍정적인 감정들을 무색하게 하거나 혹시라도 치료자를 언짢게 하거나 상처받게 할 수 있다는 두려움(의식적 무의식적 모두) 때문에 부정적인 감정을 인정하는 것을 어려워한다. 고마움을 느끼거나 표현하는 것을 어려워하는 내담자들도 있다. 치료자가 부정적인 감정을 들으려고 진심으로 마음을 열어놓는 정도에 따라서, 내담자는 그렇지 않았으면 접촉하기 어려웠을지도 모르는 긍정적인 감정을 경험하는 것이 수월해질 수 있다. 이런 치료자의 태도는 내담자로 하여금 양가적인 감정을 인내하는 것을 배우도록 돕는다. 같은 이유로 치료자는 내담자가 표현한 긍정적인 감정을 무시하지 않는 것이 중요하다. 감사함을 경험하고 표현하는 과정과 타인이 그것을 정중하게 받아주는 과정은 성장 과정의 중요한 부분이다.

📊 종결과정에 역전이 감정을 건설적으로 작업하기

종결은 내담자에게 그랬던 것처럼 치료자에게도 다양한 감정을 체험하게 한다. 치료자로서 우리는 내담자에게 도움이 되고 치료가 성공적이었기를 바란다. 그러므로 바라는 것만큼 내담자가 치료성과에 대해서 만족하지 못할 때 그 불편감을 다루기가 매우 어려울 수 있다. 일방적으로 종결하는 내담자와 함께 작업하기 어렵다고 느낄 때, 특히 치료자는 종결과정에서 부정적인 감정체험을 하게 된다. 치료자가 내담자의 욕구를 충족시키지 못해 고군분투했거나, 혹은 내담자의 지속적인 비판이나 수동-공격적 행동의 대상이 되었을 때이다. 그런 상황에서는 치료자의 입장에서 치료적 진전이 부족한 것에 대해서 내담자를 비난하지 않고 내담자로부터 오는 부정적인 감정을 참아내는 것이 무척 어려울 수 있다. 치료자 자신의 개인적 실패와 한계를 성숙하게 받아들일 수 있게 개인치료나 수퍼비전이 필요할 수 있다. 한편 내담자로 봐서는 치료자에게 보복하거나 지나치게 상처를 주거나, 혹은 파괴시킨다는 느낌 없이 치료자가 잘못하거나 실패한 부분에 대해서 솔직히 느끼고 표현할 수 있는 기회를 갖는 것은 변화 과정에서 매우 의미 있는 부분이다. 예를 들면, 내담자가 타인의 감정이 항상 보호되어야만 할 필요가 없다거나 부정적인 감정이란 게 독이 되지도, 반드시 감춰야 하는 것만도 아니라는 것을 깨닫게 해준다. 이런 통찰은 내담자를 내적으로 해방시켜 자유롭게 해주며 궁극적으로는 치료자와 타인들을 향한 친밀함과 감사의 감정을 경험할 수 있게 한다.

📊 모호함과 충분한 마무리의 부족을 인내하는 치료적 분위기 만들기

　종결 과정에서 치료 과정 전반에 대한 경험을 충분히 이해하고 마무리를 잘 하였다는 느낌을 갖는 것도 매우 중요한 부분이다. 한편 치료자가 내담자가 함께 한 여정과 둘의 관계를 실제 원하는만큼 완벽하게 마무리 짓는 느낌을 갖는 건 어렵다는 사실을 이해하고 이를 내담자에게 전달하는 것도 중요하다. 삶 자체가 현재 진행형이다. 따라서 내담자가 치료하며 보냈던 시간의 의미와 치료자와의 발전된 관계의 의미 역시 시간이 흘러 내담자가 다른 삶의 경험을 하면서 확장될 것이다. 치료자는 종종 치료의 과정을 거치면서 내담자의 삶과 내담자가 세상에 존재하는 방식을 관통하는 어떤 흐름에 대해서는 확실히 그 맥을 잡고, 분명하고 구체적으로 이해한 느낌을 가질 수 있다. 반면에 다른 줄기들은 오히려 더 흐려지고 종잡을 수 없는 채로 종결 된다는 것을 깨달을 때가 있다.

　치료 관계에서 점차적으로 드러나는 주제들 혹은 좌절과 고통을 주는 관계패턴 중에는 건설적으로 훈습되어 내담자가 성장하고 있는 느낌 그리고 숙련되어 가는 느낌으로 이어진다. 다른 주제들은 치료가 끝날 때까지도 잘 이해되지 않고 비밀스럽게 남겨지지만 내담자의 이후의 삶에서 일어나는 경험과 변화가 더해지면서 내담자에게 그 의미가 명확해 진다. 모호함 그리고 완벽한 마무리를 못한 미진함 혹은 부족감을 가지고 살아가는 것을 배우는 것도 중요한 발달적 성과이다(Sternberg & Jordan, 2005). 사실, 지혜(wisdom)에 대한 경험연구는 모호함을 견딜 수 있는 수준이 훨씬 더 성숙한 인지정서 발달 단계라는 것을 시사한다. 치료자가 이런 인내심을 함양하는 것을 "충분히 좋은" 종결의 부산물로 볼 수 있다면, 모호함을 견디는 능력을 개발하는 것은 치료의 중요한 부산물이라고 할 수 있다.

변화의 기제

지금까지 개입 원리에 대해서 논의했는데, 이번에는 변화 과정에 작용한다고 가정되는 근원적인 몇 가지 기제에 대해 논의하고자 한다. 예를 들면, 해석이 어떻게 변화에 기여하는가? 왜 공감이 중요한가? 치료 관계가 변화에 기여하는 다양한 방식이 무엇인가? 변화 과정에서의 감정의 역할은 무엇인가? 비언어적인 대화는 어떠한가? 변화가 어느 정도로 의식의 수준에서 일어나는가? 에 대한 문제에 대해서 생각해 보고자 한다.

📊 무의식의 의식화

정신분석 이론은 다양한 변화 기제(change mechanism)를 가정하고 있으며, 이론적 진화와 부흥을 거듭하면서 변화 과정을 개념화하는 다수의 새로운 방식도 계속해서 등장하고 있다. 가장 기본적인 수준에서, 변화는 무의식을 의식하는 것 혹은 "원초아가 있었던 곳에 자아가 있게 될 것이다"라는 Freud가 자주 인용하는 원리와 관련지어 이해되는 경우가 종종 있다. Freud는 평생동안 변화 과정의 특성을 이해하는 노력을 지속하였다. 그리고 그의 가장 완숙된 변화 기제에 대한 개념화에 따르면, 변화란 우리의 본능적 충동과 관련된 무의식적 소망들을 의식화하는 것, 그리고 성숙하고, 이성적이고, 반성적(reflective)으로 무의식적 소망들을 다루는 것을 배우는 것을 포함한다. 그러므로 Freud에게 있어서 핵심적 전제는 우리는 의식하지 못하는 무의식적 소망들에 의해서 추동되고, 이것들에 대한 자각이 부족한 것이 심리적 자유를 저해하고, 자기패배적인 행동을 지속시킨다는 것이다. Freud에게 있어서, 우리는 어떤 것을 하는 이유(동기)에 대해서 우리 자신을 속이고 이런 자기기만은 우리의 선택을 제한시킨다. 따라서 무의식적 소망과 무의식적 소망을 막는 방어들을 자각하게 됨으로써, 우리는 가능한 선택의 폭을 넓힐 수 있다. 그렇게 되면, 우리가 무의식적 요인에 의해서 추동되는 정도는 줄어들고, 주체가 되어 활동(agency)할 수 있는 폭은 넓어진다.

📊 정서적 통찰

정신분석적 변화와 관련해서는 통찰이나 이해의 역할을 특별 대우하는 경향이 있다. 정신분석은 무의식을 의식화하는 것에 기반한다. 그리고 무의식을 의식화 하는 일차적 수단은 내담자

의 경험과 행위를 구성하는 무의식적 요소들에 대한 통찰을 제
공하는 치료자의 언어적 해석이다. 정신분석에서는 정서적 통
찰의 중요성이 항상 강조되어 왔다. 정서적 통찰이란 이성적
통찰에 감정적 통찰이 더해진 것으로 내담자의 새로운 (통찰)이
해는 생생한 정서적 즉시성을 갖게 된다. 따라서 일상적 기능
에 영향을 주지 못하는 지적인 이해의 영역으로 밀려나지 않게
된다. 정신분석에서는 아주 오랫동안 전이 해석(Strachey, 1934)
이 정서적 통찰을 얻을 수 있는 핵심적 방법이라고 생각해왔
다. 전이 해석을 내담자가 추상적인 개념화를 구성하는 것이
아니라 치료 관계에서의 즉각적인 경험을 되돌아보게 해주는
것으로 이해했기 때문이다. 바꾸어 말하면, 내담자가 지금 순간
을 이해하고 지금 여기에서 행동하는 방식을 직접적으로 관찰
함으로써, 자신의 경험을 구성하고/창조하는 주체(agent)로서 자
신의 경험을 발달시킬 수 있다고 보았다.

초창기부터, Otto Rank와 Sandor Ferenczi와 같은 정신분석
의 중심인물들은 몇몇 정신분석가들이 지적인 접근 쪽으로 방
향을 바꾸려는 경향에 대해서 우려를 제기하였다(Ferenczi &
Rank, 195/1956). 지적 접근의 가치가 제한적이라 믿었기 때문이
다. 그리고 Fritz Perls(게슈탈트 치료의 창시자)와 같은 1960년대의
독불장군같은 정신분석가들은 정신분석 내에서 과도한 지성화 경
향이 있는 것에 대한 대응으로 철저하게 반지성적(anti-intellectual)
접근을 발달시켰다. 일반적으로 말해서, 현대 미국 정신분석의
감성은 정신분석의 지성주의 경향에 대해 통렬하게 비판해왔
고, 변화 과정에서 정서에 바탕을 둔 경험적 측면을 중요시 해
왔다.

📊 느낌과 소망의 표현

감정과 소망을 말로 표현하는 과정은 정신분석 치료에서 변화의 또 다른 핵심적 기제이다. 이미 논의한 바와 같이, 감정은 환경과 상호작용하는 생물학에 기반을 둔 자기에 대한 정보라고 할 수 있다. 감정은 진화과정을 통해서 종(species)의 특성으로 장전되어 전달되었고 종의 생존에 적응적인 역할을 하였다. 건강하게 기능한다는 것은 유기체적 욕구에 기반을 두지만 국한되지 않는 방식으로 정서적 정보와 더 높은 수준의 인지적 정보처리과정을 통합하는 것을 포함한다. 정서는 소망과 연결이 되어있고, 소망은 경험되고 표현되어야만 적응적 행동으로 이어진다. 예를 들어, 적절한 맥락에서 화를 경험하는 것이 어려운 사람은 적절하게 공격적이거나 자기주장적인 방식으로 행동을 하도록 돕는 정보를 박탈당했을 것이다. 슬픈 감정을 경험하기 어려운 사람은 타인들로부터 위로나 배려를 받는 데 어려움을 경험할 것이다.

정신분석적 치료의 다양한 개입 원리들은 내담자가 방어하고 있는 감정 그리고 그것과 연관된 소망에 접근할 수 있도록 돕는 것들이다. 이것은 공감하는 것, 분리된 경험을 해석하는 것, 적응적일 수 있는 소망과 경험을 방해하는 방어들을 해석하거나 탐색하는 것을 포함한다. 더 암묵적인 수준에서, 내담자가 안전하고, 인정받는(validating) 치료적 관계 맥락에서 감정과 관련된 소망들을 경험하고 표현하는 것은 이 소망들의 체험을 방해하는 무의식적 관계 도식을 타파하는 데 중요한 역할을 할 수 있다.

📊 의미창조와 역사적 재건

치료장면에 오는 사람들은, 정도차이는 있지만, 모두 자신들의 삶에 대한 의미 있는 네레티브를 구성하는 데 어려움이 있다. 의미를 상실하였다는 것은 일반적으로 자신의 경험이나 삶의 중요한 측면들을 이해할 수 있는 이야기가 없다는 것이다. 혹은 자신의 경험에 당위성을 부여하기 위해 구성해 온 부적응적 이야기(maladaptive narrative)가 존재한다는 것을 뜻할 수도 있다.

아동기 경험이 자신의 문제에 기여하는 데 어떤 역할을 하는지에 대해서 뚜렷한 이야기를 구성해내는 과정은 정서적 문제를 복잡하게 하고 악화시키는 자기비난을 감소시킬 수 있다. 정서적 문제는 역기능적인 어린 시절의 상황에서는 적응적인 시도였지만 현재의 맥락에서는 부적응적인 심리적 대처전략에서 온다는 것으로 이해하게 되면 내담자는 자신에 대해 더 인내하고 받아들일 수 있게 된다. 또한 현재 맥락에서 적응적인 대처전략을 개발하는 노력을 할 수 있다.

종종 내담자들이 치료에 가져오는 문제들은 특정한 증상에 대한 걱정을 넘어 근본적인 무의미함과 존재적 절망감이 배어 있는 수준으로 확장되어 있다. 이 경우에, 자신의 가치를 탐색하고 명료화하고 치료자와 의미 있는 대화에 참여하는 과정이 내담자가 자신을 재정립하고 의미 있는 것이 무엇인지를 좀 더 명확하게 이해할 수 있게 해준다. 내담자에게, 의미를 만들어가는 과정은 치료자와의 관계적 맥락에서 정서적인 경험의 미묘함을 한층 더 자각하고 표현하는 것을 포함한다. 그렇게 되면 내담자는 생동감 넘치는, 살아있는 느낌을 받고, 내면의 경험과 접촉하는 느낌을 갖기 시작할 수 있다.

📊 무의식적 동기의 자각

무의식적 동기를 자각하는 능력을 개발하는 것은 정신분석 치료에서 강조하는 변화의 원리에서 가장 오래된 것 중 하나이다. Freud의 기본 가정은 우리가 의식하지 못하는 힘에 의해서 동기화되어 있다는 것이다. 그런데 이에 대한 자각이 부족하여 우리는 선택권을 빼앗기고 있다는 것이다. 우리 행위의 배후에 있는 동기들은 복잡하고 때로는 모순적이다. 정신분석 용어로, 이것을 *과다결정의 원리(principle of overdetermination)*라고 한다. 예를 들어, 영적 가르침에 자신을 노출함으로써 겸손하고 자기 희생적 태도를 개발한 사람이 있다. 겸손함과 타인의 안녕을 소중히 하고자 하는 욕구는 진심이다. 그러나 동시에 그런 겸손한 자세는 특별하게 인정받고자 하는 욕구를 감추거나 부분적으로 방어하는 것일 수도 있다. 또한 자기희생의 윤리는 부인하고 있는 분노와 공격성과 결합해서 타인보다 도덕적으로 더 우월하고자 하는 자기독선의 욕구를 부분적으로 표현하고 있는지도 모른다. 우리가 우리의 동기를 자각하지 못하는 정도만큼 선택의 폭도 줄어든다. 우리는 스스로도 확신이 없거나 왜 해야 하는지에 대한 뚜렷한 이해 없이 어떤 일을 해놓고는 그 결과에 놀라고 실망하기도 한다. 이것은 스스로를 주체(agent)라기 보다는 희생자가 되는 느낌을 갖게 한다.

📊 주체로서의 경험을 늘리기

내담자는 보통 주체성 혹은 주체(agency)로서 행동한다는 느낌이 없기 때문에 치료를 시작한다. 내담자는 자신을 증상에 휘둘리는 사람으로, 불행 혹은 타인의 나쁜 의도나 무관심의 희생자라고 경험한다. 그래서 자신의 증상과 내면적인 갈등·대인 관계적 갈등 사이의 관련성을 잘 보지 못한다.

우리의 삶에서 반복되는 갈등의 패턴에 기여하는 스스로의 역할을 인식하지 못하는 것 또한 흔한 일이다. 내담자가 (호소하는) 자신의 증상과 삶의 방식을 연결시킬 수 있고 스스로 갈등적 패턴에 기여한 부분을 이해할 수 있게 되면 삶에서 선택의 폭이 좀 더 넓다고 느낄 수 있다. 이렇게 되면, 자신을 희생자라기보다는 행위의 주체(agent)로 경험하게 된다.

📊 주체성의 한계를 이해하기

그렇지만 주체성(agency)을 경험하게 되는 것은 싸움의 절반밖에 안 된다. 나머지 반은 우리 자신의 주체성(agency)의 한계를 이해하고 받아들이는 것을 포함한다(Safran, 1999). 좋은 와인을 마시고, 좋은 차를 탄다면 "모든 것을 다 가진 것이다"라는 신화를 촉진하는 미국 문화에서는 뭔가 결핍되었다거나 왠지 뒤처져있다는 느낌을 갖기가 쉽다. 미국에서의 정신분석이 유럽의 많은 여러 정신분석적 전통들보다 더 낭만적인 감성을 가지고 있는 것은 사실이다. 하지만 우리가 경험하고 있는 자유는 우리의 성격 구조, 환경이라는 현실, 그리고 우리의 발목을 잡는 삶의 필연적인 역경들 안에서 경험되는 자유이다. Winnicott(1958, 1965)은 성숙의 과정에서 *최적의 환멸(optimal disillusionment)*의 중요성을 말한 바 있다. Winnicott은 아이는 환상과 현실 사이를 분명히 구별하지 못한 채 욕구가 마술처럼 충족될 것이라는 기대를 가지고 자란다고 하였다. 성장하면서 현실 세계에서 피할 수 없는 좌절과 실망을 경험하게 되면서 우리는 환멸의 과정을 겪는다. 우리의 부모와 환경이 우리의 욕구를 충족해주지 못하면, 이 환멸은 외상적 경험이 될 수도 있고 우리는 우리 내면의 활력, 가능성, 진정성의 느낌을 잃어버릴 수도 있을 것이라고 말하였다. 우리는 타인의 욕구에 과잉 적응하게 되고 Winnicott(1958, 1965)이 *거짓 자기*라고 불렀던 것을 만들어 내게 된다. 즉, 외부 현실의 욕구에 반응하지만 내면의 활력과 진정성의 느낌과의 접촉을 상실하는 것이다(Winnicott, 1958, 1965). 하지만, 우리의 부모가 충분히 우리의 내적 요구에 반응적이었더라면, 이 피할 수 없는 환멸의 과정이 최선의 혹은 "충분히 좋은" 방식으로 일어날 수 있다. 어린 시절의 활력과 천진난만함을 완전히 잃어버리지 않으면서 어린 시절의 환상의 일부분을 포기한다. Winnicott(1958, 1965)과 다른 서사들의 생각을 확장한 현대 정신분석 저술가들은 이것을 "항복"의 경험으로 묘사하였다. 항복한다는 것은 모든 것을 있는 그대로 받아들이는 것을 말한다. 아닌 것은 아닌 것으로, 따라서 허상을 만들지 않고 포기할 것은 포기하는 것을 의미한다(e.g., Aron, 2006; Benjamin, 2004; Ghent, 1990; Safran, 1993, 1999). 변화의 과정에서 항복(surrender)의 역할에 대한 정신분석적 의미는 의지와 결단력을 통한 변화를 강조하는 전통적인 서양의 관점보다는 역설적인 주장을 하는 동양의 관점에 더 가깝다.

📊 새로운 관계적 경험과 치료적 관계의 내재화

　정서적 경험을 강조하는 것에 덧붙여, 정신분석적 이론은 치료적 관계 자체가 변화 기제의 역할을 한다고 강조한다. 치료적 관계의 정확한 역할이 무엇인지에 대한 논란은 있다. 하지만 내담자의 부모가 했던 방식과는 다른 방식으로 행동함으로써 치료자는 내담자에게 부적응적인 관계적 도식, 내적 작동모델, 내적 대상관계에 도전하는 새로운 관계 경험을 제공할 수 있다는 쪽으로 관점이 모아지고 있다. 정신분석 이론에서 이 관점의 시작은 1930년대 Sandor Ferenczi(1980a, 1980b)의 연구와 James Strachey(1934)의 중요한 논문으로 거슬러 올라 갈 수 있다. 1950년에, 미국으로 이민 온 헝가리 출신 분석가인 Franz Alexander는 *교정적 정서체험*(Alexander, 1948)이라는 변화에 관한 이론을 개발하였다. 그리고 치료자는 내담자가 갖고 있는 타인과의 관계의 본질에 대한 왜곡된 믿음이 어떻게 생겼는지에 대한 개념화 혹은 공식(formulation)을 세워야 한다고 주장하였다. 또한 의도적으로 이 공식에 도전하는 즉, 이 공식을 깨려는 노력을 해야 한다고 하였다. 예를 들어, 지나치게 간섭하는 부모를 둔 내담자에게 치료자는 내담자의 사생활을 존중하도록 노력하는 것에 각별한 주의를 기울여야 한다는 것이다. Alexander의 입장은 당시 많은 논란을 낳았다. 마치 내담자를 은연중에 뒷조종하려는 듯 보인다는 이유에서였다. Alexander의 주장은 정신분석이 다른 치료적 접근과 구별되는 이유가 정신분석이 치유를 위해서 암시의 힘을 사용하기보다는 진리를 발견하는 것을 강조하기 때문이라고 믿어온 분석가들의 신경을 건드렸다.

Loewald(1960) 또한 그의 고전적 논문에서 치료 관계 자체가 변화의 기제라고 강조하였다. 하지만 Alexander와는 달리 어떤 새로운 기법적 절차를 주장하는 것이 아니라는 것을 분명히 하였다. 대신에, 그는 아이가 부모와 동일시하고 부모와의 상호작용을 내면화하면서 성장하는 것처럼 환자 역시 치료자와의 상호작용을 내면화하는 것을 통해서 성장한다고 주장하였다. 그에 따르면, 치료자의 해석 활동은 내담자에게 조절하고 통합하는 기능을 제공해준다. 그리고 치료자와의 이 통합적인 경험을 내면화하기 때문에 변화가 일어난다고 보았다.

치료자가 내담자에게 새로운 대상(내담자의 부모와 닮은 예전의 대상이 아니라)으로 기능해줄 수 있는 능력이 변화의 핵심적 기제라고 주장하는 현대 정신분석 이론가들은 대부분 Alexander와 French의 입장과 근본적으로 맥을 같이 한다(Cooper, 2000; Greenberg, 1986). 이들은 내담자는 자신과의 관계에서 과거에 내담자의 부모가 했었던 역할을 맡을 타인들을 무의식적으로 선택한다. 게 중에는 치료자도 포함된다. 예를 들어, 부모가 비판적이고 가학적이었던 내담자는 치료자가 비판적이고 가학적인 행동을 하도록 사극하는 식으로 행동힐 것이다. 이전에 언급했듯이, 치료자의 과제는 재연되고 있는 관계적 시나리오로부터 점차로 분리되는 것이다. 그렇게 함으로써 치료적 관계가 예전 경험을 되풀이 하는 것이 아니라 새로운 관계 경험을 제공할 수 있게 된다. 교정적 체험의 관점과는 대조적으로, 이 현대적 관점에서는 치료자가 내담자가 필요로 하는 관계적 경험의 유형이 무엇인지에 대한 공식을 미리 세우거나 혹은 세울 수 있다고 가정하지 않는다. 또한 미리 짜여진 공식에 맞게 혹

은 각본에 따라서 내담자에게 어떤 의도된 역할을 해야 한다고
생각하지 않는다. 오히려, 예전 대상의 역할을 하게 되는 것을
(내담자의 특징적인 관계 시나리오들 중 하나에 뽑혀서) 받아들이는 것,
이 역할로부터 해방되거나 빠져나오는 방향으로 작업하는 것,
그리고 새로운 대상이 되어주는 것을 강조한다.

📊 정서적 의사소통

  정신분석적 이론에서 기본 가정은 사람들 간에 일어나는 대
화의 중요한 부분이 무의식적 수준에서 일어난다는 것이다. 이
것이 의미하는 것은 정확히 무엇인가? 초창기 정신분석의 설명
은 이 점에서 약간 모호하고 분명하지 않다. 그러나 무의식적
대화에 대한 참고자료들은 Freud의 초창기 기법에 대한 논문에
서 찾을 수 있다. 예를 들어, Freud는 그의 초창기 논문에서 치
료자들에게 아래의 내용을 배우라고 권유하였다.

> 치료자는 내담자가 전송하는 무의식의 방향으로 자신의 무
> 의식을 맞춰야 한다. 마치 수용기(receptive organ)처럼. 치료
> 자는 전화수신기가 전송하는 마이크에 맞춰져 있는 것과 같이
> 자신을 내담자에게 맞춰야만 한다. 수신기가 음파에 의해 설
> 정되었던 전화선의 전기 진동을 음파로 전환시키는 것과 같
> 이, 의사의 무의식이 그에게 전달되는 내담자의 무의식의 파
> 동으로부터 내담자의 자유연상을 결정하는 무의식을 재구성할
> 수 있다(S. Freud, 1924/1958, p.115).

정서에 관한 현대의 연구는 사람들이 의식적인 자각 없이도 다른 사람들의 정서 표현을 읽는 데 놀랄 만큼 능숙하다는 것을 보여준다. 발달 연구로부터 영향을 받은 현대의 많은 분석가들은 초기 엄마–유아의 대화는 유아에게 개념적이거나 상징적인 능력이 개발되기 이전에 정서적이고 몸으로 느끼는 수준에서 일어난다고 주장한다. Ed Tronick(2007), Beatrice Beebe(Beebe & Lachmann, 2002)와 같은 발달 연구자들이 관찰한 것은 어머니와 유아의 비언어적 행동(시선, 자세, 감정톤) 사이에 상호적으로 영향을 주고받는 과정이 있다는 것이다. 그리고 이 과정에서 어머니와 유아가 비언어적 언어(nonverbal language)를 통해 혹은 상징 전(presymbolic)의 수준에서 소통하고 있다는 것이다(Tronick, 2007). 이런 식으로 우리의 첫 번째 관계 경험은 언어적 영역 밖에서 일어나고 상징 전의 수준에서 상징화되거나 부호화되기에, Lyons–Ruth(1998)는 이를 *암묵적인 관계적 앎(implicit re-lational knowing)*이라고 불렀던 것이다. 암묵적인 관계적 앎이란 우리가 말하는 것을 통해서가 아니라 우리가 관계 속에서 행동하고 느끼는 것을 통해 표현되는 감각이다. 그러므로 이것은 절차적 지식(procedural knowledge)의 한 유형이고 언어적으로 부호화되지 않은, 관계 내에 존재하는 것에 대한 지식이다.

역사적으로 정신분석가들 사이에서 무의식을 의식화하는 과정 혹은 암묵적인 관계적 앎을 상징적인 형태로 변형시키는 과정은 변화의 기제로서 특권을 누려왔다. 암묵적인 관계적 지식을 언어적으로 상징화하는 과정은 언어 전(prelinguistic) 암묵적, 혹은 무의식적 가정들을 통해 어떻게 사람들이 인간관계를 이해하고, 타인의 행동과 의도를 파악하며, 관계 속에서 행동하고, 자신의 행동을 통해서 타인과의 관계를 형성해 가는지를 돌아볼 수 있는 기회를 제공한다. 하지만 정신분석 이론에서 점점 강조되고 있는 것은 치료자와 내담자 사이의 정서적이고 비언어적인 상호작용이 변화의 기제 그 자체로 필수적인 역할을 한다는 것이다.

📊 담아주기

나는 시간이 흐를수록 치료자가 개발해야 하는 가장 중요한 기술은 기계적인 것이 아니라 내적인 기술이라는 것을 믿게 되었다. 이 내적인 기술은 내담자와 작업할 때 치료자 자신의 정서에 주목하는 것과 방어적이지 않은 방식으로 고통스럽고 괴로운 감정을 인내하고 처리하는 능력을 개발하는 것이다. 치료자 스스로가 희망이 없다고 느끼기 시작하면 과연 내담자에게 잘 될 거라는 믿음을 줄 수 있을까? 극도로 적대적이거나 평가절하 하는 환자와 작업할 때 치료자는 자신의 감정과 어떻게 작업할 수 있는가? 내담자가 느끼는 절망감을 우리 스스로도 느끼기 시작할 때, 그때는 어떻게 해야 할 것인가?

영국의 정신분석가 Wilfred Bion(1970)은 이 과정을 *담아주기*라고 불렀다. Bion에 따르면, 정상적인 발달과정의 일부로, 아이는 경험하기에는 너무 위협적이거나 독성이 있는 감정들을 부모에게 투사함으로써 그 감정을 방어한다. Bion은 아이(그리고 내담자)는 받아들일 수 없는 감정이 양육자나 치료자의 것이라고 상상할 뿐만 아니라 그 해리된 감정을 치료자 내부에서 불러일으키도록 미묘한 압력을 행사한다. 예를 들어, 형언하기 힘든 두려움과 공포의 감정을 경험한 내담자는 이 감정을 분리해 내고 미묘한 방식으로 치료자로 하여금 그 감정들을 경험하게 한다. Bion은 또한 아이는 자신의 원초적 정서적 감정을 처리해 인내, 상징화, 그리고 이해할 수 있기 위해서는 부모의 도움을 필요로 한다는 주장을 폈다.

아이와 내담자는 어떻게 부모나 치료자에게 이렇게 강력한 혹은 해리된 감정을 불러일으키는가? Bion이 그 정확한 기제에 대해 상세히 설명하지 않았지만, 현대의 정서이론과 연구가 시사하는 것은 첫째, 사람들은 흔히 의식적인 자각 없이도 정서의 비언어적 측면들을 경험한다. 둘째, 앞서 제시한바와 같이, 사람들은 의식적인 자각 없이도 타인이 표현하는 정서를 놀라우리만큼 잘 읽고 반응한다(e.g., Ekman, 1993; Greenberg & Safran, 1987). 담아주기 과정은 개념적이고 정서적인 과정이다. 아이 혹은 내담자가 감정을 언어로 말하도록 도와주는 것은 담아주기의 한 요소이다. 더 도전적인 요소는 부모로서 혹은 치료자로서 우리 안에 촉발되는 강력한 감정을 처리하는 것이다. 그렇게 함으로써 치료자 자신의 정서적인 반응이 상대의 감정을 더 흩트려 놓지 않고 잘 조절하도록 돕는 것이다.

📊 자기와 상호적인 정서조절

다양한 연구 결과물들을 토대로, Beebe Lachmann(2002)은 자기조절 그리고 상호적 조율의 균형모델 혹은 중간모델(mid-range model)을 개발하였다. 그리고 심리적으로 건강한 사람은 첫째, 괴로운 정서적 경험을 조절하기 위한 자기위안 혹은 달래기(self-soothing)

기술을 사용하는 것과 둘째, 정서조절을 위해 다른 사람들과의 관계를 이용하는 것 사이를 유연하게 오갈 수 있는 능력을 가진다고 주장한다. 엄마－유아를 관찰한 연구는 안정애착이 엄마와 유아 사이에서 중간수준 정도의 정서 조율과 연관이 있는 것을 발견하였다. 당연하게도, 유아에게 지속적으로 정서적인 조율을 해주지 못한 엄마를 둔 유아는 불안정한 애착이 되는 경향이 있었다. 이와 같은 양상이 지속될 때, 유아는 자기조절 (self－regulation) 전략을 사용하는 데 과도하게 의존하는 경향이 있다. 유아가 의존하는 자기조절 전략에는 손가락 빨기, 시선회피, 산만함 같은 행동을 포함할 수 있다.

덜 명확하긴 해도 엄마가 일관되게 정서적인 민감성을 보여준 경우도 유아가 불안정한 애착이 될 수 있다는 것이다. 엄마의 과도한 순응성이 유아의 독립이나 분리에 대한 불안을 반영하거나 유아가 과도하게 경계하는 것이 관계에 대한 불안함을 반영하거나 아니면 둘 다 일수도 있다. 애착 안정과 연관된 상호적인 조율의 패턴은 중간범위에 위치한다. 즉 정서적 무관심과 정서적 연결에 대한 집착이란 두 극단 사이 중간쯤에 위치한다.

자기조절은 출생하면서부터 개인이 기능하는 데 있어서 지극히 중요한 역할을 한다. 자기조절은 각성을 처리하고, 경계심을 유지하고, 과도하게 자극될 때 각성을 누그러뜨리고, 다양한 감정을 처리, 유지하고, 정서적 피드백을 건설적으로 사용하는 데 필요한 다양한 전략과 행동을 포함한다. 자기조절은 환경에 주의를 기울이고 참여하는 능력에도 중요한 역할을 한다. 앞서 언급했듯이, 유아에게 자기조절 전략은 시선회피와 손가락 빨기와 같은 행동을 포함한다. 성인에게는 환상, 백일몽, 상징적인 설명,

방어, 합리적인 자기대처 기술(self-copingstrategies), 그리고 자기 안심시키기(self-reassurance)와 같은 행동이 포함될 수 있다.

건강한 방식으로 자신의 정서적 경험을 조절하는 능력을 키우는 것은 발달의 중요한 과정이다. 이와 같은 조절 능력은 유아가 대인관계적 체계의 일부가 되는 경험을 통해서 발달하는데, 이 대인관계적 체계에서 유아는 양육자와 영향을 주고받는 경험을 한다. 예를 들어, 유아가 울어 어머니가 달래주면 유아는 진정된다. 그렇게 되면 어머니 역시 편안해진다. 유아의 출생 이후에, 양육자가 유아의 기분 상태를 변화시키는 특정한 기질과 성격적 패턴에 적응하는 데에는 시간이 걸린다. 그러나 시간이 지나면서 점차적으로, 그리고 상호적인 적응 과정을 통해서, 대인관계적 체계에서의 특정한 예언력이 발달한다. 대인관계적 체계 내에서 유아와 양육자는 각각 순간순간의 비언어적 리듬을 조정하는 과정을 통해 변하고 또한 변화된다. 건강한 발달과정이 일어나는 정도에 따라서, 두 사람 모두는 그 체계의 예측력을 신뢰하게 된다. 그 체계의 예측력에 대한 암묵적인 신뢰는 양육자가 그 순간에 없다 하더라도, 유아가 자기조절을 할 수 있게 해준다. 또한 필요한 순간에 어떻게 양육자로부터 위로를 받을 수 있는지를 알게 해주고, 양육자의 반응을 달래주는 경험으로 받아들이게 한다.

치료적 과정에서의 자기조절과 상호적인 조절의 역할을 조사하는 연구는 초기 단계에 있다. 하지만 현재의 엄마-유아 관찰 연구는 치료에서 일어나는 비언어적인 변화 과정에 대해서 숙고하고 담아주기에 관련된 기제에 대한 이론적 이해를 다듬는

데 유용한 모델을 제공할 수 있다.

예를 들어, 50세의 변호사인 James는 심각한 주요 우울장애에서 회복한 지 1년 후에 치료를 시작하였다. 만성적으로 우울한 것은 아니었지만, 두 번째 주요 우울장애를 경험하는 것이었고, 미래에 재발할 가능성을 줄이기 위해서 치료를 시작하기를 간절히 바랐다. James에 대해 초기부터 인상 깊었던 것 중의 하나가 그의 마치 스스로 안에 담겨져 있는 듯한(self-contained) 스타일이었다. 그는 치료 시간에 감정을 거의 보이지 않았고, 나에게 도움을 간절히 구하는 것 같으면서도 또 다른 측면에서는 내 말과 행동 그 어떤 것에서도 의미를 찾는 게 어려운 듯 보였다. James는 똑똑했고 공부도 많이 한 사람이었다. 심리학 관련 서적도 많이 읽은 사려 깊은 사람이었으며 이미 모든 해답을 갖고 있는 것처럼 보였다. 시간이 경과하면서, 나는 그의 발달력을 이해하게 되었다. 나는 그가 자기조절 기술에 지나치게 의존하고, 감정 경험을 조절하는 데 다른 사람과의 관계를 활용하는 것을 엄청나게 어려워한다고 추측하게 되었다.

대조적으로, Elizabeth는 내가 자기를 달래주고, 위로해주며, 안심시켜주기를 간절하게 바라는 듯 보였다. 그녀는 정서적인 자기조절 능력이 없어보였다. 더 나아가 때로는 내가 말하거나 행동하는 것들이 순간적으로 그녀를 안심시키거나 달래주는 것처럼 보였지만 그 효과는 항상 오래 가지 못하였다. 그녀는 마치 내가 자신의 욕구를 충족시켜주지 못할 것이란 예상을 하듯 강렬하게 분노하고 거친 방식으로 나에게 안심과 위로를 바라는 욕구를 표현하는 경향이 있었다. 시간이 지나면서, 나는 Elizabeth의 부모가 그녀의 양육적 욕구에 공감하지 못하고 방임한 수준이

외상수준에 가깝다고 느꼈다. 때문에 그녀는 자주 압도당하는
정서적 공포 상태에 혼자 남겨졌었다는 느낌이 들었다. 버틸
수 있게 품어주는(containing) 환경이 존재하기 않았기 때문에,
Elizabeth는 그 어떤 자기조절 기술도 습득할 수가 없었다. 따
라서 다른 사람한테 위안을 얻으려는 간절하지만 강압적인 시
도에는 자기조절 기술이 너무 부족하다는 것과 다른 사람들에
의해 계속해서 방치될 것이라는 고통스러운, 그리고 분노를 유
발하는, 부정적 기대가 반영되어 있었다.

　James와 Elizabeth 모두에게 치료과정은 자기조절과 상호적
조율이 어떻게 그들의 욕구를 충족하는 것을 어렵게 만드는 지
를 이해시키는 지속적인 시도를 포함하였다. 그리고 그런 작업
은 지금-여기의 치료 관계에서 그들과 나 사이에 일어나고 있
는 것을 계속적으로 탐색하는 것도 포함하였다. 치료과정은 또
한 발달적 경험이 현재의 감정조절 양식의 발달에 얼마나 중요
한 역할을 하는지를 같이 생각해 보는 것을 포함한다. 그보다
더 중요할 수 있는 것은 함께 작업하는 동안에 일어나는 이런
유기적인 과정을 통해서 우리의 발전적인 관계가 나 자신의 감
징적 경험을 조절히는 능력을 중대시킨다는 것이다. 이와 동시
에 James와 Elizabeth의 암묵적인 관계적 앎에서의 발전적인
변화는 내가 제공할 수 있었던 것들에 대해 그들이 더 개방적
이 되도록 만들었다. 따라서 그들이 처음에는 할 수 없었던 방
식으로 우리의 관계를 활용할 수 있게 되었다. 이런 식으로 나
와 나의 내담자들(James와 Elizabeth) 사이에는 함께 변화할 수 있
도록 돕는 상호 발전적인 관계적 상호작용이 일어나고 있었다.

📊 파열과 복구

Tronick(2007)은 보통의 엄마−유아의 면 대 면 상호작용에서, 둘 간의 정서적 교감은 물리적 시간동안 최대 30%에도 못미친다는 것을 보여주었다. 교감하는 상태에서 교감하지 않는 상태로, 그리고 다시 교감하는 상태로 이행하는 것은 대략 매 3초에서 5초에 한 번씩 일어난다고 보고하였다. Tronick은 이 지속적이고 상호적인 붕괴(disruption)와 복구의 과정이 일반적인 유아의 발달 과정에 중요한 역할을 한다고 가정하였다. 이 과정은 유아로 하여금 자기와 타인 모두가 관계에서 일어날 수 있는 붕괴를 복구할 수 있는 능력을 반영하는 암묵적인 관계적 앎을 터득할 수 있도록 한다. 이런 안전감을 주는 암묵적인 관계적 앎 혹은 관계적 지식은 사람들이 전 생애에 걸쳐 관계하고자 하는 욕구와 이를 지속적으로 조율하는 능력을 키울 수 있게 해준다. 때문에 일상의 삶에서 매우 적응적인 역할을 한다. 또한 유아는 그 과정에서 자기 효능감과 타인에 대한 믿음을 갖게 되어 대인관계의 갈등과 오해가 재앙이 될 필요가 없다는 것을 배우게 된다. 이와 같은 패러다임은 중요한 비언어적 기제를 이해하는 데 유용한 내적 모델을 제공한다. 비언어적 기제를 통해 내담자와 치료자의 사이에서 피치 못하게 생기는 오해와 관계의 붕괴에 대해 작업하는 과정은 내담자의 암묵적인 관계적 지식을 넓히는 데 기여한다.

치료적 관계의 파열과 복구의 과정에 대한 원칙은 변화의 과정에 중요한 요소로서 많은 정신분석 이론가들의 사상에서 핵심적 역할을 맡아왔다. 예를 들어, Heinz Kohut(1984)은 치료의 핵심적인 기제로 치료자가 불가피하게 초래하는 내담자에 대한 공감적 이해의 실패에 대해 작업하는 과정을 꼽았다. Kohut의 관점에서 보면, 치료자가 내담자가 경험한 공감적 이해의 실패를 이해해줄 때 즉, 공감해줄 때, 내담자가 치료자를 공감적 존재로 내면화하는 과정이 일어날 수 있다. 그리고 이와 같은 내면화 과정은 내담자가 치료자의 공감적이고 반영적 기능을 전수받을 수 있는 구조적인 변화로 이어진다. 이 기능들은 개인이 자기응집성(self-cohesiveness)의 느낌을 유지하는 데 필수적이다.

나도 같은 생각에서, 중요한 변화의 과정으로서 치료동맹의 파열을 복구하는 것이 어떠한 역할을 하는지에 대해 서술한 바 있다(예, Safran, 1993, 1998; Safran, Crocker, McMain, & Murry, 1990; Safran & Muran, 1996, 2000, 2006; Safran & Segal, 1990). 실제 치료동맹의 파열을 복구하는 것의 중요성을 강조하는 것은 다양한 치료적 전통의 이론가들과 연구자들로부터 주목을 받아왔다. 이 변화의 기제를 지지하는 경험적 증거들 역시 점점 늘어나고 있다(for review of this literature, see Safran, Muran, & Eubacks-Carter, 2001; Safran, Muran, Samstag, & Stevens, 2001, 2002).

만남의 순간과 한 쌍으로서의 의식의 확장

정신분석적으로 지향된 엄마-유아 연구 집단은 한 쌍(dyad)의 관계적 맥락에서 일어나는 두 가지 변화의 기제들에 대해서 기술한다. 그들은 경험연구의 결과들에 바탕을 둔 개념들을 성인 정신치료에서의 변화 과정에 대한 이론을 발달시키는 데 적용하였다. 그 중 Boston Change Process Study Group(BCPSG)은 변화 과정에서 특히 비언어적인 측면들에 초점을 맞추었다 (BCPSG, 2010). 예를 들어서, BCPSG는 한 쌍의 내담자와 치료자는 각자의 관계도식이 교차하는 것을 바탕으로 고유하고 반복되는 상호작용 패턴을 형성한다고 주장하였다. 내담자와 치료자 각각 자신의 암묵적인 관계적 지식을 치료적 관계 속으로 가져와 둘 사이의 관계에 대한 이해를 발달시킨다. 그리고 이과정은 적어도 부분적으로나마 암묵적 수순에서 진행된다. BCPSG에 따르면, 치료에서 암묵적인 관계적 지식을 변화시키는 중요한 수단들 중 하나가 내담자와 치료자 사이의 상호주체성이 고조되는 순간을 경험하는 것이다. 이런 맥락에서의 상호주체성은 앞서 Jessica Benjamin과 같은 이론가들과는 다르게 개념화된다. 여기에서는 두 사람이 경험하는 인지 – 정서적 연결감으로 개념화되는데, 이는 두 사람 모두 같은 방식으로 현실을 이해하고 있다고 느끼는 경험을 하는 것이다.

*의미의 순간(moments of meaning)*이라고 불리는, 이 고조된 상호주체성의 경험들은 "우리 사이에서 지금 – 여기에서 일어나고 있는 것"을 동일한 방식으로 이해하는 방향으로 급격한 진전을 보이는 것이다(Stern et al,, 1998, p.908). 이와 같은 변화가 개념적인 수준에서 일어나는 것처럼 보일지라도, 그 변화는 동시에 감정적인 수준에서도 일어난다는 것을 주목하는 것이 중요하다. 만남의 순간은 단지 "이성(minds)간의 만남"이 아니라 "가슴(hearts)의 만남"이다. 암묵적인 관계적 앎의 영역이 변한

다는 것은 상호주체적인 환경을 새롭게 창조하는 것이다. 그리
고 이와 같은 상호주체적인 경험을 하는 순간에는 치료자와 내
담자 모두 자신들의 평상시 역할을 넘어 새로운 한 쌍의 상태
(a new dyadic state)를 경험 한다. 현재 내담자가 암묵적인 관계
를 이해하는 것에 대해서 의문을 갖거나 도전적일 때, 보통은
만남의 순간을 준비하기 위한 단계가 마련된다. 이것을 *지금-
순간(now moment)*이라고 부른다.

  치료자의 입장에서 만남의 순간을 만들어내기 위해서 어떤
단순하고 직접적인 방법인, 처방된 기법이나 혹은 이론적인 약
방문을 가지고 반응할 수가 없다. 지금-순간은 치료자가 최선
의 반응이 무엇인지 생각할 시간을 충분하게 허락하지 않는다.
예를 들어, 내가 1년 간 만나온 내담자가 있는데 하루는 내 사
무실 안으로 들어와서 갑자기 자기 자리가 아닌 내 의자에 앉
는다. 이때 나는 어떻게 반응해야만 하는가? 내담자가 나에게
아주 개인적인 질문을 하면 나는 질문 뒤에 숨어 있는 동기를
탐색해야 할지, 보통 그런 개인적인 질문에는 대답하지 않는다
고 그냥 솔직하게 반응하는 것이 나은 것인지, 아니면 내가 그
냥 즉흥적으로 반응하는 것이 나은 것인지 확신이 서지 않는다.

  만남의 순간은 치료자가 자신의 고유한 색깔이 드러나는 즉
흥적이거나 진솔한 방식으로 이 어려움에 대처할 때 일어난다.
예를 들면, Irwin Hoffman의 치료적인 일화가 이에 해당되는
사례이다. Hoffman(1998)은 그가 분석가로서 수련중일 때 겪은
경험을 회상한 적이 있는데, 한 내담자가 그에게 "Dr. Hoffman,
이 카우치에 꼭 누울 필요가 있을까요?" 하고 물었다. Hoffman
은 짧은 순간 생각을 하고 나서 대답하였다. "내가 연구소를 졸

업하려면 그래야겠죠" 그와 그의 내담자는 동시에 웃음을 터트렸다고 한다.

한 때 BCPSG 회원이었던 Ed Tronick(2007)은 엄마와 유아의 정서적 조화와 부조화에 대한 연구로부터 나온 또 다른 변화의 원리를 설명하였다. 그는 "인간은 왜 그렇게 정서적 연결과 상호주체성의 상태를 강하게 추구하는가?" 하는 의문을 가졌었다. 그리고 그 "유대감을 성취하지 못하는 것이 유아의 정신건강에 왜 그토록 해로운 영향을 주는가?"(p.403). Tronick은 개개인의 인간은 자기조직화를 하는 시스템(self-organizing system)이며 이 시스템은 또 다른 자기조직화를 하는 시스템과의 협력을 통해 복잡하지만 일관된 상태로 확장될 수 있는 의식 상태를 창조한다고 가정하였다. 이런 관점에서 보면, 치료는 치료자와의 정서적으로 강렬한 상호주체적인 연결을 통해서, 내담자가 새로운 정보를 통합하고 더 복잡하고 일관된 방식으로 자신의 마음을 확장시키는 과정이다. 이런 관점에서는, 치료자는 내담자에게 새로운 개념적인 정보를 주는 것뿐만 아니라, 치료자와의 상호주체적인 연결 과정을 통해 내담자로 하여금 더 복잡한 수준에서 자신의 의식을 확장하고 재조직하게 해준다.

정신화

최근 몇 년 사이, Peter Fonage와 그의 동료들의 정서조절과 정신화에 대한 이론적, 경험적 연구는 정신분석가들 사이에서 많은 영향력을 가지게 되었다(e.g., Fonagy, Gergely, Jurist, & Target,

2002). 애착이론과 연구를 바탕으로, Fonage와 동료들은 우리 자신과 타인을 심리적인 깊이를 가진 존재로 볼 수 있는 능력을 정신화 능력 혹은 반성적 기능이라 개념화하였다. 정신화 능력은 관찰된 행동 혹은 즉각적인 반응을 토대로 우리의 경험에 반응할 수 있게 한다. 또한 자기와 타인의 욕구, 감정, 믿음을 포함한 근본적인 정신적 상태를 경험하고 이해하는 것을 바탕으로 우리의 경험에 반응하도록 한다. 그러므로 정신화 능력은 우리 자신의 사고, 감정, 동기를 알아차리고 성찰할 수 있게 해주며 타인의 마음의 상태에 대한 반성적 사고가 가능하게 한다. 그런 의미에서 정신화는 자기자각과 자기조망의 합 혹은 변증법이라고도 생각할 수 있다(Holmes, 2010).

이런 측면에서, 반성적으로 기능하는 구조는 Benjamin(2004)이 이미 언급했던 상호주체성의 개념화를 바탕으로 정교화함으로써 더 명료화될 수 있다. Benjamin에 따르면, 상호주체성은 발달적으로 성취되는 능력으로 자신을 타당한 조망을 가진 주체로서 경험하는 능력을 포함한다. 또한 타인 역시 정당하고 독립된 소망, 욕구, 그리고 신념을 가진 주체로서 경험하는 능력이다(Benjamin, 1988, 2004). 그러므로 상호주체성을 경험할 수 있는 능력에 따라 사람은 자신의 감정, 소망과 욕구에 접근해서 그 근본적인 가치를 받아들일 수 있다. 또한 타인을 자신의 내적 세계 혹은 드라마 속 인물이나 대상으로서가 아니라 동등하게 복잡하고 의미 있는 소망, 의도, 욕구를 가진 주체로서 이해할 수 있다. 따라서 치료에서 변화를 촉진할 수 있는 좋은 방법은 정신화능력을 향상시키는 것이다. 정신화 능력을 향상시킨다는 것은 이론적으로도 아주 중요하다. 왜냐하면 정신화는 개인이 자신의 감정과 욕구를 인식하고 받아들이는 데 중요

한 역할을 하기 때문이다. 또한 자기와 타인의 욕구에 대해서
타협할 수 있는 도구를 제공함으로써 복잡한 대인관계를 적응
적으로 다루는 데 중요한 역할을 할 수 있기 때문이다.

치료적 과정이 어떻게 내담자의 정신화하는 능력의 향상으로
이어질 수 있을까? 여기에는 많은 요인들이 작용한다. 첫째, 건
강한 발달과정과 마찬가지로, 내담자에게 안정애착의 대상이
되어줄 수 있는 치료자의 능력은 내담자의 정신화 능력을 개발
하는 조건을 제공한다. 치료적 관계에서 안전감을 경험할 수
있으면 내담자들은 예전부터 분리되어온 감정과 의도를 탐색할
수 있게 된다. 두 번째, 전이와 역전이를 탐색하는 과정은 내담
자가 자신의 내적인 경험과 자신의 행동이 치료자의 경험에 어
떻게 영향을 주는지를 인지하도록 도와줌으로써 내담자의 정신
화능력을 향상시킬 수 있다. 이 맥락에서 치료자가 신중하게
자기개방을 하는 것은 내담자로 하여금 타인의 주체성을 더 잘
이해할 수 있게 한다.

세 번째, 치료동맹의 파열(rupture) 혹은 치료의 교착상태에
대한 작업과정 또한 내담자의 정신화능력을 개발할 수 있게 한
다. 치료자들은 내담자가 이상적으로 만든 환상(예: 완벽한 조율,
내담자의 삶이 마술적으로 변화하는 것)에 부응하지 못하는 순간들을
만나게 된다. 이런 순간에, 치료자의 과제는, 이런 파열을 건설
적으로 다루는 것이다. 그리고 항상 충족해 줄 수는 없을지라
도 내담자의 소망과 욕망을 공감해주는 것이다. 이미 기술하였
듯이, 이것은 최적의 환멸(disillusionment) 혹은 환상이 깨지는
경험을 제공해 내담자가 치료자를 이상적인 환상의 대상이 아
니라 충분히 좋은(Winnicott, 1958, 1965), 그리고 진정한 주체로

경험하도록 돕는다. 동시에 내담자의 충족되지 못한 욕구와 소망을 공감하는 치료자의 능력은 내담자로 하여금 자신의 욕구가 충족될 수는 없는 것일지라도 여전히 타당한 것으로 경험할 수 있도록 돕는다(safran, 1993, 1999).

마지막으로, 치료자의 정신화 능력(예: 내담자가 자신만의 주체적인 감정, 의도와 소망을 갖는 주체라는 인식과 이에 대한 표상을 치료자의 마음에 간직할 수 있는 능력)에 따라서, 내담자는 치료자의 눈을 통해서 자신을 정당한 감정과 경험을 가진 독립된 주체로서 볼 수 있는 능력을 갖게 된다. 특히 심각한 정신장애(예: 경계선 병리를 가진 내담자)를 가진 내담자의 경우, 시간이 지남에 따라서 치료자가 치료시간과 치료시간 사이에 혹은 치료가 중단된 동안에도 여전히 내담자를 마음에 담고 있다는(예: 내담자는 치료자를 자신과 물리적으로 함께 하지 않더라고 진정으로 자신을 걱정해주는 한 사람으로 표상할 수 있다) 이해가 깊어지는 것은 대상 항상성의 경험을 발전시킨다.

장기 vs. 단기 정신분석적 치료의 원리

이 장에서는, 장기와 단기 정신분석적 치료의 원리에 대해 논의하고자 한다. 이 두 접근은 유사한 부분이 많긴 하지만 여전히 중요한 차이점을 가지고 있다. 두 가지 접근방법에 대한 임상사례도 제시하고자 한다.

📊 장기 집중 치료

일주일에 세 네 번씩 치료자를 만나는 게 도움이 되는지 안되는지의 여부를 떠나서 이런 식의 집중적인 치료가 속도와 효율성을 강조하는 현대 문화적 맥락에서 지지를 받기는 어렵다. 나의 경우 다양한 빈도로 내담자를 만난다. 어떤 내담자들은 일주일에 세 네 번 오기도 하지만, 대부분은 일주일에 한 두 번씩 온다.

한 때는 일주일에 여러 번 만나는 장기치료가 전이발달에 필수적이라고 여겨진 적도 있었다. 최근의 일반적인 관점은 전이와 역전이는 치료에서 처음부터 존재한다는 것이다. 그럼에도 불구하고 보통 치료자가 내담자의 의식 너머에 있는 강렬한 감정을 촉발시키는, 내담자 인생에 있어 중요한 인물이 되기 위해서는 많은 시간과 잦은 접촉이 필요할 수 있다. 예를 들어서, 직장에서는 잘 드러내지 않는 원시적이고 유아적인 애정표현이나 공격성을 애인 앞에서는 드러낼 수 있는 것이다. 더욱이, 중요한 변화의 과정이 치료자와의 관계적 경험 그 자체를 통해 일어나기 때문에, 치료자가 내담자의 삶에서 중요해질수록 치료적 관계 내에서의 경험은 내담자에게 더 건설적인 영향을 주게 된다.

가끔 나는 내담자가 일주일에 한 번 밖에 오지 않아도 강렬한 전이의 발달과 전이/역전이의 역동을 신중하게 탐색하는 등의 진정한 정신분석적 작업이 가능하냐는 질문을 받는다. 내 경험상으로 그건 내담자에게 달려있다. 어떤 내담자들은 치료의 빈도가 일주일에 한 번일 때도 치료자와 강한 동맹을 형성할 수 있고, 치료적 관계에 대해서도 강렬하고 갈등적인 감정을 탐색하는 능력을 보인다. 다른 내담자들은 더 잦은 접촉을 필요로 한다. 어떤 내담자들은 아무리 치료의 빈도가 잦더라도, 치료적 관계에서 발생하는 주제들에 대해 치열하게 탐색해서 이득을 얻을 수 있는 심리적, 정서적 능력을 가지고 있지 않다. 내 말은 그런 내담자들이 정신분석이나 정신분석적으로 지향된 치료로부터 이득을 얻을 수 없다는 뜻이 아니라 전이/역전이 역동을 탐색하는 것이 이런 내담자들에게는 변화의 핵심도구가 안될 수 있다는 뜻이다.

장기치료이며 종결시기를 미리 정하지 않는 정신분석적 치료의 중요한 특징들 중 하나는 발전과정, 발견, 새로운 주제가 출현하는 데 대한 개방성이다. 이와 같은 태도는 내담자와 치료자 모두에게 모호함을 견디는 힘을 요구한다. 내담자가 절박한 욕구를 표현하거나 위기에 처해 있는 상황에서, 종결시기를 정해놓지 않는(open–ended) 접근은 바람직하지 않을 수 있다. 그런 경우에는, 치료자가 더 적극적이고 직접적인 방식으로 당면한 문제에 초점을 맞추어, 내담자의 필요에 반응하는 것이 중요하다. 위기상황이나 위급한 느낌이 일단 지나가면, 내담자는 더 개방적이고 탐색 지향적인 방식으로 치료를 계속하는 것에 관심을 가질 수 있거나 아니면 치료를 종결할 때라고 느낄 수도 있다. 어떤 방식이든지, 치료자가 내담자의 필요에 맞추어 주는 것이 중요하다.

📊 시몬의 사례: 장기 정신분석적 치료의 실제

  Simone은 젊은 아프리카계 미국여성으로 나에게 4년 동안
치료를 받았다. 이 기간 동안 나는 일주일에 세 번씩 그녀를
만났다. 치료를 시작할 때 그녀는 스물여섯 살이었다. Simone
은 처음에 먹고 나서 토하는 증상을 포함한 폭식증과 "공허한
느낌" 때문에 치료를 받으러 왔다. 그녀는 건강보조식품 가게
에서 파트타임으로 일하고 있었고 아버지로부터 재정적인 지원
을 받고 있었다. Simon은 대학에서 미술을 전공했지만, 나에게
치료를 받을 당시에는 자기 전공과는 무관한 삶을 살고 있었
다. 그녀는 매우 매력적이고 지적이며 말을 유창하게 하고 옷
도 잘 입었다. 나는 처음부터 그녀의 생기 넘치고 장난스러운
태도와 유머감각에 매우 강한 인상을 받았다. 그리고 그녀가
자기애적 웅대성이 충만한 즉 자신의 어떤 욕구나 자기 능력에
대한 의심 자체를 부인하는 상태와 (덜 자주이기는 했지만) 극도의
소외감과 외로움을 호소하는 개방적이고 취약한 상태를 오간다
는 것도 이내 알아차렸다.

  Simone은 교외의 중산층 가정에서 자랐다. 그녀는 부유한
백인 학생들이 다니는 학교에 다녔다. 학교에서 몇 안 되는 흑
인 학생이었던 경험이 어땠었는지 물었을 때, 그녀는 불편한
감정이나 소외된 느낌은 없었다고 했다. 그녀는 삶에서 친구들
이 대부분 백인이었고 그 점에 대해서 그다지 심각하게 생각을
하지 않았다고 했다. 나는 치료과정에서 백인 치료자와 치료를
하는 것이 그녀에게 어떠한 의미인지에 대해 탐색하였다. 우선,
그녀가 백인들이 주류인 학교에서 몇 안 되는 아프리카계 미국

인이라는 것과 관련된 감정을 부인했던 것처럼, 처음에는 치료자인 내가 자신과 다른 피부색을 갖고 있다는 것을 의식하지 않는다고 하였다. 그러나 시간이 지나면서 우리는 이 문제에 대해서 더 깊이 탐색할 수 있었다.

Simone에게는 오빠 두 명과 여동생이 한 명 있었다. 그녀가 성장할 때, 아버지는 경영학 석사학위를 갖고 회사의 중역으로 일하고 있었다. 그녀의 어머니는 간호사였다. 아버지는 Simone이 여섯 살 때 어머니와 헤어졌다. 그 후 아버지와 어머니는 몇 년 동안 만났다 헤어졌다 하는 관계를 반복했고 어머니는 항상 아버지와 재결합하기를 원했었다.

Simone의 어린 시절 아버지는 예측 불허한 모습이었다. 그는 정기적으로(예를 들어 한 두 달에 한번) 집에 와서 주말을 보내겠다고 약속했었다. 하지만 막상 집에 오면 어머니와 다투고는 약속했던 시간보다 훨씬 일찍 집을 떠나곤 했었다. Simone은 자신이 울면서 아버지 차를 뒤쫓기 위해 달려나갔던 생생한 기억에 대해 말하였다. 그녀는 아버지가 집에 온다는 얘기를 들으면 처음에는 매우 신이 났었다고 하였다. 하지만 이후에는 흥분하지 않으려고 노력했고(자기보호 차원에서) 그리고 나서 세 번째 상태로 이동하였는데, 실제로는 아무런 감정도 느끼지 않았지만 아버지를 소외시키지 않으려고 신이 나는 척 했었다고 말했다.

Simone의 아버지는 지금까지 비슷한 관계를 유지하고 있었다. 지금도 정기적으로 그녀를 만나러 오기는 하는데, 데리고 나가 점심이나 저녁을 사주고, 다음번에 다시 만나자고 약속하고는 어김없이 그녀의 인생에서 다시 사라진다. Simone이 아버지에 대해서 말할 때, 나는 종종 그 관계에 약간 근친상간적인 느낌이 있다는 인상을 받았다. 하지만 왜 이런 느낌을 받았는지 정확히 지적하기는 어려웠다. Simone은 아버지와의 관계에서 성적인 경계를 침범당한 경험이 있다고 인정한 적이 없었다. 그리고 실제로 성적인 경계의 침범이 전혀 없었을 가능성도 있었다. 그러나 아버지와의 관계가 종종 연애감정으로 충전된 느낌이었다고는 말했다. 그녀는 아버지와 있을 때 어색하고, 일종의 수치심도 느낀다고 하였다. 또한 그녀는 아버지 역시 (마치 데이트를 하는 것처럼) 어색함을 느꼈었다는 것을 깨달았다. 하지만 내가 Simone이 어린시절에 성적으로 부적절한 경험을 했을 수도 있겠다는 추측을 하게 된 이유가 하나 더 있다. 그녀가 때때로 자신에게는 사람들을 자신으로부터 멀어지게 하는 "구역질나는 에너지"가 있는 것 같다고 이야기했기 때문이다 (내 경험상, 아주 근본적인 차원에서 혐오스러운 느낌은 어려서 성적인 폭력을 당한 경험이 있는 내담자에게 흔한 일이다). Simone의 어린 시절에 성적인 폭력을 경험했는지의 여부는 충분히 탐색하지 못했다. 그러나 나는 이런 유형의 폭력은 남자와 연애 관계를 맺는 그녀의 능력에 영향을 주었을 것이라고 추측했다. 또한 그녀가 어린 시절 겪었던 아버지 혹은 다른 남자와의 성적인 트라우마가 그녀가 나와 관계를 맺는 방식에도 영향을 주고 나의 지지와 배려를 수용하는 데 어려움을 갖게 했을 수도 있다고 생각했다.

Simone이 어렸을 때 그녀의 어머니는 몹시 화를 내다가도

금방 유약해지고 오히려 그녀에게 의존하는 매우 변덕스러운
모습이었다고 한다. 그녀는 어머니가 갑자기 폭발하지 않도록
비위를 거스르지 않기 위해 늘 눈치를 봤다고 하였다. 어릴 적
부터 어머니의 기분 변화에 촉각을 곤두세우는 것을 배웠다고
하였다. 또한 그녀는 어머니를 정서적으로 돌보는 것을 배웠던
것 같다고 했는데, 이는 Simone이 보이는 고유한 존재방식이기
도 했다. 그녀는 어머니가 정서적으로 매우 굶주려있고 의존적
이라고 표현하면서 어머니에 대해서 매우 비판적이었다. 어머
니에 대한 이런 비판적인 관점은 아버지를 이상화하는 모습과
는 대조적이었는데, 그녀는 아버지를 독립적이라고 보았고 자
신과 동일시하였다.

Simone은 자신이 학교에서는 부끄러움이 무척 심한 "못생
긴" 아이였다고 하였다. 고등학교를 졸업할 무렵 처음으로 연
애를 해봤다고 하였다. 1년 동안 한 남학생과 사귀었지만 성적
인 관계는 맺지 않았다고 하였다. 하지만 남자친구가 고등학교
를 졸업하고 대학에 진학할 무렵 Simone은 남자친구의 절친과
잠시 사귀다가 딱 한번 성교를 가졌다고 하였다. Simone은 이
일을 트라우마로 경험하였다. 그녀가 그 사건을 트라우마로 경
험한 이유를 이야기 할 때, 나는 처음으로 그 동안 Simone이
억압해 오던 준 망상적 사고(semi-delusional ideation)를 보기 시
작하였다. Simone은 이 사건 이전에는 자신은 성모 마리아처럼
성령으로 잉태하여 아이를 낳을 것이라고 믿었었는데 더 이상
그렇게 믿을 수 없게 되었다고 말했기 때문이다.

Simone은 이 남자(남자친구의 절친)와의 성관계 이후에, 여자

친구와 동성애 관계를 시작했고 나와 치료를 시작할 무렵에도 동성애 관계를 맺고 있었다. 치료를 시작하기 전에, Simone의 가장 긴 연애 기간은 (처음 사귀었던 고등학교 남자친구 이후에) 한 달 정도였다. 그녀의 전형적인 관계패턴을 보면, 그녀는 연애상 대가 너무 "정서적으로 굶주려" 있다고 느끼기 시작하면 연인 관계를 끝냈다고 했고, 그런 마음이 드는 것을 자기도 어쩔 수 없었다고 했다. Simone은 치료를 시작하였을 때, 길게 연애 관계를 지속하지 못했던 것이 문제라든지 혹은 변했으면 하는 점이라든지 하는 생각은 없어보였다.

치료과정 동안, Simone과 나는 그녀의 폭식행동과 공허감에 기여하는 요인들을 탐색하는 데 상당한 시간을 보냈다. 그녀는 자신의 감정과 행동에 대해 자기반성적 사고를 할 수 있는 능력에 있어서 상당히 오르락 내리락 하는 모습을 보였다(치료기간 내에서 그리고 치료의 여러 단계에서). 그러나 그녀가 안전하다고 느끼고 개방적이 되었을 때에는 사람들과의 관계의 질을 향상시키고, 연애 관계를 오래 지속시키고픈 소망, 그리고 이런 것들을 방해하는 요소들을 이해하려는 호기심을 표현하기도 하였다. Simone과 나는 예측불허했던 아버지의 존재가 그녀로 하여금 의존하지 않으려는 태도를 갖게 했는지에 대해 탐색하였다. 덧붙이면, 우리는 그녀가 아버지(그리고 그의 정서적인 냉담함)와 동일시해 온 방식, 그리고 (애처롭게 보이는) 어머니와 연관되어 있는 자신의 취약하고 의존적인 면을 부인해 온 방식을 탐색했다. 우리는 또한 폭식이 어떻게 그녀의 내부적 공허감을 채우려는 욕구와 연결되어 있는지를 살펴보았다. 그리고 의존심을 부인하는 것이 연애 상대가 "굶주려있다고" 경험할 때 느끼는 구역질나는 감정, 그리고 다른 사람들이 자신을 보살피는 것을 허용하는 것에 대한 어려움과 어떻게 관련되어 있는지를 탐색했다.

　치료과정의 다양한 시점에서 Simone은 추가적으로 준-망상적 사고(semi-delusional ideation)를 드러냈다(예: 그녀는 여전히 자기가 구세주를 낳을 것이고, 그녀를 만난 사람들은 특별한 힘을 갖게 될 것이며 자기가 다른 사람의 마음을 읽을 수 있다고 믿었다). 그럴 때 Simone은 마치 "나는 이것을 완전히 심각하게 받아들이는 것은 아니에요"라고 말하듯이, 약간 자기비난조의 유머스런 방식으로 이런 생각들을 털어놓았다. 하지만 나를 얼마만큼 믿고 있는지, 이 망상적 믿음을 얼마나 기꺼이 털어놓으려고 하는지와 관련해서는 확고하지 않아 보였다. 내가 그녀의 생각을 이해하지 못할 것이고 충분히 감싸줄 수도 없을 것이라는 그녀의 두려움에 대해 지속적으로 이야기했다.

　치료 전반에 걸쳐서, Simone은 다양한 뉴에이지(new age)식 믿음과 관념들로 사로잡혀있었다. 그녀는 서점에서 뉴에이지에 관련된 책을 둘러보는 데 몇 시간이곤 보낸다고 했는데, 그녀의 그런 모습은 그녀가 자기 안에 있는 "구멍" 혹은 "공허"라고 표현하는 것을 채우기 위한 간절한 시도같이 보였다. Simone은 늘 만족을 못 느낀 채 지루하기만 하고 충분히 채워지진 않은 느낌인 채로 서점을 나섰다고 했다. 시간이 흐른 뒤에야 우리는 이런 그녀의 행동이 그녀의 폭식행위와 비슷한 기능을 한다는 것을 이해하게 되었다(즉, 비어있는 내적 경험을 채우기 위한 절박한 시도).

나와 치료를 시작한 몇 달 후에, Simone은 사이비 종교 집단에 참여하게 되었고, 치료를 시작하고 처음 2년 동안 매우 적극적으로 관여하였다. 그녀는 자신의 영적관심과 정신치료가 양립불가능한 것이 아닐까 하는 걱정에 대해서 진지하게 탐색하였다. 해리(dissociated)되어있던 Simone의 의존욕구의 무게는 이 사이비 종교집단 안에서 더 확실하게 드러났다. 그녀는 처음에는 그 종교집단과 지도자에게 아주 회의적이었지만, 시간이 가면서 점점 더 깊이 빠져들게 되었다. 그녀를 그 종교집단과 지도자에게 완전히 복종하도록 하는 매력적인 부분이 무엇인지가 점점 더 분명해졌다. 누군가 그녀의 인생을 완전히 책임져주고 주어진 상황에서 어떻게 행동해야 하는지를 일일이 가르쳐줄 수 있을 것이란 가능성에 끌린 것 같았다.

앞서 논의한 대로, Simone은 개방적인 태도로 탐색과정에 참여를 하는 듯한 모습을 보이다가 저항적인 태도로 저변에 깔려 있는 감정이나 의미를 탐색하려는 나의 치료적 시도를 거부하는 모습을 보이는 것을 반복했다. 이런 상태를 오가는 것이 완전히 사라지지는 않았지만, 치료과정이 지속될수록 덜 빈번하고 강렬하게 되었다. Simone은 자신의 내적 경험과 우리 관계의 의미에 대해 훨씬 더 잘 탐색할 수 있게 되었다.

치료 초반에 나는 Simone이 한 발만 치료에 들여놓고 나머지 한발은 빼고 있다는 느낌을 받았다. 그녀는 치료시간을 자주 빼먹거나 15분에서 20분씩 늦게 도착하곤 했었다. 그녀는 간혹 수용적인 태도를 보이기도 했지만 전반적으로는 탐색적 작업에 대해서 일관성이 없었고, 치료시간에 늦게 오는 이유이면에 깔려있는 감정이나 요인들을 탐색하려는 시도에 매우 저항적이었다. 나는 그녀가 서둘러서 치료를 종결할까봐 불안했었다. 그녀의 양가감정을 탐색하려는 나의 시도가 오히려 그녀를 떠나도록 재촉하게 될까봐 염려하고 있었다. 또한 이런 나의 시도가 내 자신의 곤궁함(neediness)에서 나온 것으로 비춰질까봐 걱정하고 있다는 것을 깨닫게 되었다. 때문에, 평소 내가 내담자들의 양가감정을 탐색할 때보다 훨씬 주저하게 되었다.

시간이 지나면서 그녀가 치료에 집중하는 것에 겁을 많이 먹는 것이 어떻게 나에게 불안을 유발시키는지, 그리고 내가 Simone과의 관계 속으로 충분히 들어가서 그녀에게 보살핌의 감정을 표현하는 것을 왜 어렵게 만드는지에 대해 함께 탐색했다. 나는 치료장면에서 지금 일어나고 있는 것이 재연(enact-ment)이라고 개념화하였다. 즉, Simone이 의존에 대해 불안을 느끼는 것 때문에 우리관계에 몰입하는 것을 어려워하고, 이것은 다시 내가 나 자신의 불확실함 때문에 느끼는 불안과 수치심을 가중시켰다. Simone의 회피적 스타일은 의존심에 대한 내 자신 내부의 갈등과 Simone이 나를 곤궁한 사람으로 보지 않을까 하는 우려를 갖게 했다. 그리고 우리 사이에 일어나고 있는 것에 Simone이 기여하는 부분이 무엇인지에 대해 건설적으로 탐색하는 것을 방해했다.

또 다른, 그리고 훨씬 더 미묘한 나의 역전이 감정이 시간이 지나면서 더욱 분명해졌다. 내가 처음 Simone을 만났을 때, 나는 그녀가 매우 매력적이라고 느꼈으며, 생기 있고 장난기 어린 태도와 유머감각에 깊은 인상을 받았다. 나는 그녀와 치료를 시작하기를 고대하고 있는 내 자신을 발견하였으며, 어느 정도는 그녀에게 끌렸었다는 것을 부인할 수 없다. 하지만 시간이 지남에 따라, Simone의 신체적인 매력은 약간은 추상적인, 허공에 뜬 듯한 느낌으로 다가왔다. Simone은 계속해서 장난기 있는 태도로 임하였지만, 추파를 던진다는 느낌은 전혀 들지 않았고, 그녀가 추상적 수준에서는 여전히 아름답다고 생각은 했지만 그녀에게서 성적인 매력을 전혀 느낄 수 없다는 것에 약간 놀랐다. 나는 나의 이런 역전이가 우리 관계를 안전하게 만들기 위해서 그녀 마음속에서 나를 성적대상으로 만들지 않으려는 경향과 관련이 있는 것인지 궁금해졌다. 하지만 이런 주제들은 더 실제적으로 드러나지도 않았고 Simone과의 치료시간에 구체적으로 논의되지도 않았다.

시간이 지나면서 나는 Simone에게서 자기애적 웅대성의 특징 즉, 그녀는 모든 답을 가지고 있고 나를 포함해서 다른 누구도 그녀에게 의미 있는 것을 가르쳐 줄 수 없다는 믿음이 있다는 것을 알게 되었다. 이 태도는 처음에는 겉으로 확연하게 드러나지 않았다. 하지만 점점 시간이 지나면서 나는 그녀가 진심으로 받아들일 만한 의미있는 말을 하지 못한다는 무기력한 역전이 감정을 갖기 시작했다. 그리고 이 역전이 감정은 우리의 관계에서 어떤 일이 일어나고 있는지를 탐색하는 출발점이 되었다. 점차 Simone은 내가 자신에게 도움이 될 만한 얘기를 할 것이라 기대하지 않는다. 즉, 나에 대한 믿음이 부족하다는 것을 인정하게 되었다. 그리고 결국에는 나의 해석을 받아들이면, 나에게 의존적이 되고, 의존하게 되면 버림받게 된다는 근본적인 두려움에 대해 말할 수 있었다. 시간이 지나면서

Simone과 나는 그녀가 어렸을 때 버림받았던 경험과 그녀가 의존하지 못하는 것, 그리고 자기애적 방어를 하는 것에 대해 이해할 수 있었고, 그녀는 내가 하는 조언에 더 개방적이 되었다. 그녀의 핵심적인 딜레마는 이랬다. 그녀는 한편으로는 다른 사람들에게 의존하게 될까봐 두려워하고, 어느 누구도(나를 포함해서) 그녀에게 뭔가 해줄 수 있는 것이 없다는 느낌을 가지고 있었다. 그러나 다른 한 편으로는 그녀가 혼자라는 느낌을 느끼지 않기 위해 다른 사람들이 그녀에게 그들의 주관적 세계에 대해 알려주기를 간절히 바라면서 끝없이 갈등하고 있었다.

우리는 치료 전반에 걸쳐 다양한 방식으로 이 핵심 딜레마에 대해 탐색하였다. 예를 들면, Simone이 치료를 시작한지 5개월쯤 되었을 때 꿈을 보고하였다. 이 꿈은 우리관계에서 의존과 관련된 양가적인 감정을 탐색하는 것으로 이어졌고, 성, 남자, 의존심, 치료자인 나와의 관계에 대한 복잡한 감정들에 대한 암시를 제공하였다. Simone은 아버지로부터 자신의 아파트에 잠시 이사와 살라는 얘기를 들은 이후에 이 꿈을 꾸었다. 아버지는 그 아파트를 소유하고 있었지만 출장 올 때만 잠시 머물곤 했다.

> **Simone:** 나는 해변에서 사람들과 같이 있었는데 그들은 강아지 한 마리와 놀고 있었어요. 그들은 강아지를 물속에 약간 잠기게 했는데… 어쩌면 강아지를 달래기 위해서였는지 모르겠어요. 그러나 강아지가 행복해보이지는 않았어요. 그래서 내가 어떻게 하려고 했는데… 내 생각에는 그 강아지의 아빠개를 봤는데… 그런데 그 수캐는 이상하게도 유방이 있었어

요. 그래서 나는 강아지를 받아서 그 강아지를 그 아빠 개의
유방 위에 올려놓았어요. 그리고 나니 그 강아지는 행복해보
였어요.

Safran: 그 꿈에 대해서 어떻게 생각합니까?

Simone: 음, 어쩜 그 개는 실제로는 나의 아버지이고 아마
도 내가 아버지 집으로 이사 들어가는 것과 관련이 있는 거
같아요.

Safran: 일리가 있는데요... 그리고 내 생각에 또 다른 의미
는... 이건 단지 정말 이미지만을 갖고 한번 생각의 유희를 해
보는 건데요.... 그러니까 내가 하는 말을 너무 심각하게 받아
들이지는 마세요. 어쩌면 그 수컷 개는 나예요. [나는 이것을
지나가는 말처럼 했는데 일부러 그렇게 해서 그녀가 무시당한
다고 느끼지 않고 내 말을 묵살하기 쉽게 해주려고 그랬다.
그러나 이는 이 지점에서 우리의 관계에서의 친밀감과 의존심
을 그녀가 얼마나 인정할 수 있는지를 측정하기 위한 시도이
기도 했다].

Simone: 나는 그렇게 생각해본 적이 없어요.

Safran: 어떻게 느끼는데요?

Simone: 잘 모르겠는데... 거기에 대해서 생각해봐야겠어요.

그런 후에 계속해서 그녀는 꿈에 대해서 말했다.

Simone: 그리고 그 꿈에서 대학교 때 교수님을 봤어요.
Emma... 그분은 여자인데 꿈에서 본 그분의 그림자, 그건 남
자의 그림자였어요.

Safran: 그 꿈에 대해서 생각나는 게 있나요?

Simone: 모르겠어요.

Safran: 당신이 전에 나에게 말한 것을 보면, 지난 번 당신이 Emma를 방문했을 때, 그녀가 (애정에)굶주려있는 것처럼 느껴져서 불편했다고 했었는데?

[처음에 Simone은 Emma가 그녀에게는 굶주림의 상징이라고 말했었다]

Simone: 음, 그녀는 항상 나를 돌보고 지도해주려고 했던 것 같은데요. 그 이면에는 굶주림 같은 게 있는 거 같아요... 나를 딸처럼 뭐 그런 식으로 연관시킬 필요가 있는 것 같았어요.

나는 이것이 우리의 관계를 이해하는 데 참고할 만한 또 다른 단서가 될 수 있는지 궁금하였다. 아마도 Simmon은 내가 그녀를 도우려고 하는 것을 나의 곤궁함을 표현하는 것으로 느꼈을 것이다. 그러나 나는 우리 관계에서 잠재적이고, 암시적인 이 부분을 탐색하지 않기로 결정했다. 왜냐하면 그녀가 이것을 탐색하는 것을 너무 위협적인 것으로 받아들일 우려가 있었기 때문이었다. Simone은 다음 치료시간에도 계속해서 이 꿈에 대해서 말하였다.

Simone: 유방을 가진 남자 개에 대한 꿈에 대해서 생각해 봤는데요... 그건 나를 불편하게 만들어요.

Safran: 무엇 때문에 불편한지를 탐색할 의사가 있습니까?

[이것이 방어분석의 형태이다]

Simone: 음, 역겨운 무언가가 있어요. 내가 선생님에게 보살핌을 받는다고 생각하고 싶지 않아요. 그렇게 생각하면 무서워요.

Safran: 어떤 면에서 겁이 나는지요?

Simone: 음, 그건 내가 선생님에게 의존한다는 것을 의미하고 그러면 여러 감정들이 올라와요.

우리는 Simone의 다양한 감정을 계속해서 탐색하였다. 두려움, 연연함, 혐오감, 버림받는 데 대한 두려움 등등.

Simone: 선생님은 나에게 아버지 같은 존재는 아니에요... 선생님은 남자는 아니에요. 선생님은 단지 내 머리 속에만 존재하는 것 같아요.

Safran: 내가 남자가 아니라는 것에 대해서 더 말해볼 수 있을까요?

Simone: 음. 선생님은 나에게 조언을 한다든지 무엇을 하라고 말하지 않잖아요.

Safran: 당신은 내가 당신에게 조언을 하기 바라나요?

Simone: 아니요.

Safran: 왜 아니죠?

Simone: 왜냐하면 그렇게 되면 내가 선생님에게 의존하게 되니까요. 선생님은 그런 면에서는 우리 아버지와 같지 않아요. 아버지와는 좀 복잡해요.

이 지점에서 Simone은 그녀와 아버지 사이에서의 "성적인 에너지"라고 언급한 복잡한 감정에 대해서 말하는 쪽으로 화제를 전환하였다. 그녀는 아버지가 자기를 데리고 저녁식사를 하러 나갈 때, 사람들이 자신을 아버지의 애인으로 착각하지 않도록 노력했다고 말했다. 아버지가 없을 때 아버지 침대에서 잠을 잔 적이 있는데 아버지가 "거기에서 사람들을 (성적으로)접대한다"는 것을 알고 있기 때문에 불편했었다고 말했다.

나는 내가 잠재적으로 아버지의 역할을 할 수 있다는 가능성은 그녀에게 위협적인 성적인 의미를 갖기 때문에 Simone의 마음속에서 나를 성적으로 배제하는 것이 중요할 것이라고 추측하였다. 그러나 이 시점에서 말하는 것이 이르다고 느껴져서 이에 대해서는 말하지 않았다.

다음 치료시간에, Simone은 꿈에서 젖통을 가진 수컷 개가 아마도 나를 의미할 수도 있다는 가능성을 제시하였다. 우리는 계속해서 이와 같은 가능성이 치료시간 동안 그녀에게 무엇을 의미하는지를 탐색했다. 그리고 의존, 성, 남자 그리고 여자와의 애정관계 등이 복잡하게 얽혀있는 갈등의 실타래가 풀어지면서 치료과정에서 더 선명하게 그 실체를 드러냈다.

대략 치료가 중반에 접어들었을 때 Simone은 서른 살의 아프리카계 미국인 음악가인 Jim과 연애를 시작하게 되었다. Jim은 Simone이 사춘기 이래로 처음 연애를 한 남자였다. Simone은 Jim과 사귀는 동안 Jim에 대해 마음속에 품은 바람과 모든 것이 잘 될 것이라는 희망에 진정으로 접촉할 수 있었다. 나는 Simone에게 여자보다는 남자와 연애하기를 선호한다고 표현한 적도 없었고, 내가 그런 선호를 가지고 있었는지조차 못 느꼈다. Simone은 자신이 어쩌다 남자와 연애하는 것에 관심이 생겼는지 설명하지 못했다. 하지만 내 추측에 남자 치료자인 나를 더욱 신뢰하게 되는 과정이 전반적으로 남자를 안전하게 느

끼게 한 것 같다. 그리고 자기 아버지처럼 자신을 버리지 않을
것이라는 경험을 하기 시작하도록 도와준 것 같다. 하지만 나
는 Simone이 이런 가능성들에 대해서 진지하게 탐색할 준비가
되어있다거나, 실제 탐색이 가능하다고 느끼지는 못했다. 그래
서 나는 이런 가능성들에 대해서 구체적인 작업을 시도하지는
않았다.

결과적으로 말하면, Jim은 Simone을 떠났다. 이 헤어짐이 고
통스러운 나머지 Simone은 마음의 문을 닫아버리고 나를 포함
한 다른 사람들을 향한 자신의 관계적 욕구를 다시 부인하기
시작한다는 인상을 줬다. 이 기간 동안 그녀는 종교집단인 아
시람(ashram)에 합류하기 위해서 치료도 그만두고 거주지를 아
예 옮기는 것에 대해서도 종종 생각하곤 하였다. 오랫동안 나
는 그녀가 감정적으로 힘들어 하고 있는 것들에 대해서 탐색하
기 위해 노력했지만 나의 이런 시도는 별로 소득이 없었다. 따
라서 그녀를 좀 더 지지하고 안아주는 환경을 제공하는 방향으
로 윤곽을 잡았다. 그리고 그런 치료적 환경에서 나는 그녀가
드러내는 경험들을 반영해주거나 공감해주는 시도를 하고자 했
다. 이렇게 대략 두 달이 지난 후에, Simone은 다시 감정을 드
러내기 시작했고, 치료시간에 진행되는 탐색작업에도 수용적이
되었으며, 치료를 그만두겠다는 말도 하지 않게 되었다.

그런 다음 Simone은 많은 남자와 데이트를 하기 시작하였고
나중에는 Scott이라는 남자와 진지한 연애를 하기에 이르렀다.
이 관계에서 그녀는 사춘기 이래로 처음으로 남자와 성교를 가
졌다. 그런 다음 그녀는 다소 급작스럽게 Scott과 함께 살기 위

해 이사를 했고 약 3개월 동안 그와 동거를 했다. 하지만 Simone은 이 기간 동안, Scott에 대한 정이 깊어지고 의존심이 생길수록 두려움을 느꼈다. 그리고 이런 강렬한 양가감정때문에도 힘들어 했다. Simone과 나는 치료 시간에 그녀 자신의 욕구와 Scott의 욕구를 조율하는 데서 오는 어려움을 탐색하는 데 상당한 시간을 보냈다. 또한 Scott과의 관계에서 생기는 문제들과 그녀가 치료장면에서 드러내는 전이(transference) 간의 유사점을 탐색했다.

시간이 지나면서, Simone은 Scott과 함께 사는 것을 점점 더 힘들어 하기 시작했다. 그가 애정에 너무 굶주려있다고 느끼는 한편 Scott으로부터 버림받거나 거부당할 수 있다는 두려움에 떠는 모습 사이를 오갔다. 결국 그녀는 Scott을 떠나 같은 종교 집단의 멤버인 다른 남자와 같이 살기 시작했다. 그러면서 자신이 이제 많이 나아졌고, 치료를 시작할 때 가졌던 목표가 성취되었다면서 종결에 대한 말을 꺼내기 시작했다. 이 기간 동안 나는 치료를 중단하려는 그녀의 소망은 치료자인 나와의 관계에서 친밀감이 깊어지면서 촉발된 양가감정으로부터 회피하고자 하는 욕구가 아닌지 하고 조심스럽게 탐색했다. 그녀가 이것이 사실이라는 것을 인정하게 되면서 치료에 진전이 생겼다. 그런 다음에는 치료기간이 연장되는 것에 대해서 상당히 신뢰하고 개방적인 태도를 보이는 단계로 접어들었다.

이 치료 단계 동안에도 Simon은 자기반성의 기간과 나에게 마음의 문을 닫고 정서적으로 철회하는 기간을 오가며 마음이 많이 흔들렸다. 하지만, 이 동요의 강렬함은 상당히 줄어들었다. 또한 이 단계에서는 Simone의 폭식행동이 많이 호전되어, 먹는 것에 덜 집착하게 되었다. 그녀는 대학을 졸업한 후 처음으로 그녀의 전공을 살려 예술 쪽 일을 하기 시작했고, 만족감을 많이 느꼈다. Simone과 나는 계속해서 우리 관계와 그녀가 맺는 대인 관계 모두에서 친밀감과 의존에 대한 두려움이란 양가감정을 탐색하였다. 그녀는 또한 친구들 대부분이 흑인이 아니기 때문에 자기는 "다르다"고 느끼는 부분에 대해서도 훨씬 개방적이 되어 백인 치료자와 치료하는 것에 대한 양가감정을 탐색하기 시작했다. 우리는 Simone이 백인세계 혹은 흑인세계 어느 쪽도 편하게 느끼지 못하는 것과 이것이 그녀가 전반적으로 느끼는 소외감과 고립감에 어떻게 기여하는지에 대해 탐색했다.

우리가 함께 작업한 마지막 6개월 동안, Simone은 Jamal이라는 이름을 가진 남성과 새로운 사랑을 하게 되었다. Jamal과의 관계는 이전의 관계보다는 더 안정적인 느낌이 있었다. 그녀는 여전히 양가감정을 갖고 있기는 했지만 Jamal에게 의존하고픈 감정을 잘 견디었고, 그를 필요로 하는 자신에 대해 덜 비판적이었다. 그녀는 건강보조식품 상점에서 정규직으로 일하기 시작했고 스스로 돈을 모으고 아버지로부터도 재정적인 지원을 조금 받아서 학교로 돌아갈 계획을 세웠다. 그녀는 대학에서 그래픽 디자인과목을 배우고 싶어했다.

치료가 끝나기 두 달 전, Simone은 종결에 대한 가능성을 제기했다. 하지만 이번에는 이전과는 다른 느낌으로 다가왔다. 그녀의 인생에 어떤 중요한 변화가 있었다는 것이 우리 둘 모두에게 분명하게 보였다. 그녀의 현재 연애관계나 복학 계획과 관련한 미래는 여전히 불분명하지만, 우리 둘 다 그녀가 처음 치료를 시작할 때와는 확연히 다른 지점에 와있다고 느꼈다. 우리는 미리 종결날짜를 잡았고 남아있는 시간 동안, 그 동안 의 치료과정에서 얼마나 그녀가 성장했는지, 그리고 종결에 대 해서 어떤 마음인지를 탐색했다.

처음에 그녀는 치료를 종결하는 데 양가적인 감정이 있다는 것을 부정했고, 더 이상 나의 도움 없이 "스스로 뭔가를 하려 는" 열망을 표현했다. 나는 치료를 종결하는 것이 다소 시기상 조가 아닐까 싶었고, 그녀가 그동안 치료를 통해 깨달은 것들 을 유지하지 못할까봐 걱정이 되었다. 또한 종결하고 싶어 하 는 그녀의 계획이 또 다시 친밀감과 버림받을 것에 대한 두려 움, 그리고 의존에 대한 불쾌감과 관련이 있는 것은 아닌지도 궁금했다. 하지만 동시에 이와 같은 나의 반응은 내안에 그녀 를 놓아주는 것을 꺼리는 마음이 있어서 생기는 것은 아닌지 하는 생각도 들었다. 어쩌면 내 안에 있는 어느 정도의 자기애 (narcissism)가 나로 하여금 그녀 인생에서 내 역할이 중요하였 다는 것을 과대평가하게 하는지의 여부도 고려했다.

나는 그녀에게 이러한 몇 가지 감정들을 드러내었고 그렇게 함으로써 그녀로 하여금 치료를 종결하는 것에 대한 양가감정 을 탐색할 수 있게 했다. 그녀는 궁극적으로 나에게 너무 의존 하게 되는 것에 대한 불안감과 치료를 종결한 후에 그녀의 인 생이 어떻게 전개될 것인지에 대한 두려움, 그리고 −치료시간 이 종반을 향해 가기 시작하면서는− 우리의 관계가 종결되는 네 대한 슬픔의 감정을 인정할 수 있었다. 치료를 마치면서, 나는 종결 이후에도 그녀가 언제든지 연락해서 근황을 알려준다든지 혹은 그녀가 원한다면 면담 시간을 다시 잡아도 좋다는 것을 분명하게 말해주었다.

나는 2년 후에 그녀로부터 편지를 한통 받았다. 그 편지에서 그녀는 전반적으로 인생이 잘 풀리고 있다고 하였다. 그녀는 나와 종결한지 약 4개월 후에 Jamal과 헤어졌다고 하였다. 그리고 3개월 후에 다른 남자와 다시 연애를 시작했고 안정적인 관계를 유지하고 있다고 전했다. 그녀는 그래픽 디자이너로 작은 회사에서 일하고 있었고, 일은 어렵지만 만족스럽다고 하였다. Simon은 정기적으로 편지를 보내왔는데 특히 그녀 인생에서 어려운 시기에는 여전히 폭식에 빠진다고 하였다(예: Jamal과 헤어졌을 때). 하지만 치료를 시작했을 때보다 폭식이 훨씬 더 잘 통제된다고 썼다. 전반적으로 Simone은 나와의 치료가 도움이 되었다고 느꼈고, 이는 나도 동의하는 바이다. 나는 우리가 함께 한 작업이 그녀의 인생에서 중요한 변화를 가져왔고, 또 중요한 내적인 변화를 일으키는 깊은 수준에 도달했었다고 느꼈다. 나는 또한 탐색되지 않은 여전히 남아있는 주제들이 있으므로 Simone이 치료를 더 받으면 도움이 될 것이라 느꼈다. 그녀가 인생의 어느 지점에서 다시 치료를 받을 수도 있고, 치료의 가능성을 살피기 위해서 미래에 나에게 다시 연락할 가능성도 있어 보였다. 하지만, 모든 이야기가 완전히 펼쳐지는 치료는 없다고 생각한다. 내담자와 치료자가 준비된 만큼 그리고 할 수 있는 수준에서만 심층적으로 접근할 수 있다고 생각한다.

📊 단기치료

정신분석은 장기치료 혹은 치료기간에 제약을 두지 않는 개방형(open-ended)치료와 거의 동의어가 되었다. 하지만, 단기 정신분석적 치료는 꽤 오랜 역사를 가지고 있고 지난 20년 사이 더 흔한 치료방법이 되었다. 앞서 지적하였듯이, 현대 정신분석적 관점으로 보면, 모든 정신분석적 치료는 원래 단기치료였다. Sandor Ferenczi는 치료기간에 제한을 두는 것을 포함해서, 변화의 과정을 촉진시키는 다양하고 적극적인 개입방법에 대해 실험을 하였다. Ferenczi는 또한 Otto Rank(Ferenczi & Rank, 1925/1956)와 협력해서 신속하고 효과적인 치료를 위해서 적극적이고 직접적인 개입을 사용하는 것에 대해 서술하기도 하였다. 뒤이어서 Rank(1929)는 내담자의 의지를 동기화하고 의존과 독립의 문제를 초점화하는 방법으로서 단기치료, 시간제한을 두는 치료를 실험적으로 진행하기도 하였다.

현재 많은 유형의 단기 정신분석적 혹은 단기 역동적 치료가 존재한다. Messer와 Warren(1995)은 현대 단기 정신역동적 심리치료의 형태를 추동/구조적 접근과 관계적 접근으로 범주화하였다. 이 중 추동/구조적 접근들은 자아심리학적 접근을 지지하고, 소망/방어 갈등을 해석하는 것이 변화의 핵심 요소라고 강조한다. 이들은 본래 환자를 직면시키는 경향이 있고 대체로 한사람 심리학(one person psychology)의 관점을 지향하고, 치료자가 치료 장면에서 지금-현재(here-and-now)에 기여하는 것이 무엇인지에 대해 거의 주의를 기울이지 않는다. 가장 잘 알려진 추동/구조적 접근으로 David Malan(1963)과 Peter Sifneos(1972)의 접근

방법을 들 수 있다.

아마도 가장 잘 알려진 관계적 접근은 Lester Luborsky(1984)와 Hans Strupp과 동료들(Binder, 2004; Levenson, 2010; Strupp & Binder, 1984)의 접근일 것이다. 이들은 내담자의 문제를 반복되는 부적응적 대인관계 패턴으로 개념화한다. 그리고 이와 같은 부적응적 대인관계 패턴은 초기 양육자와의 관계적 어려움을 반영하는 내적대상관계에 기반을 두고 있다고 본다. 이 접근은 소망/방어 갈등의 중요성을 배제하지는 않지만, 이 소망/방어 갈등들이 초래하는 대인관계적 맥락과 대인관계 패턴이 어떻게 내담자의 일상에서, 그리고 치료관계에서 일어나는지에 특별한 주의를 기울인다.

이 두 가지 유형의 단기치료에는 중요한 이론적 그리고 기법적 차이가 있긴 하지만, 장기적인 정신분석적 치료와 구별되는 공통된 특징을 갖고 있다. 단기치료는 치료 초기에 사례개념화를 발전시키는 것을 강조한다. 그리고 치료 전반에 걸쳐 치료적 초점을 확립하고 유지하기 위해서 사례개념화를 활용한다. 또한 장기 정신분석적 치료에 비해 치료자가 상대적으로 더 적극적으로 개입한다. 치료 횟수와 정확한 종결 시점도 미리 설정한다. 또한 내담자에게 종결의 의미에 대해 훈습할 것을 강조한다. 추가적으로, 많은 단기 정신분석적 혹은 역동적 접근은 치료의 종결을 일상에서 중요한 역할을 하는 분리-개별화와 상실의 문제에 초점을 맞출 수 있는 기회로서 활용한다.

현대 정신분석적 치료는 본래 장기적이고 종결 시점을 미리

설정하지 않는 경향이 있다. 때문에, 전통적인 정신분석적 수련
을 받은 치료자들에게는 단기 치료를 하기 위해 태도의 변화를
꾀하는 것이 때로는 도전이 된다. Messer와 Warren(1995)이 지
적하였듯이, 정신분석적 치료가 장기 치료에서 단기 치료로 그
방향을 전환하기 위해서는 치료자에게 많은 정서적인 도전이
따른다. 이 중에는 내담자에게 좀 더 많이 줄 수 없다는 것에
대한 죄책감도 포함된다. 또한 단기 접근의 제약 안에서 치료
자의 거대하고 완벽주의적인 야심과 싸워야 하고, 독립과 종결
을 둘러싼 감정을 다루는 것도 필요하다(예: 내담자를 버리거나 거
절하는 것에 대해 죄책감을 느끼는 것, 의미 있는 관계의 끝을 애도하는 것).

 치료적 개입의 측면에서 보면, 단기 역동적 치료자들은 장기
정신분석적 치료자들이 사용하는 개입들을 많이 사용한다. 구
체적으로 무의식적 감정, 소망, 방어의 해석; 저항 해석; 전이
해석; 치료실 밖에서 일어나는 전이 해석; 일반적인(genetic) 해
석 등이 그것이다. 단기 역동적 치료에서는 장기 분석적 치료
에 비해 치료자의 활동 수준이 더 높고 해석 또한 더 집중적으
로 한다. 짧은 시간 안에 치료의 영향을 최대화하기 위해서 전
이 해석을 더 자주 할 확률이 있다. 변화과정을 빠르게 진행해
야 하는 필요가 있기 때문에 단기 역동 치료에서는 장기 치료
에서보다 직면을 더 많이 시키는 특성도 있다. 이런 점은 대중
적인 인지도를 누렸던 1세대 단기역동접근(예: Sifneos, 1972;
Davanloo, 1980)에서 두드러졌었다. 최근의 단기역동접근은 경험
을 통해 배우는 것처럼 보인다. 그리고 내담자의 정서 조율 능
력을 촉진시키는 것, 치료적 동맹을 확립하는 것, 그리고 내담
자가 자신의 보폭으로 작업하는 것을 인정하는 것을 더 강조하

게 되었다(e.g., Fosha, 2000; McCullough Valliant, 1997).

이전에 지적하였듯이, 대부분의 단기 역동적 접근은 시간적 제약 때문에 치료 전반에 걸쳐서 개입의 주된 초점이 되는 핵심적인 역동적 주제에 대해서 명확한 개념화를 한다. 이 점이 시간을 효과적으로 사용하는 데 필수적이라고 믿는다(Sanfran & Muran, 1998). 개념화가 모든 정신분석적 접근에 중요한 역할을 하겠지만, 치료의 아주 초기에 명확한 개념화를 수립하는 것을 강조하는 것은 전통적인 정신분석적 치료의 측면에서 보면 맞지 않는다. 왜냐하면 정신분석적 치료는 전통적으로 드러나는 과정에 대한 개방성을 촉진시키는 것이 중요하다고 강조하기 때문에 치료기간의 제약이 없고 장기적으로 가는 접근이기 때문이다. 다른 말로 하면, 초기 개념화를 확립하는 것은 *골고루 떠있는 주의(evenly hovering attention)*와는 대치되는 태도이다. 골고루 떠있는 주의(evenly hovering attention)는 치료자의 무의식적인 과정과 연상이 연결끈으로 묶여 있는 내담자의 연상과 무의식적 과정에 수용적이 되어야 한다는 것을 강조한다.

이런 우려에도 불구하고 대부분의 단기 역동적인 치료자들은 될 수 있는 대로 빨리 역동적 초점을 파악하는 것이 단기간 내에 치료적 성과를 내는 데 필수적이라고 느낀다. 여러 단기 모델들은 역동적 개념화를 발전시키기 위해서 각기 다른 개입 접근들을 사용한다. 각각의 다른 접근 방법들은 개념화 절차(개념화의 유형뿐만 아니라)에 있어서 유사성을 보이지만 이론적 차이와 개념화를 하는 데 고려되는 필수 요소들이 다르기 때문에 차이점도 가지고 있다.

단기 관계적 치료(BRT; Safran, 2002;Safran & Muran, 2000;Safran, Muran, Samstag, & Stevens, 2001)는 관계적 정신분석의 최근 발전 동향으로부터 가장 폭넓은 영향을 받아온 단기 정신분석적 치료 이다. BRT는 다른 단기 역동치료들과 많은 유사점들을 공유한 다. 하지만, 단기 관계적 치료의 원리들은 관계적 정신분석으로 부터 나왔고, 치료적 동맹의 붕괴에 대한 경험연구 프로그램으 로부터 상당히 영향을 받아왔다는 점에서 차이가 있다. BRT는 다음과 같은 핵심적인 특징들을 가지고 있다. 첫째, 두 사람 심 리학(two-person psychology)을 가정한다. 둘째, 지금-여기의 치료적 관계에 초점을 둔다. 셋째, 내담자와 치료자 모두가 상 호작용에 기여하고 있는 것을 지속적으로 그리고 협력적으로 탐색한다. 넷째, 내담자와 치료자의 재연(enactment)이 전개되는 맥락 속에서 내담자 경험의 미묘한 차이를 심도있게 탐색하는 것을 강조하고, 전이와 다른 관계 패턴 사이의 관련성에 대한 해석을 활용한다. 다섯 째, 역전이를 개방하고 치료적인 상위의 사소통(metacommunication)을 활용한다. 그리고 마지막으로 개입 이 영향을 주는 것은 항상 관계적인 의미에 의해서 매개된다고 가정한다. 두 사람 심리학(two-person psychology)과 일관되게 BRT에서는 치료자의 사례개념화는 치료자 자신이 내담자와 재 연하는 관계적 각본에 기여하는 것에 대한 점진적인 이해에 근 거해야 한다고 믿는다. 그러므로 BRT는 다른 단기역동 접근보 다 치료 초기에 내담자의 핵심역동에 대한 명확한 개념화를 시 도하는 것을 상대적으로 덜 강조한다.

📊 Amanda: 단기 정신역동적 치료 사례

Amanda의 사례는 축약된 형태(즉, 6회)로 진행된 정신분석적 접근의 단기 치료의 실제를 보여준다. 이 사례는 미국심리학회(APA)의 정신분석적 치료 DVD를 제작하기 위해 진행된 사례이기 때문에 몇 가지 특이 사항이 있다. 우선 APA 심리치료 DVD 시리즈의 특성 때문에, 나는 딱 6회 동안만 그녀를 만났다. 보통 무선할당된 임상실험의 단기 치료가 12회-25회인 점을 감안하면, 치료기간이 상대적으로 짧은 편에 속한다. 둘째, 정신분석 치료적 관점에서 볼 때 Amanda는 종결시기를 미리 정하지 않는 장기치료에 더 적합한 내담자였다는 것을 미리 강조하고 싶다. 그리고 Amanda의 만성적이고 심각한 병력, 버림받았던 개인사(나중에 간략하게 다시 논의하겠지만), 장기치료를 받아들일 가능성 등을 감안하면, 나는 보통 이런 경우 단기치료를 추천하지 않는다. 실제 나는 마지막 치료 시간에 그녀에게 장기치료를 권유했다.

우리의 치료적 작업이 카메라와 첨단 장비가 있는 프로덕션 스튜디오에서 이루어졌다는 사실이 치료에 영향을 미쳤을 것이란 점도 미리 짚고 넘어가고 싶다. Amanda와 나는 이것이 "일반적인 치료"가 아니라 수련 DVD를 찍는 목적으로 특별하게 진행된 치료라는 것을 인식하고 있었다. 그리고 이 점은 Amanda와 나에게 상당한 부담감을 주었다. 정신치료에서 아주 중요한 사생활 보호와 심리적 안전감의 보장과 같은 조건들이 확보되지 않는 상황이었기 때문이다. 이와 같은 예외적인 요인들이 있었음에도 불구하고 우리가 작업할 때 전개되었던 치료적 과정은 통상적인 정신분석적 치료에서 일어나는 과정과 유사한 부분이 많아 유용한 사례가 될 수 있었다. 이 DVD를 APA로부터 구입해서 치료 과정을 더 자세하게 검토하는 게 가능하다는 장점도 있다. 어쨌든, 치료장면을 비디오로 촬영을 하는 것이 치료에 어떻게 영향을 미쳤는지를 탐색하는 것이 우리 작업의 중요한 부분이 되었다. 이를 통해 치료의 틀이 전이와 역전이에 미치는 영향을 탐색할 수 있었다.

본 프로젝트에 참여하는 것에 동의하기 전에, Amanda는 내가 작성한 정신분석적 치료에 대한 간단한 설명과 정신분석적 치료의 취지에 대한 설명을 읽었다. 나는 사례시연에 적합한 내담자의 특성을 알려달라는 DVD 제작팀의 요청에 따라 이런 설명서를 작성하게 되었다. 정신분석적 치료를 하는 이유에 대한 설명에는 특히 무의식적 감정과 사고를 탐색하고, 무의식적으로 일어나는 자기패배적인 패턴을 검토하고, 그리고 치료 관계를 다른 관계에서 재연될 수 있는 무의식적 자기패배적인 패턴을 파악하기 위한 구체적인 탐색의 초점으로 사용하는 것의 중요성과 같은 요소들이 강조되었다. 지금 이런 부분들을 언급하는 이유는 Amanda와의 3번째 치료시간에 시사하는 바가 컸기 때문이다.

이제 Amanda의 사례를 본격적으로 소개하기 위해 우선 그녀의 성장 배경, 처음 치료를 받으러 오게 된 이유에 대해 설명하고자 한다. Amanda는 과거에 심각한 우울증과 약물복용을 했던 전력이 있었고, 노동자 계층의 사회경제적 배경을 가진 젊은 백인여성이었다. 나와 치료를 시작하기 전에, 그녀는 일상생활을 제대로 못할 정도로 심각한 세 번의 주요 우울증 삽화를 경험했고, 아주 오랫동안 우울했었다고 보고하였다. 또한 그녀는 오랫동안 불법 약물과 처방 약 모두에 중독되어 있었다. 그녀는 학대적인 남자들과 연인 관계에 빠져드는 전력도 있었다. 하지만 첫 면담시간 무렵에 Amanda는 이미 그녀 인생에 중요한 변화를 만들어내고 있었다. 그녀는 약물중독자 자조모임에 참여하였고 지난 1년간 약물 복용을 하지 않고 있는 상태였다. 그녀는 또한 지난 1년간은 우울증 삽화를 경험하지 않았고 파트타임으로 일도 하고 있었다. 여섯 번의 면담을 통해 그녀가 치료받기 원했던 목표는 심리적인 자원을 발달시키는 쪽으로 지속적인 작업을 해서 자기파괴적인 연애 패턴을 변화시키는 것이었다.

Amanda와의 첫 회 면담에서는 대부분의 시간을 내가 이런 예외적인 맥락 즉, 일주일에 한 번씩 총 여섯 번을 카메라 앞에서 상담하는 조건에서도 그녀에게 도움이 될 수 있다는 믿음을 주는 동시에 그녀가 제시하는 의뢰 문제와 치료 목표, 문제의 내력, 개인사, 현재 생활하는 상황, 그리고 기능 수준 등에 대한 정보를 모으는 데 주력하였다. 또한 그녀의 문제와 치료 목표, 그리고 치료 목표를 달성하기 위한 방법에 대한 이해를 공유할 수 있는 치료 동맹을 수립하고자 그녀를 공감하고 협동적으로 작업하는 노력을 했다. 그녀와 관계를 맺는 것은 어떤 것일까에 대한 암시나 느낌을 얻기 위해 역전이 감정에도 집중하기 시작했다. Amanda와 나 사이의 치료과정 대부분은 자연스럽게 진행되었다. 우리 둘 사이에는 마치 둘이 함께 맞잡고 춤을 추는 듯한 동시성(synchronicity)이 있었다. 나는 그녀에게

공감할 수 있고 그녀는 나의 공감을 받아들일 수 있다는 것을
느꼈다.

나는 또한 아주 가끔 Amanda에게 내가 개방형의 질문을 던
져서 그녀가 주도적으로 자기 생각을 기술하도록 하면, 분위기
가 다소 어색해지는 것에 주목했다. 이때마다 그녀는 "주목받
는" 느낌에 대하여 말하곤 했고 그러면 나는 서둘러 분위기를
바꾸려고 했다. 그렇게 해서라도 분위기가 순조롭게 흘러가도
록 해야만 한다고 느꼈다. 한편으로는 이런 나의 감정들에 주
목하면서 나중에 어떤 시점에서 탐색을 할 수 있도록 이 경험
을 마음에 담아두고 있었다.

첫 면담에서, Amanda는 자신의 어린 시절은 매우 불우했다
고 털어놓았다. 그녀의 생부는 Amanda가 네 살 때 가족을 버
렸다. 그녀가 여섯 살 때 어머니는 재혼했는데 소방관이었던
Amanda의 계부는 알코올 중독이었고 그녀의 어머니를 신체적
으로 학대했다. Amanda는 계부가 술에 취해서 화를 내며 집으
로 들어와서 어머니와 싸우고 가구를 부수고 어머니를 때리곤
한 기억이 많았다. 그럴 때마다 Amanda는 어머니와 계부사이
에서 중재자의 역할을 한 것으로 기억했는데, 실제로 어머니와
계부 사이를 물리적으로 떼어놓으면서 싸움을 말리곤 했다고
하였다. 아홉 살 인가 열 살 때, 싸움을 말리다가 경찰을 불렀
던 것과 어머니가 병원으로 실려 갔었던 기억도 있었다. 계부가
어머니에게 물리적인 폭력을 행사한 것과는 대조적으로 자신을
(신체적으로나 정서적으로) 학대하지는 않았다고 하였다. 그녀는 계
부를 자신의 "가장 친한 친구"로 생각하였다. Amanda의 계부는

Amanda가 열 다섯 살 때 자살했다. Amanda는 이후 수년 동안 계부의 자살에 대해 그를 구하지 못한 것에 대한 죄책감, 상처, 화, 배신감, 그리고 버려짐과 같은 고통스러운 감정들을 경험했다고 하였다.

첫 면담에서, 나는 직감적으로 사례 개념화에 중요할 수 있는 반복되는 대인관계 패턴이 Amanda의 삶에 존재한다는 것을 알게 되었다. 이에 버림받는 것이 그녀의 삶에서 반복되는 문제인지가 궁금해지기 시작했다. 나는 또한 Amanda가 어머니와 계부 사이에서 중재자로서의 역할을 한 것에 대해서도 생각해보았다. 어린아이에게 이 얼마나 어마어마한 책임감인가! 이런 유형의 발달적 경험이 부모화와 조숙함으로 이어지는 것은 흔한 일이다. 아이는 자신보다 타인의 욕구를 충족하는 것을 우선시 하면서 그런 상황에 적응하게 된다. 내 경험상으로는, 그런 상황에 있는 아이들은 무력감을 느끼고 버려지는 것에 대한 두려움을 느끼는 동시에 가족 역동 안에서 자신들이 맡는 역할에 의해서 힘을 얻고 자신이 특별하다는 느낌을 갖는다. 그러나 힘이 있고 특별하다는 느낌은 종종 숨겨져 있거나 부분적으로 무의식적이다. 그러므로 성장과정에서 이런 경험을 하게 되면 자신보다는 다른 사람의 욕구를 돌보는 것에 익숙하게 되는 방식으로 타인과 존재하는 적응기술을 익히게 된다 (Winnicott, 1965, *거짓자기* 조직화로 불리는 것). 이런 상황에 있는 아이는 엄청난 개인적 책임감, 타인에게 진정으로 의존하는 것에 대한 어려움, 자기 웅대성과 분노와 같은 무의식적 혹은 반의식적인(semiconscious) 감정을 발달시킬 수 있다.

이 모든 생각들이 치료시간에는 스치듯 빨리 지나갔기 때문에 치료시간이 끝난 이후에야 그런 생각들을 재구성할 수 있었다는 것을 강조하고 싶다. 공식적이거나 표현한 수준의 개념화는 아니었다. 그리고 Amanda의 경우는 나중에 그녀를 좀 더 깊이 이해하는 데 도움이 되었던 감정이나 예감이 금방 들었지만 대부분의 경우 이런 과정은 시간을 요한다는 것을 강조하고 싶다. 그리고 이런 초기의 예감과 직관은 의미 있는 통찰로 이어지지 않을 때도 많고 부분적인 관련성을 찾아내는 데 그치기도 한다.

Amanda는 불우한 어린 시절과 심각한 심리적 문제를 갖고 있던 병력이 있음에도 불구하고 (내가 막 알아냈던 것처럼) 상당한 정서적, 심리적 힘 즉, 자원을 가지고 있었다. 그녀는 똑똑했고 대학에서 학사학위를 취득했으며 약물중독 치료를 위한 자조그룹(Narcotics Anonymous)에서 친구들을 많이 사귀었고 의지하고 있었다. 나는 또한 그녀에게서 거침없고 생기있는 면과 냉소적인 유머감각을 보았는데, 그런 면모들은 매우 매력적으로 다가왔다. 첫 면담 시간 말미에 내가 Amanda의 힘, 탄력성, 유머에 끌리고 있다는 것을 깨달았다. 나는 또한 내가 그녀를 몹시 거정하고 도와주고 싶어 한다는 것을 깨달았다. 동시에 나는 Amanda에게서 근본적인 경계심과 의심의 기미도 느꼈다. 첫 면담은 상대적으로 순조롭게 진행된 편이지만 앞으로 우리가 같이 하는 시간이 늘 이렇게 순조로울 것이란 확신은 없었다.

두 번째 면담에는, 예전에 Amanda와 나 사이에 미묘하게 일어나기 시작했던 대인관계적인 역동이 더 분명하게 드러나기

시작했다. 내가 주도권을 잡고 그녀에게 사실적인 질문을 하는
동안은 상대적으로 순조롭게 진행될 것이라는 느낌이 들었다.
나는 본능적으로 이런 태도를 견지하고 있었고 계속해서 주목
하는 동시에, 대인관계적인 역동이 무엇과 연결되는지에 대해
서 생각하기 시작했다. 나는 계속해서 Amanda의 배경에 대한
정보를 수집하는 것으로 두 번째 면담을 시작했다. 나는 그녀
에게 어머니와 생부(그녀가 어른이 되었을 때 다시 아버지와 알고 지내
게 되었다)와의 관계에 대해 물어보았다. 중요한 배경정보를 제공
할 수 있기 때문에 물어보았지만, 또 한편으로는 직감적으로 나
의 이런 능동적인 관계적 태도가 Amanda의 불안을 감소시키고
치료적 동맹을 맺는 데 도움이 된다고 느꼈기 때문이다.

동시에 나는 Amanda가 치료에 임하는 태도, 특히 정서적으
로 관여하는 측면에서 뭔가 어색한 부분이 있다는 막연한 느낌
을 갖기 시작했다. 나는 그녀가 그 순간에 살아 숨쉬는 어떤
것에 대하여 말하고 있는 것인지 아니면 나의 질문에 그냥 의
무적으로 답을 하고 있는지 궁금해졌다. 그리고 내가 계속해서
새로운 주제를 꺼내놓아야만 할 것 같은 부담감을 느끼고 있었
다. 이런 느낌들이 강렬해지면서 나는 내가 반사적으로 공백을
메우거나 의도적으로 덜 적극적인 태도를 취할 필요는 없다고
생각했다 (그렇게 되면 힘겨루기나 치료적 난관으로 이어질 수도 있을 것
이다). 그냥 우리 둘 사이에 지금-현재 일어나고 있는 것들을
탐색하려는 노력을 했다. 그래서 우리 관계에 명백하게 초점을
두고 둘 사이에 일어나는 것을 함께 탐색하는 과정에 그녀를
참여시키기 위해 그녀와 상위의사소통(metacommunication)을 시
작했다.

예를 들면 나는 아래와 같이 말했다.

> 나는 내가 반영적 수준에서 우리 사이의 의사소통이 순조
> 롭게 진행되도록 반사적으로 당신에게 많은 질문을 하고 있다
> 는 것을 압니다. 하지만 내가 계속 이런 태도를 취한다면, 당
> 신이 가장 생생하고 중요하다고 느끼는 것들에 대하여 말할
> 수 있는 기회를 뺏게 되는 게 아닐지 걱정이 되네요.

내가 이렇게 말하자, Amanda가 긴장한다는 것을 느낄 수 있
었고 우리 둘 사이에 어색한 기류가 생기는 것이 분명해지기
시작했다. 그녀는 "제가 무슨 말을 하기를 원하시는지 잘 모르
겠어요"라고 대답했다. 그래서 나는 내가 무엇을 얻고자 하는지
와 그 부분을 조금 더 탐색하는 것이 어떻게 도움이 되는지를
설명하려고 다양한 시도를 했다. 그러나 Amanda는 우리 사이
에서 일어나는 것을 탐색하자는 나의 요청에 응하기보다는, 내
가 다시 주도권을 잡도록 지속적으로 공을 나에게 넘기는 것
같았다.

나는 긴장감을 줄이기 위해 사실적인 정보를 물어보는 방향
으로 다시 돌아갈 까 생각하기도 했지만, 막상 그녀에게 무엇
을 물어봐야 할지 몰랐다. 그리고 막상 Amanda에게 물어볼 만
한 것을 생각해 내더라도 그렇게 되면 지금-여기에 정말로 일
어나고 있는 것, 이 순간에 가장 의미 있는 것에 대해서는 이
야기하지 못하고 그냥 소통하는 시늉만 하게 되는 것 같았다.
이 시점에서 우리 둘이 교착상태로 빠져 들어가고 있다는 것을
느꼈다. 하지만 경험상 이런 교착상태는 불편하긴 해도 중요한

부분이 재연되는 과정이므로 건설적으로 작업할 수만 있다면 변화의 과정에 기여할 것이라는 느낌이 들었다.

그러나 이 지점에서 탐색을 강행해 Amanda를 소외시키는 위험을 감수하기보다는 개입의 명분을 되풀이해서 말함으로써 (그렇게 함으로써 치료적 과제에 대해 협력할 가능성을 증가시키는 것) 치료적 동맹을 강화하는 것이 나을 것 같았다. 따라서 이 순간에 우리 사이에서 진행되고 있는 것을 탐색하면 그녀의 현재 문제와 관련된 역동과 관계 패턴을 밝힐 수 있다는 것을 Amanda에게 설명했다. 그녀는 "선생님이 무슨 말씀을 하시는지 잘 모르겠어요. 이해가 잘 안돼요."라고 대답했다.

역전이의 측면에서, 나는 내가 부족한 것 같았고, 좌절감을 느꼈으며, 솔직히 말하면 짜증을 내고 있다는 것을 자각하고 있었다. 내가 말하는 것이 지금 이 순간 그녀에게 적절한지 궁금해 하고 있다는 것도 알았다. 또한 Amanda에게 보이는 것 이상의 뭔가 다른 게 있는지 궁금해지기 시작했다. 한 편으로 그녀는 보살핌을 필요로 하는 귀엽고 연약한 어린 여자라는 느낌이 들었다. 그러나 동시에 그녀가 나를 곤혹스럽게 만들고 있기에 불편한 느낌도 들기 시작했다. 종종 이런 상황에서 그렇듯, 나의 역전이 감정을 얼마나 많이 신뢰할 수 있는지는 확실하지 않았다. 나의 부족감과 짜증스러운 느낌이 어느 정도로 Amanda에 대한 의미 있는 정보를 제공하는지, 그리고 나의 감정이 단순히 "나의 문제"인지?

이 지점에서, 우리 둘 사이에서 일어나는 것을 탐색하려는

시도와 의뢰문제 사이의 연관성을 명확하게 하기 위해서, 나는 다음과 같은 전이 해석을 하였다:

> 당신과 내가 지금-여기 우리관계에서 고군분투하고 있는 것 중의 하나가 누가 주도권을 잡느냐하는 문제로 보입니다. 당신이 연인관계에서는 주로 주도권을 잡는지가 궁금해지네요.

그러자 Amanda는 "주도권을 잡는" 위압적이고 학대하는 남자, 자신이 "복종하게 되는" 남자와 깊은 관계에 빠져드는 자신의 과거 전력에 대해 자세히 말하기 시작했다. Amanda는 자신의 욕구와 소망들을 표현하기보다는 주도하는 남자를 따라가는 것에 익숙하다는 것이 드러났다. 이 점을 좀 더 탐색해보자고 권하자 Amanda는 자신은 남자가 원하는 것이 뭔지를 찾아내서 해주고 싶어 한다고 말했다. 그러고는 남자의 욕구를 맞춰주는 자기를 경멸하게 된다고 하였다. Amanda는 또한 남자친구와의 상호작용에서 드러나는 자신의 일반적인 패턴에 대해 설명하였다. 자신이 동의할 수 없는 사안이 생기면 처음에는 남자친구에게 분명히 반대의사를 표시하지만 어떻게든 남자친구가 그녀를 설득해서 포기시키기 때문에 결과적으로 그녀는 남자친구의 뜻에 복종하게 된다고 했다. 나는 우리 관계에서 재연되고 있는 각본에 이런 요소가 있는지 궁금해지기 시작했다. 그리고 우리 관계에 대해서 탐색할 가치가 있다고 그녀를 설득하려는 나의 시도 역시 이 원본에 충실한 것인지도 궁금해졌다.

논의가 계속되면서, 나는 우리 사이에서 실행되고 있는 재연

(enactment)의 본질에 대해서 생각해보기 시작했다─그녀는 나를 자극하지만, 나는 공감하고 이해하려는 자세를 유지하려고 하였다. 짜증과 좌절감을 통제하려고 최선을 다해 노력하는 데도 불구하고 나는 나의 적개심을 간접적으로 표현하기 시작했고, 가학자─피학자의 역할에서 가해자의 역할을 하고 있었다. 이런 부정적인 감정을 갖는 자체가 불편해지기 시작했다는 것도 상황을 더 복잡하게 만들고 있었다. 나는 내 자신이 가학적이라고 생각하고 싶지 않았고, 솔직히 지금 촬영이 되고 있는 상황인데 내가 가혹하다거나 가학적이란 인상을 줄까봐 부담스러웠다. 이런 특수한 상황 때문에 내가 나의 역전이 감정으로 갈등하는 것이 더 심화된 부분이 있다. 하지만 치료자는 보통 자신의 역전이에 대해서 내적인 갈등을 경험한다는 것, 그리고 이런 갈등을 인지하고 훈습하는 것은 치료자의 중요한 내적 작업이라는 것을 염두에 두는 것은 중요하다. 어쨌든 지금은, 우리가 안전한 곳으로 다시 돌아온 것 같았다. 나는 Amanda의 인간관계에 대해 물었고 그녀는 순순히 대답했다. 따라서 우리 사이에 감돌던 긴장감은 배경으로 물러난 것 같았다.

Amanda가 주도권을 잡는 남자들과의 관계에 빠져들고 그것 때문에 희생을 치르는 습관적인 패턴에 대해서 폭넓고 흥미로운 토론을 한 후에, 나는 이 패턴과 우리 관계에서 일어나는 것 사이에 비슷하게 반복되는 양상에 대해 주의를 돌리려고 했다. 놀랍게도, Amanda는 두 가지 주제 사이에 어떠한 연관성이 있다는 것을 부정했고, 잠재적인 연관성을 탐색하는 것이 중요하다는 사실도 받아들이지 않았다. 더군다나, 내가 방금 그 연관성에 대해 설명하려는 시도를 했음에도 불구하고 그녀는 이런 탐색이 자신의 문제와 어떤 관련이 있는지 설명하라고 계속해서 밀어붙였다. 그래서 나는 내가 뭘 해야만 할 것 같은 느낌, 그러나 잘하지 못하고 있는 듯한 부적절감 그래서 말문이 막히는 듯한 느낌을 경험하게 되었다.

내가 Amanda에게 납득할 만한 설명을 하려고 하였지만, 이 역시 소귀에 경읽기였고 나의 어떠한 시도도 결실을 맺지 못하는 것 같았다. 치료시간이 끝나갈 때, 나는 다음 번 치료시간 전에 이런 것들에 대해서 그녀에게 잘 설명할 방법을 찾아보겠다고 말함으로써 그녀와 치료적으로 협력하고 있는 느낌을 재구축하려고 하였다. 그리고 Amanda에게는 그동안 우리가 같이 얘기했던 것을 다시 한 번 생각해보고, 내가 말했던 것을 이해해보려고 노력하고, 명료화하는 데 도움이 될 만한 질문을 생각해보라고 하였다.

두 번째 면담과 세 번째 면담 사이의 일주일 동안, 나는 우리의 치료에 대해서 많은 생각을 했다. 한 편으로, 현재 우리가 맞고 있는 곤경은 Amanda의 연애관계에서 보이는 문제 패턴의 핵심적인 주제를 의미 있게 재연하는 듯 보였다. 다른 한편으로는, 내가 이런 사실을 잘 설명할 수만 있으면 Amanda는 우리의 작업이 의미 있다고 생각하기 시작할 것이고 내가 정말로 그녀를 도우려고 노력하고 있다는 것을 느끼기 시작할 것이라는 환상을 놓아버릴 수가 없었다. 나는 그녀가 내가 이런 식의 탐색을 하는 이유를 이해하는 데 도움이 될 만한 자료를 주고 읽어오라고 할지의 여부에 대해서도 고민하였다.

그러자 Amanda가 이 프로젝트에 참여하는 것에 동의하기 전에 그녀에게 정신분석적 치료의 원리에 대한 독서자료를 건네주었던 것이 기억났다. 나는 내 컴퓨터에서 그 내용을 찾아 프린트해서 읽기 시작했다. 그리고 내가 요약본으로 Amanda에게 건넸던 내용에 덧붙일 것이 없다는 사실에 충격을 받았다. 내가 생각했던 "분개하는 느낌" 혹은 "억울함을 푸는 느낌"(feeling indignant and vindicated)들이 바로 그녀가 이 프로젝트에 참여하는 것을 동의하기 전에 읽어보고 "이해가 된다"고 말했던 내용이었다! 나는 다음 치료시간에 Amanda에게 이런 내용을 실제로 읽어줄까 잠깐 생각해보았다. 그런 후에 깨달았다. 내가 그런 식으로 이 상황을 모면하면 나는 현재의 재연—그녀에게 내가 옳고 그녀는 틀렸다는 것을 증명하는 방식—을 계속해서 되풀이하는 게 될 것이란 것을.

대신 나는 우리 둘 사이에 일어나고 있는 역동을 함께 탐색하고 이해하도록 이끄는 방식으로, 다음 치료시간에 나의 내적 과정에 대해 설명하는 것이 좋겠다는 생각을 하게 되었다. 그럼에도 불구하고, 나는 정신분석적 치료의 원리에 대한 내용이 적힌 종이를 호주머니에 넣어 두었다. 그녀에게 치료적 접근의 목적을 설명하려고 고군분투할 것에 대비해서 치료 시간 직전에 내 기억을 새롭게 하고 싶었다.

세 번째 면담을 시작하면서, 내가 지난 일주일 동안 고민했던 것들에 대해 이야기하기 전에 먼저 Amanda에게 우리가 치료를 시작하기 전에 그녀가 읽었던 정신분석적 치료의 취지를 기억하는지 물었다. 놀랍게도 그녀는 그런 내용을 읽었다는 것

조차도 부정했다.

이제 나는 완전히 막힌 느낌이 들었다. 나는 한번 더 설명할까도 생각했지만 솔직히 무슨 의미가 있나 싶었다. 더군다나 나의 불안감, 부족감, 그녀의 수용적이지 않은 태도에 대한 절망감과 짜증 등의 복잡한 감정을 고려할 때, 내가 또렷하고 설득력 있게 그 취지를 전달하기는 어려울 것 같았다.

그런 후에 절박한 심정으로 구겨진 종이 한 장을 꺼내려고 주머니 속에 손을 넣은 내 모습을 보게 되었다. 아마도 내가 숙고해서 작성했던 것을 읽는 것이 나에게 심리적인 안전감을 줄 것 같았고, 설득력 있게 그 내용을 Amanda에게 전달할 능력이 없다고 느끼고 있던 나의 복잡한 마음을 다스리는 데 도움이 될 것처럼 느꼈던 것 같다.

그래서 나는 Amanda가 그 내용에 대해서 어떻게 생각하는지, 그리고 그녀가 어떤 반응을 보이는지를 주의 깊게 살피면서 정신분석적 치료의 취지에 대해서 읽어주기 시작했다. 그러면서 나는 두 번째 면담 초반 이후 처음으로 확신과 자신감이 생기기 시작했다. 너 놀라운 사실은 Amanda가 내가 읽어주고 그녀와 내용을 점검하는 이 작업에 집중하는 것 같았다는 것이다. 그녀는 고개를 끄덕이고, 내가 의미있는 답을 해줄 수 있는 질문을 하고, 확실히 "이해하기" 시작했다.

한 편으로, 나는 지난 시간과는 달리 그녀가 이번에는 이 내용 혹은 정신분석적 치료의 취지를 정말로 이해하는지 회의가 들었다. 기본적으로 이전에 내가 말했던 것을 반복하고 있었기 때문이다. 그러나 동시에, 나는 우리관계의 역동에 어떤 변화의 조짐이 시작됐다는 것을 감지하였다. 지금 생각해 보면 그 변화에 영향을 준 것은 내가 그녀에게 새로운 정보를 전달했기 때문이 아니었던 것 같다. 오히려 내안에 자신감이 생기고 내가 권위주의적이고 지배적인 자세를 취한 것이 그녀로 하여금 편하고 익숙한 방식으로 나와 작업할 수 있게 한 것 같다. 즉, 관계에서 지배적인 남자의 주도적인 자세에 이끌려가는 방식을 되풀이하게 한 것 같았다. 뒤돌아보면 그것은 아마 처음에 그 종이에 쓰여 있었던 정신분석적 치료의 취지를 Amanda에게 읽어 주게 만들었던 나의 무의식적인 동기와 관련이 있었던 것 같다. Amanda와의 관계에서 다시 성취감과 통제감을 느끼려는 시도였던 것 같다.

아무튼, 다 읽어주고 나니 뭔가 좀 달라진 것 같이 느껴져서 Amanda에게 이제는 그 취지가 이해되느냐고 물었다. 그녀는 "네"라고 대답하였다. 그리고 짧게 멈춘 후에, "그런데 효과가 있는 건가요?"라고 물었다.

"아하" "내가 회의를 품었던 것이 옳았구나" 하고 생각했다. 그럼에도 불구하고, Amanda가 처음에는 "이해가 잘 안된다"는 듯 매우 의심스러워하다가 내가 자기를 도울 수 있다는 확신을 바라는 방향으로 태도를 바꾸었다는 사실 때문에 나는 중요한 변화가 일어났다고 느꼈다. 이 변화는 그녀의 회의, 즉 저항분석이라고 개념화될 수 있는 핵심적인 정신분석적 과정을 탐색하는 시발점이 되었다. Amanda와 나는 Amanda의 기저에 있는 회의에 대해서 탐색했고, 그녀는 그 과정에서 내가 그녀의 말에 수긍하고 공감적으로 경청하는 것을 경험하면서, 우리의 치료적 동맹은 더욱 돈독해졌다.

얼마간의 탐색 후에, 이런 방식으로 계속 작업하는 것이 Amanda에게 너무 압도되는 느낌을 줄까봐 걱정이 되기 시작했다. 이전에 그녀는 치료자인 나와의 관계에 대해서 즉, 지금 –여기에서 우리 두 사람 사이에서 일어나고 있는 역동에 대해서 말하는 것을 주저했었기 때문이다. 그래서 나는 점점 차 그녀가 이 지점에서 어떤 식으로 진행하고 싶은지를 물었다(예, 그녀의 회의감에 대해서 계속해서 말하는 것 혹은 다른 주제로 넘어가는 것). 예상대로 Amanda는 "선생님은 어떻게 생각하세요?"라고 되물으며 내가 주도하기를 바랐다.

이전 치료시간에서처럼, 나는 우리 사이에서 일어나는 과정에 대해서 관찰을 하였다(예, 난 당신이 주도권을 갖도록 하려는 것인데 오히려 당신은 내가 알아서 해주기를 바라는 것 같습니다). 그러나 뭔가 예전과 다른 점이 보이기 시작했다. Amanda는 이렇게 탐색하는 것에 좀더 개방적이 된 것처럼 보였다. 내가 앞서 말한 것에 대해서도 "당연히 선생님에게 기대게 되죠, 의사시고, 여기서는 선생님이 주도권이 있으시잖아요." 라고 하였다. 현재 우리 사이에 흐르는 기류를 감안하니 Amanda의 말이 나에게는 뭔가 새로운 깨달음으로 다가왔다. 나는 Amanda가 우리 관계에서 굉장한 힘의 불균형을 경험하고 있다는 사실에 놀랐다. Amanda의 입장에서 이런 힘의 불균형을 감지하는 것은 충분히 이해가 갔다. 하지만 솔직히 나는 지금까지 그녀와의 관계에서 내가 결코 권위적으로 행동했다고 생각하지 않았기 때문에 이 힘의 불균형이란 것을 경험적인 수준에서 완전히 공감하

기가 어려웠다. Amanda에 대한 내 경험에 변화가 생긴 점 그
리고 Amanda 본인의 수용의 폭이 점점 넓어지는 것이 합쳐져
좀 더 깊게 탐색할 수 있는 물고를 터주었다. 이런 나의 탐색
작업에 Amanda 역시 점점 더 개방적으로 반응했다. 그녀는 나
를 "실망"시키고 싶지 않고 내가 해야하는 것(agenda)을 "망치
고" 싶지 않다고 말했다. 어차피 "우리가 지금 여기에 있는 이
유는 비디오테이프를 만들기 위해서잖아요" 하고 말했다.

　바로 그 때 Amanda가 주변의 다른 사람들과의 관계에서 늘
반복하는 그 역동 즉, 다른 사람부터 먼저 챙기고, 자기보다는
다른 사람들의 요구에 맞추어 주고는 나중에 속으로 화를 내는
그런 패턴이 지금 현재 우리 두 사람 사이에서도 펼쳐지고 있
다는 생각이 불현 듯 떠올랐다. 그리고 이것을 단순히 Amanda
의 전이(예: 또한 치료관계의 맥락에서 그녀의 전형적인 패턴을 실행하는
경향)로 볼 수도 있지만, 그건 너무 단순하다는 생각이 들었다.
Amanda가 자신의 욕구를 희생해서 나의 필요에 맞춰주려고
노력하는 것이 진공상태에서 일어나지는 않는다. 치료자 역시
그것이 인정 욕구, 자기존중의 욕구, 도우려는 욕구 혹은 재정
적인 욕구이든지 간에 항상 자신의 욕구를 치료 상황에 투영시
킨다. Amanda와의 모든 면담이 카메라 앞에서 진행되고 있는
이 상황에서 나는 치료자로서 나의 기량을 잘 보여줘야 즉, 시
연해야 하는 필요가 절실했었다. 치료자에게도 불가피하게 내
담자의 욕구와 충돌하는 욕구가 있다는 것과 치료의 기저에는
이와 같이 상충되는 욕구들이 존재한다는 것을 인지하고 이를
명확하고 구체적으로 다루고 훈습할 필요가 있다는 것을 인식
하는 것이 중요하다.

　　Amanda는 겉으로는 다른 사람의 요구에 맞춰주고, 속으로는 적대감을 느끼며 이에 대해 수동-공격적 방식으로 분노를 표현하는 특유의 패턴을 보였다. 동시에 그녀는 대인관계적인 상황의 미묘함을 잘 읽어내는 특별한 능력과 이런 것들에 대해서 솔직하게 말할 수 있는 즉, "다들 알고는 있지만 입 밖에 내기를 두려워하는 사실에 대해 말할 수 있는" 용기도 보여주었다. 나는 그녀의 수용적 태도와 내적 강인함(그녀는 그 힘을 부인하려는 경향이 있다)에 감명을 받았고, 그녀가 보는 시각의 당위성을 인정(validate)해주는 것이 중요하다고 느꼈다. Amanda가 다른 사람들에게 너무 순종적으로 대하는 특징적인 패턴에 대해서 언급하기(그녀가 비판당한다고 느낄까봐 걱정스러운 개입 전략이다)보다는, 그녀의 관점을 수용해주면서, 그녀가 부인하고 있는 그녀의 강점을 부각시키는 것이 더 중요하다고 느꼈다. 그래서 나는 물론 그녀를 도우려는 의도이지만 일부 이기적인 측면도 있다는 것을 인정하고 그걸 정확하게 지적해준 그녀의 능력을 칭찬하였다. 돌이켜보면, 이렇게 내가 치료 DVD를 잘 만들어야 한다는 숨은 의도를 갖고 있었다는 점을 솔직히 인정한 것이 우리들 사이의 치료동맹에 긍정적인 변화를 가져오는 중요한 계기가 되었던 것 같다. Amanda와의 치료는 Amanda를 돕는 것과 APA 프로젝트 DVD를 제작하기 위해 성공적인 치료사례를 보여주어야 하는 독특한 맥락에서 진행되고 있었다. 하지만 모든 치료자들은 드러내놓고 얘기하지 않더라도, 치료장면에 하나 이상의 목표를 갖고 작업할 수밖에 없다는 사실을 인지할 필요가 있다(Hoffman, 1998; Slavin & Kriegman, 1998). 가장 분명한 예는 우리는 내담자를 돕기 위해 치료에 임하지만 치료는 우리에게 돈을 버는 수단이기도 하다는 점이다.

어쨌든, Amanda는 내가 그녀의 예리함, 용기, 강인함을 알아주고, 그녀의 필요와는 배치될 수 있는 나의 숨은 의도(agenda) 역시 인정하려고 애쓰는 것에 대해서 고마워하였다. 그리고 이런 점은 Amanda로 하여금 자신의 경향성에 대해 더 깊이 인식할 수 있는 길을 여는 계기가 되었다. 즉 나의 필요에 맞춰주려고 하는 경향 때문에 정작 이 치료상황 조차 자신을 위한 시간 즉, 자신의 욕구를 충족하는 방향으로 활용하지 못했다는 것을 깨닫게 되었다. 남은 치료시간 동안, 우리는 계속해서 더 협력적으로 함께 탐색하고 작업하였다.

우리는 Amanda의 현재 생활, 과거, 우리 관계에 초점을 맞추는 것 사이를 자연스럽게 오가면서 대화를 이어갔다. 그리고 이렇게 하는 것은, 현재·과거·관계의 세 가지 모든 영역에서 Amanda의 감정·사고·이전에는 표현되지 않은 경험을 깊게 탐색하는 데 도움이 되었다. 나는 그녀의 여린 감성에 놀랐지만 그녀의 강하고 공격적인 측면도 볼 수 있었다. 치료가 진행됨에 따라서, 우리 둘 사이에 공격자와 피해자의 역할이 번갈아 오가는 경험을 하면서, 나는 Amanda 사례에 대한 개념화를 잠정적으로 발전시켰다. 즉 그녀는 다른 사람을 돌보는 데 익숙해진 탓에 건강한 공격성으로부터 해리(dissociation)되어 자기 욕구에 대한 건강한 자기주장을 하는 대신, 간접적 혹은 수동적인 공격성으로 자신의 화를 표출하려는 경향이 있다고 개념화했다.

나는 계속해서 Amanda의 두 가지 다른 측면(강인함 vs. 연약함)에 대한 피드백을 주었고 그녀는 자신에게 이런 두 측면이 있다는 사실에 관심을 보이며 탐색에 임했다. Amanda는 그녀의 강인함과 용기에 대한 나의 피드백을 듣고 기쁘다고 하면서도 내 말을 완전히 받아들이기에는 조금 두렵고 압도되는 느낌이라 주저된다고도 하였다. 이런 그녀의 경험은 그녀의 연약한 태도가 갖는 방어적인 기능(전통적으로 방어해석 혹은 방어분석이라고 개념화되는 것)뿐만 아니라 그녀가 왜 그렇게 자신이 갖고 있는 힘을 인정하는 것이 두려운지에 대해 탐색하는 것으로 이어졌다. 방어적이고 연약한 태도가 되는 것으로 철수하지 않고 자신의 힘과 건강한 공격성을 완전히 받아들인다는 것은 지금의 그녀가 견디기 어려운 무게의 책임감일 것이다. 그러므로 나는 그녀의 방어적인 방식의 기능적 측면을 깨뜨리고 없애려고 하기보다는 긍정적인 측면으로 재구조화하였다(즉, 그것은 그녀에게 안전망 같은 역할을 하고 있으며 필요한만큼 그 안전망을 잡고 있는 것이 중요하다고 얘기해주었다).

Amanda의 삶에서 (우리 관계에서 했던 것처럼) 자신의 욕구에 앞서 다른 사람들의 욕구를 생각하는 경향을 탐색하는 과정에서, 나는 그녀가 어렸을 때 어머니와 계부 사이에서 중재자 역할을 한 것에 대해 물어보았다. 그녀는 엄청난 책임감을 느꼈고 항상 그 두 사람 사이에서 일이 터지지 않도록 해야 했었다고 하였다.

나는 그녀가 경험해야만 했던 이 무거운 부담감뿐만 아니라 엄청난 두려움과 고통에 공감하였다. Amanda는 우리가 함께 작업한 과정을 통해서 어떻게 이 모든 경험이 "나를 망치게 되었는지 (그녀의 표현으로)"를 볼 수 있게 되었다고 하였다. 동시에 이 성장과정에서의 경험이 현재 문제의 원인이자 힘의 원천이라고 생각하기 시작했다고 말하였다. 나는 다음과 같이 대답하였다. "분명히 당신의 경험에는 엄청나게 부정적인 측면이 있었습니다. 다시 말하면 당신은 많이 두려웠고, 책임감에 압도되었지만, 동전의 또 다른 면처럼 당신은 스스로를 중요하고 강력한 사람이라고도 느꼈을 것입니다."

 이런 나의 해석은 Amanda의 숨겨진 자기애와 웅대성을 경험하는 것에 대한 나의 잠정적인 개념화를 반영했다. Amanda는 "나는 그 단어를 생각은 했지만, 말하고 싶지는 않았어요"라고 말했다. 그리고 자신이 힘이 있다는 것을 인정하는 것에 대한 두려움 그리고 피해자로 있는 한 누릴 수 있는 안전망을 버리는 것에 대한 위험에 대해 탐색하기 시작했다. Amanda가 우리가 함께 한 작업에 대해서 긍정적인 감정을 표현하고 나는 우리의 동맹에 매우 중요한 변화가 일어나기 시작했다는 인상을 받으며 3회 치료시간이 마무리되었다.

 4, 5회 면담에서, 우리 관계는 계속해서 친밀해졌고, Amanda는 점점 더 신뢰를 드러냈고 개방적이 되었다. 그녀는 과거에 다른 사람들을 믿고 의지하는 것이 얼마나 어려웠는지와 다른 사람들을 돌보려는 욕구의 지속적인 영향에 대해 탐색하였다. Amanda는 의존에 대한 두려움과 변화에 대한 두려움(그녀의 저항을 탐색)에 대해서 언급했는데, 그녀의 말투에는 진술함이 묻어 있었고, 정서적으로 즉시적인 탐색과정에 동참하는 것처럼 보이는 신선함과 활기가 있어 보였다. 그런 다음에 Amanda는 앞으로는 일이 잘될 것이라는 신뢰와 믿음이 커져간다는 말을 하기 시작했고, 작업이 끝난 이후에도 계속해서 좋은 변화가

있을 것이라고 말했다. 전반적으로 나는 4, 5회 면담에서 Amanda가 매우 진지하고 생동감 있는 모습으로 참여하는 모습에 감명을 받았다. 치료 초반에 질문을 이끌어내기 위해 힘들게 작업해야만 했던 것과는 대조적으로, Amanda는 자발적이고 진솔하게 치료시간에 임하는 것처럼 보였다. 4, 5회 면담 동안에, 그녀는 슬픔, 절망감 그리고 미래에 대한 희망감을 포함한 다양한 감정을 드러냈다. 이제 나는 Amanda가 감정적으로 살아있고 의미 있는 것들에 대해서 이야기를 하고 있다는 것을 의심하지 않았다(예를 들어 2회 면담 때 했던 것처럼). Amanda는 거침없고 생기발랄한 모습을 보여주었고 이런 그녀의 모습은 첫 면담 때부터 조금씩 느꼈던 것이었다. 그리고 이때부터 우리관계에도 조금씩 장난스럽고 자유로운 기류가 생기기 시작했다.

6회 면담(마지막 치료시간)은 어려웠지만 의미 있는 시간이었다. 어떤 면에서는 그전 치료시간들과 별반 다르지 않게 강렬하고 거친 느낌이 있었다. 오래된 정신분석적 속담에, 진짜 중요한 주제는 내담자와 치료자 둘 다가 임박한 분리(impending separation)의 현실을 다루게 되는 종결 시점에 재등장한다는 말이 있다. Amanda의 버림받은 개인사(그녀의 이미니가 이비지와 이혼한 것을 시작으로 계부의 자살 그리고 우리 작업에서 논의했던 일반적인 주제)를 생각해볼 때 그리고 나에게 마음을 열고 신뢰하기 시작했다는 사실을 고려해볼 때, 나는 그녀가 우리 작업의 종결을 버림받는 것으로 경험할까봐 걱정이 되었다.

정신분석적 관점에서, 이상적으로는 Amanda의 경우 오랜 시간에 걸쳐 치료자와의 신뢰로운 관계를 발전시키고 유지하는 기회를 가질 수 있는 장기치료에서 효과를 볼 것이라는 것을 강조하고 싶다. 시간이 경과하면서 신뢰할 수 있는 치료자와의 관계를 발전시키는 경험을 통해서 그녀는 누군가를 믿는다는 것이 어떤 것인지 배울 수 있고 암묵적인 관계적 앎(implicit relational knowing) 혹은 내적 대상관계를 점차로 수정해갈 수 있을 것이다. 여섯 번의 면담은 Amanda와 같은 개인사를 가진 사람에게는 지나치게 짧은 기간이다. 나는 그녀가 이제 겨우 마음을 열고 신뢰하기 시작했는데 결국에는 버림받는 느낌을 받는 상처를 입게 될까봐 몹시 걱정되었다.

그러나 모든 것을 고려해볼 때, 마지막 치료시간은 우리가 함께 해온 시간을 검토하면서 우리 사이에 진정한 참여와 연대감의 순간이 담긴 의미 있는 시간이었다고 생각한다. 마지막 면담을 시작할 때 나는 굉장한 압박감과 긴장감을 느꼈지만 한편 좋은 분위기로 끝맺기를 원했던 것으로 기억한다. Amanda도 비슷한 감정을 가졌을 거라고 생각한다. 나는 보통은 종결에 대한 내담자의 감정을 탐색하는 것이 중요하다고 생각한다. 그리고 내담자들이 일반적으로 종결에 대해 양가 감정을 갖는다는 것을 알고 있다. 내담자는 보통 치료가 제대로 진행되지 못한 경우, 자신의 감정을 충분히 탐색하기를 주저한다. 치료가 잘 진행됐어도 감정을 완전히 탐색하는 것을 꺼릴 수 있다. 이런 상황에서 보통 내담자들은 고마움과 함께 상실감, 버려짐, 불안, 때로는 치료자로부터 얻지 못한 것에 대한 분노가 섞인 복합적인 감정을 경험한다. 그리고 이런 유형의 양가감정으로부터 해리되는 경향도 있다.

하지만 Amanda의 사례에서 나는 그녀가 처음에 마음을 여는 것을 얼마나 어려워했는지를 생각할 때, 충분히 경험하고, 수용하고, 표현하기 어려운 감정들에 대해 말하라고 그녀에게 압박감을 주지 않기 위해 매우 조심했다. 작업의 초기 단계에서 우리 사이에서 일어났던 역동을 기억하고 있었기 때문이다. 그 때 그녀는 개방형 질문들이 너무 침범적이고 어렵다고 느끼고 입을 다물어 버리거나 주도권을 내게 넘기려는 태도를 보이곤 했었다. 내가 너무 세게 밀어붙이면, 마지막 치료시간에도 같은 역동이 재출현했을 것이라 상상할 수 있었다.

마지막 면담을 시작하면서, Amanda가 이전의 두 번의 치료시간에서보다 더 신중하고 조심스러워 하는 것을 느꼈다. 그래서 나도 더 조심스럽게 첫 발을 내딛어야겠다고 느꼈다.

나는 Amanda에게 이번이 마지막 치료시간이라는 것에 대해서 어떻게 느끼는지를 물어보면서 조심스럽게 면담을 시작했다. 그녀는 약간의 양가 감정을 경험하고 있다고 말했다. 우리의 치료시간이 그리워 질 것이라는 것과 더 이상 카메라 앞에 설 필요가 없다는 안도감이 섞인 감정이라고. 나는 우리 관계의 상호적인 측면을 강조하는 방법으로서, 그리고 Amanda가 우리 관계에서도 무력하다고 느끼고 이것 때문에 분노하는 경향을 반복하지 않도록 나도 비슷한 감정을 느끼고 있다고 인정하였다. 나 자신의 양가감정을 개방함으로써, 그녀에게 어떤 압력도 가하지 않고 양가감정에 대해서 말할 수 있도록 암묵적으로 허락하고 싶었다.

나는 Amanda에게 오늘 특별히 말하고 싶은 것이 있는지 물었고 그녀는 퉁명스럽게 "아니요"하고 대답했다. 힘겨루기를 피하고 싶다면, (적어도 이 시점에서는) 내가 더 많은 이야기를 하고 다시 주도권을 갖는 것이 중요할 것이라고 느꼈다. 이전 치료 시간에 그녀가 "매우 자발적으로 말하기도 했었고", 그리고 그녀가 매우 존재감이 있고 생기 있어 보였기 때문에 내가 너무 말을 많이 하는 게 꺼려진다고 말했다.

그녀는 이 시간이 "순조롭게" 느껴지지 않는다고 하였다. 나는 그녀에게 물어보고 싶은 것이 많지만 압박감을 주거나 곤혹스럽게 만들고 싶지 않아서 조심스럽다고 말했다. 내가 이렇게 솔직하게 내 감정을 개방하자, 그녀는 조금 편안해 보였고 그런 후에 나는 우리가 함께 보낸 시간이 그녀에게 어떤 의미가 있었는지 그리고 특별히 인상에 남는 것은 무엇인지 궁금하다고 물었다.

그러자 Amanda는 처음 시작했을 때와 지금 사이에는 상당한 차이를 느낀다고 말했다. 그녀는 지난 한 해 동안 인생에서 중요한 변화들이 많았지만 우리가 함께 작업을 시작한 이래로 자신이 훨씬 더 발전하였다는 확신을 가지게 되었다고 했다. 그녀는 자신의 힘에 대해서 더욱 확신이 생기고 자각하는 듯 보였다. 나를 더 믿게 되었고 전반적으로도 신뢰감이 많이 생겼다고 하였다. 미래에 대해서도 더 희망적이 되었다고 말했다. Amanda는 또한 연애상대를 선택하는 데 변별력이 생겼고 자신에 대한 믿음도 더 커졌다고 말했다.

이 마지막 면담 동안, Amanda가 혹시 내가 자신을 버린다는 느낌을 갖는 지에 대해서도 고려해봤다. 앞서 지적했듯이, Amanda의 버림받은 개인사를 고려했을 때 이 주제에 대하여 특히 걱정이 많이 되었다. 그녀는 우리가 단지 여섯 번의 치료 시간 동안만 만날 것이라는 것을 처음부터 알고 있었기 때문에 이게 우리의 마지막 작업인 게 괜찮다고 했다. Amanda가 인정하거나 말로 표현 할 수 있는 것보다 더 많은 감정들이 있을 것 같아 다소 걱정이 되었지만 너무 밀어붙이는 것은 주저되었다.

 나는 이성적으로는 그녀 말이 완전히 이해가 되고, 나도 이번 면담을 끝으로 종결하는 게 괜찮다고 말했다. 그럼에도 불구하고, 함께 한 작업을 끝내는 것은 슬프고 그녀를 위해서 앞으로는 이 자리에 있을 수 없는 것이 걱정된다고 말해주었다. 내 바람은 내가 내 감정을 솔직히 개방함으로써, 그녀 안에 남아있을 수 있는 상응하는 느낌에 대해서, 설사 완전히 인정하고 말하지는 못하더라도, 좀 더 접촉할 수 있도록 해주고 싶었다. 치료시간 끝에, 나는 Amanda에게 내담자의 수입을 고려해서 치료비를 차등책정하는 지역사회 치료클리닉에 대한 정보를 주었다. 카메라가 꺼졌을 때, Amanda와 나는 구석으로 걸어가서 짧은 작별인사를 나누었다. 그녀는 즉흥적으로 나를 강하게 포옹하였고 나는 그녀에게서 슬픔과 따뜻함을 느꼈다.

 1년 후에, Amanda는 이메일로 그녀가 잘 지내고 있다고 알려주었다. 그녀는 여전히 약물을 하지 않고 우울증도 없다고 하였다. 내가 의뢰해주었던 진료소에서 종결제한이 없는 치료를 시작했고 지속적인 치료가 도움이 되는 것 같다고 하였다. 상근직으로 일도 하고 있었고 이전보다 더 건강해 보이는 연애를 하기 시작했다.

이 장에서는, 정신분석적 치료에서의 개입의 원리들과 변화의 근본 기제들을 논의하였다. 또한 장·단기 정신분석적 치료에서 작용할 것으로 가정되는 변화의 원리들과 기제들을 제시하고자 했다. 5장에서는, 정신분석적으로 지향된 치료의 효과와 관련된 실증연구 자료들을 검토하고 다양한 내담자군을 대상으로 정신분석적 원리의 적용을 검토하고자 한다.

5 장

평 가

이 장에서는 정신분석을 경험연구와 전통적인 정신분석적 접근법들의 다양한 적용에 대해서 평가하고자 한다. 특히 인종과 문화적 다양성, 그리고 사회적 계층의 차원을 강조하고자 한다. 이런 관점에서 다양한 맥락에 적용할 수 있는 정신분석의 이론적, 기법적 원리를 검토하고자 한다.

정신분석과 정신분석적 치료효과를 지지하는 연구

역사적으로, 정신분석가들은 정신분석적 치료효과를 평가하려는 시도에 대해서 별로 수용적이지 않았다. 그 이유로는 첫째, 체계적인 경험연구가 정신분석 과정의 복잡성을 제대로 다룰 수 없다는 믿음, 내담자들에게 경험연구의 피험자로 참여해 달라고 요청하는 것이 사생활을 침해하고 치료적 과정에 부정적인 영향을 줄 수 있다는 우려, 그리고 경험연구는 탐색 중인 과정에 불가피하게 영향을 주거나 왜곡할 것이라는 믿음 때문이다. 이런 우려들과 경험연구에 대한 정신분석 세계의 전통적인 반감에도 불구하고, 지난 30년에 걸쳐 정신분석적 치료의 효과관련 연구가 축적되어왔다. 최근 미국 의학정보 온라인데이터베이스(Medline) 연구는 1974년과 2010년 5월 사이에 영어 저널에 실린 정신분석적 치료의 효과검증을 시도한 총 94개의 무작위 임상실험(randomized clinical trial)결과를 확인하였다 (Gerber et al., 2011). 최근 *American Psychologist* 논문에서, Shedler(2010)는 정신역동적 심리치료 효과를 평가하는 여덟 개의 또 다른 메타분석 결과를 검토하였다. 메타분석 연구는 정신분석적 치료와 인지치료, 행동치료를 포함한 다른 치료 접근을 통제조건들과 비교하는, 방법론적으로 잘 설계된 무선할당 임상실험만을 포함하였다. 이 연구들의 내담자집단은 우울, 불안, 공황, 신체화 장애, 섭식장애, 물질 관련 장애, 성격장애를 포함한 다양한 장애를 보이는 성인들을 대상으로 진행되었다. 그리고 포함된 대부분의 정신역동적 심리치료는 단기치료였다 (보통 무선할당된 임상실험을 위한 사례). 메타분석결과, 정신역동적 심리치료의 효과가 상당한 것으로 나왔다. 즉, 정신역동적 심리치료의 효과크기는 보통 인지치료와 행동치료에서 보이는 효과크기만큼 또는 더 큰 것으로 나왔다. 뿐만 아니라, 정신역동적 심리치료를 받은 내담자들은 치료가 끝난 이후에도 치료적 이득 혹은 효과를 유지했고 계속해서 향상된 모습을 보였다.

메타분석에 포함된 연구들 간에 어느 정도 중첩되는 부분이 있기 때문에 Shedler(2010)의 연구에 포함된 연구 혹은 논문의 정확한 숫자를 측정하기는 어렵다. 하지만 총 1,431명의 내담자를 대상으로 무작위로 뽑은 임상실험 23개를 분석한 대규모 메타분석(Abbass, Hancock, Henderson, & Kisley, 2006)이라는 점이 본 연구에서 요약한 자료의 방대함을 보여준다.

추가로 세 개의 최근 연구는 정신분석적 치료가 경계선 성격장애의 치료에 효과적이라는 증거를 제공하면서, 변증법적 행동치료(DBT)가 경계선 성격장애 집단을 위한 적합한 치료라는 관습적인 지식에 도전장을 내밀었다. DBT와 전이해석을 폭넓게 사용하는 정신분석적 치료 사이에 정면승부를 하는 연구들 중 첫 사례인 Clarkin, Levy, Lenzenweger, Kernberg(2007)는 경계선장애 내담자들을 DBT와 정신분석적 치료 집단에 무작위로 할당하였고, 정신분석적 치료가 DBT만큼 또는 더 효과적이라는 것을 밝혔다. 또한 정신분석적 치료는 중도탈락자들이 유의미하게 적다는 것을 밝혀냈다. 마지막으로 성인애착면담 척도로 평가했을 때, 정신분석적 치료를 받은 내담자들은 DBT를 받은 내담자들보다 불안정 애착에서부터 안정 애착으로 애착의 질이 더 많이 향상되었다.

Bateman과 Fonagy(2008)는 정신화기반 치료(mentalization−based−treatment)라는 정신분석적 치료를 개발하고 그 효과성을 평가하였다. 이 치료는 경계선 성격장애 내담자들을 위한 개입방법으로 고안되었다. 그들의 연구는 종결면담과 18개월 이후의 추수면담 시 측정했을 때, 경계선 성격장애 집단을 대상으로 한 정신화기반 치료가 일반적 치료(부분적 입원)보다 더 효과적이라는 것을 보여주었다. Bateman과 Fonagy는 같은 표본을 가지고 더 긴 기간의 추수 연구를 실시하였다. 즉 종결 후 5년이 지났을 때, 정신분석적 치료를 받은 내담자들은 자살(23% vs. 74%), 치료기관 이용기간(2년 vs. 3.5년의 정신과 외래진료), 약물 복용(0.02년 vs. 1.90년 3가지 이상의 약물을 복용한 기간), 60점 이상의 전체 기능수준(45% vs. 10%), 취업상태(3.2년 vs. 1.2년 고용되거나 교육 중), 진단적 지위(13% vs. 87% 계속적으로 경계선 성격장애의 진단기준을 충족)를 포함한 중요한 차원에서 일반적 치료를 받은 내담자들보다 통계적으로 우위에 있음을 보여주었다.

마지막으로, McMain과 동료들(2009)은 경계선 성격장애를 진단받은 내담자들을 대상으로 약물치료와 DBT 그리고 약물치료와 정신역동적 심리치료를 병행한 치료의 효과성을 평가하였다. 두 가지 조건 모두 치료기간은 1년이었다. 이 실험은 지금까지 DBT를 치료양식으로 포함하는 가장 큰 무작위의 임상실험이었다. McMain과 동료들(2009)의 예상과는 반대로, 두 치료집단 모두 종결 때 다양한 결과측정에 걸쳐 유의미한 향상을 보여주었고, 두 집단 간 유의미한 차이는 없었다. 유의미한 차이점을 찾지 못한 결과에 특별히 놀랄 것도 없었다. 하지만 이 결과는 심리치료연구에서 이미 널리 알려진 대로 연구자의 특정 이론에 대한 충성심이 치료결과를 가장 강력하게 예측한다는 사실(researcher allegiance effect)과 McMain이 DBT의 신봉자라는 사실을 고려할 때, 매우 특별한 의미를 갖는다.

현실적이고 논리적인 문제들이 많아서 정신분석을 포함한 장기적이고 집중적인 치료에 대해 무선할당된 임상실험을 하는 것이 대단히 어려워졌다. 현실적인 문제 중 하나는 오랜 치료기간(4-6년 또는 그 이상)동안 내담자의 진전을 추적하는 것은 상당한 시간과 자원의 투자를 필요로 한다는 것이다. 추가적으로, 치료기간과 강도가 완전히 다른 두 가지 치료 중 하나에 무선적으로 할당되는 것을 흔쾌히 받아들이는 내담자들을 찾는 것은 대단히 어려운 일이다.

이러한 제약 때문에, 장기 정신분석의 효과성을 평가하는 대부분의 연구들은 현장의 자연적 특성(예: 내담자가 스스로 치료를 선택하거나 적합성을 평가한 것을 토대로 치료조건에 할당되는 것)을 가지게 되었고 따라서 다양한 방법론적 문제점들을 가지고 있다. 중장기 정신분석적 치료의 효과성에 대한 대부분의 연구는 공중보건제도가 장기 정신분석적 치료의 비용을 대주는 유럽의 여러 나라들에서 시행되었다. 예를 들면, 독일에서, Leichsenring, Biskup, Kreisch, Staats(2005)는 대부분이 동반질환의 증세를 보이고 있고, 만성적 심리적 문제(예: 우울증, 불안, 강박 장애, 성기능 장애)로 치료를 찾은 36명의 내담자들을 대상으로 정신분석적 치료의 효과성에 대한 자연적 연구의 결과를 보고하였다. 치료는 정신분석기관에서 수련을 마치고 개인치료를 하고 있는 정신분석가들이 시행하였다. 통제집단은 없었지만, 다른 연구에서의 통제집단의 효과크기가 규준점수로 사용되었다. 치료의 평균기간은 37.4개월이었고 평균 253치료시간이 시행되었다. 치료 횟수는 평균 일주일에 한 번 혹은 두 번 사이였다. 이렇게, 이 연구에서의 치료는 무작위의 임상실험으로 진행되는 연구에서보다 치료기간이 길고 더 집중적이었지만, 실제 장기 집중적인 정신분석에 비해서는 절반 정도의 치료기간이었다. 일반적으로, 효과크기의 측면에서는 증상, 대인관계 문제, 삶의 질, 안녕감, 그리고 치료 초기에 내담자가 제시한 문제 등에서 유의미하게 큰 변화가 있었다. 이 변화는 1년 후 추수면담 때도 안정적으로 유지되었고, 실제로 어떤 영역에서는 더 증가하기도 하였다.

Sandell et all.(2000)이 정신분석 혹은 정신분석적 정신치료를 받은 400명이 넘는 내담자를 대상으로 스웨덴에서 진행한 야심 찬 자연적 연구에서는 내담자들이 자신의 치료를 선택하도록 하였다. 내담자들이 치료에 무선으로 할당되지 않았다는 것을 고려할 때, 내담자 특성이 치료결과에 영향을 줄 가능성을 배제하기란 어렵다. 그럼에도 불구하고, 본 연구에서는 다양한 통계적 절차들을 사용하여 이를 제거하고자 하였다. 이 연구에서 정신분석의 평균 치료기간은 51개월이고 평균 횟수는 일주일에 3.5번이었다. 일반적으로 정신치료의 평균 치료기간은 40개월이고 치료횟수는 일주일에 1.4번이었다. 일반적으로 두 치료는 효과적이라고 알려져 있다. 하지만 첫째, 3년 추수 간격으로 측정했을 때, 정신분석을 받고 있는 내담자가 정신치료 내담자보다 여러 차원에서 더 나은 결과를 성취하였다. 둘째, 숙련된 정신분석가들은 정신분석적 수련과 경험이 적은 치료자들보다 더 나은 결과를 성취하였다. 마지막으로 빈도와 기간 변인의 상호작용이 결과를 정적으로 매개하였다(즉 잦은 빈도와 긴 기간의 상호작용).

Huber, Henrich, Gastner, Klug의 중요한 연구(인쇄 중)는 우울한 환자를 대상으로 집중적(intensive) 정신분석적 치료(평균 160-240회); 덜 집중적인(less intensive) 정신역동적 심리치료(평균 50-80회; 일주일에 1회); 인지행동치료(평균 45-60회)의 효과 차이를 평가하기 위해 부분적으로 무선할당 실험설계연구를 진행

하였다. 종결 때는, 정신분석집단의 내담자들(91%)이 인지행동
조건의 내담자들(53%)에 비해 우울증의 진단기준을 더 이상 충
족하지 않는다는 유의미한 결과가 나왔다. 덜 집중적인 정신역
동적 조건의 내담자들은 그 중간에 해당하였고, 68%는 우울증
기준에 더 이상 맞지 않았다.

1년 후의 추수 면담에서, 정신분석 내담자의 89%, 정신역동
내담자의 68%, 인지행동치료의 42%가 우울증 진단기준을 더
이상 충족하지 않았다. 정신분석과 인지행동치료, 정신분석과
정신역동적 심리치료, 정신역동과 인지행동치료의 차이는 유의
미하였다. 추수 면담에서 정신역동과 인지행동 조건 간의 유의
미한 차이를 보여주는 결과는, 두 가지 치료가 거의 동일한 기
간과 강도로 제공되었다는 사실을 고려하면 충격적이다.

마지막으로, 집중적인, 장기 정신분석의 치료효과를 조사하는
수많은 자연적 연구에 대한 폭넓은 리뷰들이 있다(e.g., Fonagy
et al., 1999; Galatzer-Levy, Bachrach, Skolnikoff, & Waldron, 2000;
Richardson, Kachele, & Renlund, 2004). 여기서 이 연구들을 자세
히 논의하지는 않겠지만, 대체로 그 결과들은 전망이 밝다. 이
모든 리뷰들은 다양한 연구의 방법론적 강점과 약점을 두루 언
급한다.

요약하면, 양적으로 증가하고 있는 경험적 연구 자료는 다양
한 정신장애의 치료에서 정신분석적 치료의 효과를 지지한다.
더군다나, 점점 더 많은 실증 자료가 시사하는 것은 정신분석
적 치료의 영향이 종결 후에도 계속해서 증가한다는 것이다.

현재의 시점에서는, 실제적이고 논리적으로 타당한 이유들 때문에, 무선할당된 임상실험에서 보다는 자연적 연구(naturalistic study)로부터 집중적인 장기 정신분석의 효과에 대한 자료를 얻을 수 있다.

장기 정신분석의 효과성을 지지하는 다른 자연적 연구의 결과를 무시하는 것은 잘못된 것이다. 사실 많은 사람들이 주장하는 것처럼(e.g., Seligman, 1995; Westen, Novotny, & Thompson – Brenner, 2004) 자연적 연구(그들의 한계에도 불구하고)는 외적 타당도와 일반화와 관련해서 무선할당된 임상실험에 비해 더 많은 장점을 가지고 있다. 무선할당된 임상실험에서의 피험자와 달리, 현실에서의 내담자는 치료자와 마찬가지로 자신이 받을 치료유형을 선택하고, 종결하기로 마음먹을 때까지 치료를 계속하는 것을 선택한다. 더군다나, 치료자는 대체로 표준화되거나 철저한 프로토콜을 고수하지 않고, 치료시간에 내담자의 욕구에 반응해서 자신이 하고 있는 것을 탄력적으로 수정할 가능성이 많다. 심리학과 학생들이 연구방법론 시간에 배우듯이, 경험연구는 어쩔 수 없이 외적 타당도(실제 생활 상황에 일반화)를 희생해가며 내적 타당도(원인을 추론하고 대립가설을 기각하는 능력)를 유지한다. 정신치료연구의 산물이 정말로 가치가 있으려면, 주어진 방법론의 장단점을 이해하면서 다양한 방법론에 의해서 산출된 자료에 상대적인 무게를 두는 복수적 관점을 채택하는 것이 필수적이다(Safran, 2001).

정신분석적 치료의 잠재적 걸림돌 혹은 문제점

모든 사람에게 효과가 있는 치료란 있을 수 없고, 정신분석 치료도 예외가 아니다. 이는 특정 정신분석적 치료적 개입의 유용성의 차원에서도 마찬가지이다. 예를 들어 지적, 심리적, 감정적인 요인 때문에, 어떤 내담자들은 자기반성적 능력이 제한되어 있고 그래서 해석과 같은 반성적 능력을 촉진하도록 고안된 개입은 별로 도움이 되지 않을 수 있다. 어떤 내담자들에게는 전이 혹은 치료적 관계를 탐색하려는 시도도 매우 위협적일 수 있다. 심리적으로 많이 와해되고 혼란스러워 하는 내담자들에게는 방어 혹은 무의식적 소망을 탐색하려는 시도 또한 너무 위협적이다. 위기상황에 있는 내담자들은 지도(guidance), 구조화, 지지를 즉각적으로 요구하기 때문에 통찰지향적인 치료는 의미가 없다. 치료자의 역전이에 대한 자기개방을 포함한 개입방법은 어떤 내담자에게는 위협적이고 침범당하는 것으로 경험될 수 있다. 즉각적인 증상완화보다 기저에 깔려있는 정신 역동적 문제들과 성격변화에 초점을 맞추는 정신분석적 강조는 현재 극심한 정서적 괴로움에 시달리는 내담자들에게, 그리고 수면 밑에 깔려있는 문제들에 초점을 맞추는 것에 흥미나 만족감을 누리지 못하는 내담자들에게는 별로 유용하지 않다.

비슷한 차원에서, 치료기간이나 빈도와 관련된 기준들에 관해서, 많은 내담자들이 장기치료에 쏟을 수 있는 관심, 시간, 혹은 재원이 부족할 수도 있다. 그리고 많은 내담자들은 일주일에 한 번 이상 또는 일주일에 한 번 조차도 치료에 쏟을 수 있는 관심, 시간, 심리적 지원이 없을 지도 모른다. 이런 이유

들 때문에, 정신분석이 완고하거나 순수한 방식으로 정의될 때
는, 신경증적인 성격구조를 가진 내담자(경계선이나 정신증보다는),
상대적으로 높은 수준의 자아강도와 일관성 그리고 자기반성
능력을 가진 내담자들에게 가장 적합하다.

하지만 정신분석이 폭넓은 정신분석적 틀로서 더 유연하게
개념화되어서 다양한 변화기제가 치료과정에서 할 수 있는 역
할에 대한 이해를 통합하고, 폭넓은 차원에서 여러 치료개입을
통합할 수 있다면 더 다양한 내담자들에게 유용할 수 있을 것
이다. 앞서 기술한 대로, 이 같은 정신분석의 포괄적인 개념화
는 치료자와 내담자 간에 치료과제와 목표(외재적, 내재적 수준 모
두에서)를 지속적으로 협의해나가는 것이 치료과정에 내재된 부
분이라는 것을 인식하는 것을 전제로 한다. 정신분석의 완고한
정의에 매달리는 이론적 순수론자들은 언제나 있기 마련이지
만, 북미와 세계의 다른 나라들에서는 다원적이고 유연한 정신
분석적 관점으로 선회하는 경향이 증가하고 있다.

정신분석적 치료와 다양한 내담자 집단

정신분석은 원래 서유럽의 고등교육을 받은 중산층의 사람들
에 의한, 그들을 위한 치료형태로 발달하였다. 하지만 정신분석
이 미국의 공중건강보건제도 내에서 지배적인 이론적 영향력을
갖게 되면서, 모순적인 상황이 벌어졌다. 정신분석적 사고에 영
향을 받은 치료자들은 다양한 문화와 사회적 계층의 내담자들
을 치료하는 위치에 있게 된 것이다. 동시에, 그들은 내담자들

의 다양성을 고려하기에는 불충분한 이론적 전제와 개입원칙들
을 교육받고 있었다. 최근 몇 년 동안, 정신분석가들은 중산층,
유럽계 미국인 중심으로 편향된 정신분석 이론과 치료가 이루
어져왔다는 것을 인식하는 것이 중요하다는 의견을 내놓기 시
작하였다. 또한 다양한 인종, 사회적 계층의 고유한 문화적 태
도와 가정들을 통합하는 방식으로 이론, 임상적 자세, 그리고
치료적 개입을 수정하는 것의 중요성에 대해서도 폭넓게 저술
하였다(e.g., Altman, 1995; Gutwill & Hollander, 2006; Perez Foster,
Moskowitz, & Javier, 1996; Rolnd, 1989). 개인주의/집단주의, 주체
성(agency)/의존성, 사회적 위계와 권위에 대한 존중, 성역할과
역할의 관계, 정서적인 경험과 표현, 영성과 같은 다양한 주제
와 관련해서 문화의 고유함에서 오는 태도의 차이점에 대한 논
의는 아주 복잡해서, 단순화하지 않는 한 여기 한정된 지면에
서 논의하는 것 자체가 불가능하다.

다문화적 관점의 필요성은 대부분의 정신치료 전통이 점점
더 초점을 맞추는 주제이다. 하지만 현대 정신분석 저술은 내
재화된 문화적 태도, 무의식적인 과정, 전이/역전이 패턴이 정
신 치료에 미치는 영향을 연구하는 데 초점을 두는 점에서 차
별화된다. 미국은 문화와 인종의 다양성으로 특징되는 이민자
의 나라이다. 미국사회는 공적으로 이 다양성에 대한 관용을
보장한다. 자유-진보적 진영에서는, 다문화주의에 대한 우리의
결의에 대해 자부심을 가지고 있고 미국심리학회는 관련 연구
와 임상수련을 촉진하는 역할을 확실히 해오고 있다. 이 영역
에 대한 정신분석적 관점이 고유하게 기여한 바는 인종, 문화,
계층에 대한 무의식적인 편향과 편견이 우리 일상의 상호작용

에 영향을 미치고 있다는 것을 강조하는 것이라 할 수 있다.

　인종적, 문화적 다양성의 수용이 우리 사회의 모든 분야에서
받아들여지는 가치라고 주장하는 것은 너무 순진한 생각일 수
도 있지만, 자유진보사회 내에서는 이런 가치가 올바른 것이라
는 데에 의심의 여지가 없다. 정신분석적 관점에서 보면, 이 일
반적으로 수용되는 합의에 대한 한 가지 제약은 문화적·인종
적 편협함이 수면 밑으로 가라앉을 수 있다는 것이다. 인간이
사회적 편견을 내재화하는 것은 피할 수 없고 이 무의식적으로
내재화된 태도는 우리가 타인이나 우리자신과 관계하는 방식에
영향을 준다. 인종과 문화적 배경이 다른 내담자를 치료할 때,
인종과 문화에 대한 내재화된 문화적 태도는 내담자와 치료자
모두에게 전이/역전이 장면에서 무의식적으로 드러난다. Neil
Altman(2000)은 아프리카계 미국인 내담자와의 실패한 치료에
대해서 매우 솔직한 자기반성적인 논문을 쓴 적이 있다. 이 사
례에서, 중산층의 유태계 미국인 정신분석가 Altman은 결혼문
제와 공황발작을 가진 아프리카계 미국인 내담자 Mr. A를 치료
한다. Mr. A는 위탁가정에서 자라면서 가족들에게 신체적, 성
적으로 학대를 당하였다. 그는 "거친 아이"가 되고 다른 거친
아이들과 어울리는 거리의 싸움꾼이 됨으로써 살아남았다. 12
살 때, 그는 친부모와 재결합해서 새로운 사람이 되기로 결심
하였다. 학교에서 열심히 공부해서 학업적인 성취를 하고 결국
에는 아이비리그 법대에 가서 성공한 변호사가 되었다. 치료초
기에 나온 주제들 중의 하나는 Mr. A의 아버지가 그에게 주었
던 큰 액수의 대출금을 갚으라고 했다는 것이었다. Mr. A는 아
버지의 새 아내에게 화가 났는데, 그녀가 남편을 독촉해서 Mr.

A로부터 대출금을 회수하도록 뒤에서 조정하였기 때문이고, 아 버지가 새 아내의 의사결정을 따르는 데에도 화가 나있었다.

Altman은 처음에는 Mr. A가 운명이 그에게 호의적이지 않았 음에도 불구하고 그렇게 많은 것을 성취해낸 것을 매우 존경스 러워했다. 하지만, 치료초기에 Mr. A는 Altman과의 약속시간을 잊어버리고 치료비로 부도수표를 주는 등의 패턴을 보이기 시 작했다. Altman은 Mr. A와 그 상황을 다루려고 시도했지만, 다 른 내담자와 하듯이 둘 사이에서 일어나고 있는 역동의 잠재적 의미를 충분히 탐색하지 못했다. 회상해보면, Altman은 첫 수표 가 되돌아오기 전에, Mr. A가 치료비를 지불하지 않을 거라는 생각이 희미하게 떠올랐었다. Altman의 말에 따르면, 그 생각은 "가난에서부터 벗어나는 길을 찾으려고 안간힘을 써왔고 수지 를 맞추느라 여전히 고생하는 이 남자가 나 같이 특권을 가진 사람에게 상당한 액수의 돈을 지불할 것으로 생각하지 않는다" 는 것과 같은 것이었다. 더 깊은 수준에서, Altman은 Mr. A가 흑인이라는 것과 "흑인들은 무책임하고 범죄자"라는 Altman 자 신의 무의식적인 인종에 대한 고정관념 때문에 Mr. A가 돈을 떼먹을 수 있다는 인종차별적 편견을 가지고 있었다는 것을 인 정했다. Altman(2000)의 말에 따르면:

> 나는 거미줄처럼 얽혀있는 죄책감, 화, 욕심에 걸려들었다. 거기에는 반유태적 고정관념(anti-Jewish stereotype) 또한 활성화되어 있었다. 나는 고정관념대로 욕심 많은 유태인, 가 난으로 고통 받는 빈민가의 주민들을 뜯어먹고 사는 유태인 집주인처럼 느끼기 시작했다. 이런 감정들에 대한 수치심 때

문에 나는 부도수표에 대해서 Mr. A를 직면시키기 어려웠다.
직면을 시키게 되면 모든 편견들이 노출되고 나 자신의 욕심
과 그가 돈을 떼먹을 거라는 나의 편견이 모두 드러나게 될까
봐 두려웠다(p.4).

마침내 Altman은 수표가 되돌아오는 것에 대해서 Mr. A를
직면시켰고, Mr. A의 아버지가 돈을 돌려달라고 요청한 것에
대한 느낌과 전이 사이의 잠재적 유사점을 탐색하려고 시도했
다. Mr. A는 이것이 어느 정도 유용하다는 것을 아는 것 같았
고 대인관계에 긴장이 있을 때 그것을 악화시키는 자신의 패턴
을 탐색하기 시작했다. 그는 Altman과의 역동을 악화시키지 않
을 것이며, 수표를 지불하는 것에 대해 더 양심적으로 하겠다
고 약속했다. 간단히 말하면, Mr. A는 이후에도 여전히 부도수
표를 줬고 결국 Altman에게 상당한 치료비를 지불하지 않은 채
치료를 그만두었다. Altman은 자신의 반의식적(semiconscious)
인종차별적 감정과 내재화된 반유태주의에 대한 수치심이 Mr.
A와의 상황을 건설적으로 탐색하지 못하게 방해한 것 같다고
회고하였다. 잠재되어있는 무의식적인 인종적 저의를 깊이 탐
색하는 것이 더 나은 결과를 가져왔을지는 알 수 없지만,
Altman은 반의식적(semiconscious) 혹은 무의식적 인종 관련 태
도가 잠재적으로 전이/역전이의 재연에서 나타난 가치있는 사
례를 용감하게 제시하였다.

나는 뉴욕의 The New School for Social research에서 임상
심리학 학생들을 가르치는 강의에서 Altman의 논문을 사용해
관련 토의를 유도하곤 하였다. 학생들의 다양한 반응들은 매우

흥미로웠다. 어떤 학생들은 그것이 엄청나게 도움이 되었다고한 반면에 다른 학생들은 Altman이 스스로 인정했듯 인종차별적 행동을 보인 것으로 판단했고 Altman이 자신의 내재화된 반유태주의에 대해 말했을 때 비판적이 되거나 난처해하였다. 나는 때때로 학생들에게 이 논문을 과제로 준 것에 대해서 그리고 고투하고 있는 Altman과 동일시하는 것에 대해 약간의 수치심을 느꼈다. 하지만 이 논문을 숙제로 주는 것을 그만둘 정도는 아니었다. 정확하게 말하면 치료자와 내담자가 전이/역전이맥락(matrix)에서 나오는 무의식적인 편견의 핵심에 도달하고자한다면, 우리는 이런 유형의 수치심에 대해 치료자로서의 우리자신에게 계속해서 직면시킬 필요가 있다.

덧붙이면, New School에 있는 학생들 중에는 유학생이거나혹은 문화적으로 다양한 배경(Latino/Latina, Asian, Asian American, african America, Middle Eastern)을 가진 학생들이 많다. 때문에, 우리는 종종 다른 문화(Anglo 미국문화를 포함해서)를 가진 내담자를 치료한 학생의 경험을 탐색하는 데 시간을 할애한다. 지배적이지 않은 문화적 배경을 가진 치료자이거나 다른 문화권들사이에시 제 자리를 찾느라고 정체성과 고투하는 치료자일수록치료자 자신의 문화적 정체성과 관련된 무의식적이고, 갈등적인 역전이 경험을 탐색하는 것은 매우 중요할 수 있다.

정신치료에서 인종과 문화의 역할에 대한 이론적, 임상적, 경험적 문헌이 증가하고 있지만, 사회적 계층에 대한 주제는상대적으로 덜 주목받고 있다. 이런 상대적인 소홀함은 계층혹은 계급의 차이가 없는 사회에 살고 있다는 미국의 신화와 일치한다. 하지만 사회학자들이 지적하듯이, 미국이 오래된 나라들이 가지고 있는 전통적인 사회적 위계를 갖고 있지는 않지만, 미국 역시 주로 사회경제적 선을 따라 형성된 계층체계를 가지고 있다. 그리고 이 계층체계 내에서의 유동성은 아메리칸 드림으로 알려진 것보다 훨씬 덜 용이하다(Keller, 2005).

사회적 계층의 구조는 정의하기가 어려운데 그 이유는 특히 다문화, 다인종 사회 내에서는 문화와 얽혀있기 때문이다. 그럼에도 불구하고, 기본적 수준에서, 계층은 재정적 수입, 수입을 벌어들이는 수단, 수입을 벌어들이는 육체적, 정신적 노동의 양, 개인적 시간활용에 대한 통제력의 정도, 교육수준, 주거유형과 같은 변수들과 관련이 있다. 자본주의의 출현과 함께, 귀족 대 소작농으로 나뉘는 문화의 전통적인 계층화가 무너지기 시작하였다. 그리고 육체적 노동을 통해서 수입을 벌어들이는 노동자 계층과 상품을 생산하거나 파는 사업 혹은 서비스를 소유하고 경영을 하거나 재정을 투자해서 수입을 벌어들이는 중산층 간에 새로운 구분이 생기기 시작하였다.

자기자각, 자기반성을 강조하는 치료적 편향아래서 수련을 받은 임상 혹은 상담심리전공 학생들은 공공부문에서 일할 때 종종 무력감을 느낄 수가 있다. 그곳에 있는 많은 내담자들은 자기반성 혹은 통찰을 중요시하는 문화권 출신이 아니고, 생존의 일상적인 측면이 너무 압도적이어서 자기반성과 통찰지향적인 정신치료와는 거리가 멀어 보일 수 있기 때문이다. 서양의 정신치료와 자기이해를 향상시키려는 노력(project)은 문화와 역사가 고려된 작업(practice)이다. 전통적 문화권 출신의 많은 내담자들은 혼란스러운 증상들을 문화적 맥락에서 규범적인 용어로 틀을 잡아주는 조언, 지도, 도움을 받을 수 있는 치유자 혹은 권위자(목사, 샤만, 가족이나 마을의 어른)를 찾고자 한다.

치료로부터 얻을 수 있는 것에 대한 내담자와 치료자의 희망과 기대가 아주 다를 때도 있다. 내담자는 종종 치료자를 자신의 결핍된 자원을 찾아 줄 수 있는 힘을 갖고 있거나 미래에 영향을 미칠 수 있는 공식적인 단체 혹은 협회를 대표하는 사람으로 본다(Altman, 1995; Gutwill & Hollander, 2006; Perez Foster et al., 1996). 진료소는 복지, 의료보장제도, 사회보장연금과 같은 혜택을 제공할 수 있는 사회적 서비스 부문이다. 이런 혜택을 받기 위한 목적으로 치료자를 찾기도 한다. 내담자는 약물치료를 하는 정신과의사에 의해서 부가적인 치료를 위한 심리서비스를 받도록 의뢰되기도 한다. 내담자는 지속적으로 처방약을 받기 위한 필수조건으로 치료자를 만나야 할지도 모른다. 내담자는 단지 이야기를 할 수 있는 누군가를 원하고, 피해당하고 억울했던 경험을 알아줄 누군가를 원할지도 모른다. 혹은 치료에 불규칙하게 참여하고 상담시간을 여러 번 빼먹고 위기상황이 되면 예고 없이 나타날 수도 있다(Altman, 1995).

인종에 대한 내재화된 사회적 가치가 전이 – 역전이 패턴에서 작용하는 것과 같은 방식으로, 사회계층에 대한 내재적 가치도 또한 작용한다. 다양한 사회계층 출신의 내담자를 다루는 상황에서 수련생들은 자신들의 가치관에 회의를 가질 수 있고, 때문에 무력하고 수치스러운 감정을 경험할 수도 있다. 이런 점이 노동자계층의 내담자를 평가절하하는 방어적인 자세로 이어질 수 있다. 자신들 안에 있는 공격성, 성, 범죄 혹은 착취와 같은 경험과 특징들에 대한 편견을 부정하는 경향이 있을 수 있고, 노동계층 출신 내담자의 특징에 특히 비판적으로 느낄 수도 있다. 또한 개인의 삶에 미치는 계층의 영향과 사회적 조건을 평가절하하는 성향이 있을 수도 있다. 그리고 "자수성가"를 해서 더 나은 삶을 선택을 할 수 없는 불안정하고 경제적으로 불리한 배경의 내담자들에 대해 비판적인 시각을 가질 수 있다(Altman, 1995; Gutwill & Hollander, 2006). 중산층 출신 치료자들과 중산층으로 사회화된 치료자들의 이런 태도는 가난을 도덕적 부패와 동일시 해서 부유한 계층과 중산층에 특권을 주는 사회제도를 용납하는 보다 광범위한 사회적 태도를 반영할 수 있다.

이 책 전체에서 논의한 대로, 현대 정신분석의 관점은 치료적 변화의 메카니즘으로 "통찰"에 특별한 권위를 부여하지 않는다. 오히려 새로운 관계경험, 안아주기, 정서적 소통과 조절을 포함하는 다양한 변화 메카니즘의 역할을 강조한다. 이와 같은 관점에서, 가장 핵심적인 것은 개입에 있어서의 관계적 함의이다. 그러므로 나는 내 학생들에게 정신분석 지향적 치료는 치료자가 내적 경험을 탐색하고, 필요한 지도(guidance)나 조언을 제공하며, 내담자와 공동의 목표와 과제를 협상하고, 주어진 상호작용의 관계적 의미를 내적으로 반영하면서 동시에 신뢰할 수 있는 방식으로 내담자를 위해 존재하도록 최선을 다하는 것이라고 강조한다. 또한 치료자 자신의 정서적인 경험을 자각하고 조절하여, 자신의 무의식적 편견이 치료과정 혹은 작업에 영향을 미칠 수 있다는 점을 배우는 것이 중요하다고 강조한다.

6 장

미래의 발전방향

정신분석에 미래가 있는가 하는 주제에 대해서 오랫동안 많은 저서들이 쏟아져 나왔다. 나는 정신분석은 확실한 미래가 있고, 이 미래는 다양한 형태를 띨 것이란 가정을 가지고 논의를 시작하고자 한다. 한 가지 가능한 형태는 정신분석적 개념과 개입이 다른 형태의 치료, 특히 인지치료 속으로 지속적으로 흡수되는 것을 포함한다. 인지치료가 하나의 전통으로서 처음 등장했을 때, 인지치료의 정체성은 규정된 개입에만 관련된 것이 아니라 정신분석과 연관된 개입들을 금지하는 것과도 관련이 있었다. 이제 현대 인지치료는 한 때 금기시하던 치료적 관계를 탐색하는 것, 치료적 관계를 변화의 매개체로 사용하는 것, 내담자가 회피하고 있는 감정을 자각하도록 돕는 것, 내담자의 과거를 탐색하는 것, 그리고 (성격장애가 있는 내담자와) 치료기간을 연장하는 것을 포함한 정신분석의 특징들을 통합하고 있다.

한편 정신분석은 뚜렷하고 고유한 전통으로 계속 살아남을 것이라고 생각한다. 하지만 정신분석이 번창하고 생명력을 유지하기 위해서는 계속해서 발전을 거듭해야만 한다. 한 가지 중요한 것은 일주일에 4, 5회를 분석하는 정신분석의 집중적인 치료적 접근은 북미와 다른 지역에서 더 이상 광범위한 치료형태가 아니라는 것을 분명히 인식해야 한다는 것이다. 예를 들어, 콜럼비아 대학교 정신분석 연구소(Columbia University Center for Psychoanalytic Training and Research)를 15년 만에 졸업한 분석가들을 조사한 결과, 그들 대부분이 일주일에 한, 두 번 이상 내담자를 치료하는 경우는 거의 없었다(Cherry, Cabaniss, Forand, Haywood, & Roose, 2004). 적어도 북미에서, 집중적인 장기 정신분석을 받는 대부분의 내담자들은 수련중인 분석가들이고 이들이 소수의 선배 분석가들의 담당 사례 수를 채우는 내담자들이라는 것이 현실이다.

안타깝게도, 많은 전통적인 기관에서 수련중인 정신분석 지망생들이 배우는 정신분석과 현실에서 이들이 치료자로서 실제 적용하는 정신분석 사이에는 차이가 존재한다. 이 불일치를 고려하면, "순수한 정신분석"과 "정신역동" 혹은 정신분석적으로 알려진 치료 사이에서의 전통적인 차이라는 것이 점점 더 문제시 된다. 왜냐하면 이 차이라는 것이 결국에는 실제 장면에서 거의 존재하지 않는 이상화된 치료형태인 정신분석의 그늘 밑으로 대부분의 정신분석적 치료자들이 하고 있는 작업을 몰아넣고 그 가치를 평가절하 하는 결과를 초래하기 때문이다. 그러므로 미래의 정신분석은 이상적인 순수함에 대한 엘리트적인 강조를 버리고(이미 일어나고 있는 과정이기도 하다) 정신분석에 다

양한 형태, 치료기간, 집중도를 도입하는 노력을 해야 한다. 그
리고 사상과 기법의 순수성을 유지하기 위해 고군분투하는 것
이 그릇된 길이라는 것을 인식할 필요가 있다. 미래의 정신분
석적 수련기관은 교육과정을 넓혀서, 일반적으로는 포함되지
않는 다양한 영역의 수련을 제공할 필요가 있다. 단기치료에서
정신분석과 다른 치료양식을 통합하는 것, 다양한 인종, 문화,
사회적 배경을 가진 내담자들과 작업하는 것, 부부치료, 가족치
료, 그리고 집단치료를 포함하는 것, 그리고 정신적 외상을 입
은 피해자들과 심각한 성격장애자(예: 경계선 성격장애자)들을 포
함한 특정한 집단들과 작업하는 것이 예가 될 수 있다. 이런
교과과정과 관련된 많은 변화들이, 특히 더 혁신적이고 덜 전
통적인 정신분석적 기관 내부에서 이미 일어나고 있다. 또한
이런 변화가 점점 더 확산되는 것이 중요하다.

실용적 정신분석

정신분석을 경제적으로 풍족하고 시간적 여유가 있는 엘리트
를 위한 일종의 자기몰두로 인식해온 문화에서, "실용적 정신
분석"이란 용어는 모순으로 들릴 수 있다. 정신분석이 "건강한
삶"의 본질에 대한 관습적인 정의와 일회성 약방문에 대한 욕
구에 일침을 가한 것은 분명하다. 하지만 동시에 정신분석이
내담자의 증상에 초점을 맞추거나 증상감소에 관심을 갖기를
꺼리는 것이 내담자의 고통을 심각하게 받아들이지 않고 내담자
들이 요구하고 있는 실질적 도움을 제공하지 못하는 것이란 자
성의 목소리가 정신분서가들 사이에서 점점 더 커지고 있다. 이

와 관련하여 Owen Renik(2006)는 다음과 같은 주장을 하였다.

> 정신건강관련 도움을 구하는 사람들은 가능한 빨리, 그리
> 고 정서적 고통을 최대한 많이 줄여 줄 치료를 원한다. 그러
> 나 대부분의 임상장면에서 정신분석가들은 자기발견의 긴 여
> 정을 제공하고 그 여정 동안 증상 경감에 대한 지나친 관심은
> 생산적이지 못하다고 여긴다. "자기자각"이 중요한 목표이다.
> 증상경감은 이차적으로 중요하고, 이루어진다고 해도 어느 정
> 도 후에나 도달할 수 있는 것으로 기대한다(p.1).

Renik는 이런 태도가 매우 애석하다고 주장한다. 내담자가
처음에 치료를 받으러 오게 한 고통을 완화시켜주지 못하기 때
문이다. 정신분석적 치료자가 내담자에게 자기발견의 목표가
가치 있는 것이라고 설득할 수 있을지는 몰라도, 거기에는 항
상 위험성이 존재한다. 증상이 다뤄지지 않더라도 내담자가 순
응하면서 치료에 남아있을 확률도 있지만 의미를 못 느끼고 치
료를 종결할 수도 있기 때문이다.

그러므로 Renik는 공유된 치료목표를 확립하는 과정에 내담
자와 협력하는 것이 중요하다고 주장한다. 이 점은 일찍이 내
가 목표와 과제를 협의하는 것의 중요성을 주장한 것과 같다.
Renik는 목표와 과제들에 대해서 치료자와 내담자의 관점이 다
를 때, 치료자가 이 차이점들을 분명히 보여주는 것이 중요하
다고 주장한다. 내담자가 다른 관점을 고려해서 그 차원에서
도움 받고 싶은지를 결정할 수 있는 기회를 주기 때문이다.
Renik의 관점에서 보면, 이런 솔직함은 치료자의 권위를 사용

해서 내담자에게 과도하게 영향을 주는 것과는 거리가 멀다. 치료자가 어떤 생각을 갖고 있는지를 내담자가 분명하게 알 수 있게 해준다. 내담자가 모르는 어떤 감춰진 이면의 의도 혹은 목표에 의해서 조종당한다는 느낌을 주지 않아 실제로 "작업하는 장을 동등하게 만든다". Wachtel(1997)과 Frank(1999) 모두가 주장한대로, 치료에서 활동적이거나 직접적인 자세를 취하는 것을 반대하는 전통적인 정신분석의 금기는 현대 관계적 태도와 양립할 수 없다. 현대의 관계적 태도는 치료자의 행동 혹은 행동의 결여를 관계적 의미와 관련해서 조망하고, 중립적인 치료적 자세가 가능하다는 신화에 도전한다.

Renik는 또한 특정 치료목표가 치료 초반에 동의되었더라도, 이 목표는 시간이 지나면서 내담자와 치료자가 진행되고 있는 것을 이해하는 데 변화가 생기면 진화하는 경향이 있다는 것을 강조한다. 그리고, 내담자가 처음 제시한 의뢰문제와 목표가 어떻게 진화하는지 지속적으로 파악하고 있는 것이 중요하다고 본다. 또한 내담자가 치료가 도움이 된다고 느끼는지의 여부를 명시적으로 탐색할 것을 권장한다.

오랫동안 많은 분석가들(e.g., Bader, 1994; Connors, 2006; Frank, 1999; Wachtel, 1977, 1997)은 내담자의 증상을 심각하게 받아들이고 내담자의 증상 완화를 돕기 위해서 여러 활동적인 개입을 사용하는 것이 중요하다고 주장해왔다. 내담자의 증상을 강조한다고 해서 이 증상의 기저에 있는 의미 혹은 증상들이 반영하는 대인관계적 맥락을 소홀히 할 필요가 없다. 더군다나, 증상 완화를 경험하는 것은 내담자가 더 깊은 문제들을 탐색함 수 있는 길을 터줄 수 있다.

　수년 전, 내가 정신 병원에서 일하고 있을 때이다. 나는 주사 맞는 것이 두려워서 병원치료를 하지 못하는 주사공포증 내담자에게 행동적 개입을 사용하고 있는 젊은 수련생을 수퍼비젼한 적이 있었다. 행동치료가 성공적으로 보였지만, 1년 후에 그 내담자는 치료를 받으러 같은 병원의 다른 진료과를 찾았다. 내담자는 정신과로 다시 의뢰되었고 이번에는 내가 그녀를 만났다. 이 내담자는 우리가 그전에 했던 치료를 통해 실제로 도움을 받았고 원래 의뢰되었던 문제로 더 이상 고통 받고 있지 않았다. 그러나 이제, 그녀는 대인관계 문제에 대해 작업할 준비가 되었다고 말하였다. 그녀의 말로는, 우리 정신과에서 처음 치료받을 당시 "그렇게 많은 것에 대해서 생각해 본 적이 없었다"고 하였다. 이 사례에 대해서 이야기하면서, 증상을 치료하는 것은 무의미하다는 정신분석의 오래된 주장을 되풀이하지 않고 싶다는 것을 분명히 하고 싶다. 왜냐하면 증상이란 더 깊이 깔려있는 문제가 발현한 것이고 이 문제가 결국에는 새로운 증상으로 나타날 것이기 때문이다. 반대로, 나는 "내담자를 있는 그대로 만나는 것"이 중요하다고 생각한다. 우리가 처음에 이 내담자를 통찰지향적인 접근으로 치료하려고 했다면, 그녀는 치료를 중단했을 것이다. 대신, 그녀에게 의미 있었던 수준에서 참여한 치료과정이 신뢰감과 안전감을 발전시켜서 이후에 더 깊고 더 위협적인 심리적 문제들을 탐색할 수 있게 해주었다고 생각한다.

다른 접근들을 통합하기

많은 정신분석가들이 다른 치료적 관점에서 온 개입방법들을 정신분석적 치료 장면 속에 통합하는 것의 가치를 주장해왔다. Wachtel(e.g., 1977, 1997)은 행동적 개입을 정신분석적 치료 장면 속으로 통합하는 것의 유용성을 주장한 초기 주창자였다. 그는 행동적 개입이 실제로 정신역동적 수준에서 변화를 촉진할 수 있고, 정신분석 이론이 행동적 수준에서 나타나는 문제 요인들을 이해하는 데에 의미 있는 측면을 더해줄 수 있다고 주장하였다. 나는 1990년 초반부터 중반까지, 정신분석적, 인지행동적, 경험적 접근들의 통합을 촉진시키기 위한 이론적 틀을 설명하는 수많은 논문과 저서를 여러 공동연구자들과 함께 출판한 바 있다. 이 이론적 틀은 특히 치료적 관계에 대한 정신분석적 사례개념화가 다양하고 구체적인 방식으로 인지적 접근에 기여할 수 있는 부분을 폭넓게 조명한다. 이와 같은 통합은 평가와 사례 개념화의 과정을 촉진하고, 치료적 교착상태를 해결하는 데 도움이 되고 치료적 효과의 유지를 증가시키고, 사고와 감정의 관계에 대한 이해를 풍부하게 하는 것을 포함한다(Greenberg & Safran, 1987; Safran, 1984, 1998; Safran & Greenberg, 1991; Safran & Segal, 1990).

Frank(1999)는 정신분석에서의 "관계적 전환"(즉 관계적 정신분석의 출현)이 적극적인 행동적 개입을 하는 정신분석적 치료자들의 접근방법과 맥을 같이 하는 이론적 틀을 제시한다고 보고, 이는 또한 정신분석의 현대적 동향과도 맞는다고 서술하였다. 그리고 정신분석과 행동적 접근을 통합하는 것이 잠재적으로

유익하다는 것을 보여주는 주옥같은 임상 사례들을 제시한 바
있다.

마지막으로, Connors(2006)도 앞서 인용한 다양한 공헌들을
바탕으로 정신분석적 치료자들이 구체적인 증상을 치료하는 데
주안점을 두는 것이 중요하다고 주장하였다. 그리고 인지적, 행
동적 개입 모두를 통합하는 것이 어떻게 우울증, 불안, 강박행
동, 폭식을 포함한 다양한 유형의 구체적 증상의 치료를 촉진
할 수 있는지를 보여주었다.

정신분석과 연구

앞서 논의한 대로, 정신분석적으로 지향된 치료의 효과를 보
여주는 탄탄한 경험연구가 증가하고 있고, 많은 정신분석가들
이 경험연구를 수행하는 데 더 많은 자원을 투자하는 것이 장
래 정신분석의 생존에 필수적임을 깨닫고 있다. 이런 인식이
형성되기까지 꽤 오랜 시간이 걸렸다. 정신분석가들이 경험연
구의 잠재적 중요성을 인식하기까지 오랜 시간이 걸렸고, 솔직
히 그동안 경험연구를 시행하려고 노력하는 정신분석적 지향의
연구자들의 노력은 무시당해왔다. 연구자들과 치료자들 사이의
입증된 격차(Bergin & Strupp, 1973; Goldfried & Wolfe, 1996;
Morrow-Bradley &Elliott, 1986; Persons & Silberschatz, 1998; Rice &
Greengerg, 1984; Safra, Greenberg, & Rice, 1998; Safran & Muran,
1994; Talley, Strupp, & Butler, 1994)는 이론적 동향과 상관없이 존
재하지만 정신분석 분야에서 특히 두드러진다. 일반적으로 임

상 혹은 상담심리학 분야에도 해당되는 사실인데, 정신분석적 지향의 경험연구자들은 치료자가 아닌 경우가 많고 치료를 하더라도 매우 제한적으로 하는 경우가 드물지않다. 그리고 많은 정신분석적 연구자들은 박사학위를 취득한 후 공식적인 정신분석 수련을 받지 않았다.

　그 이유는 어느 정도는 현실적인 제한 때문일 것이다. 졸업 후 정신분석 수련을 받는 것은 많은 시간을 요구하는 소모적인 활동인데 동시에 생산적인 경험연구자가 되고, 대학에서 정교수가 되는 과정을 거치면서, 좋은 경험연구를 지원하는 데 필요한 기금보조금을 신청할 시간을 갖기란 극히 힘들다. 안타깝게도, 졸업 후 정신분석 수련을 받지 않은 많은 정신분석적 지향을 갖는 연구자들은 공식적인 전통 정신분석 학위를 받고, 정신분석적 문화에 젖어있는, 대학시스템과는 동 떨어져있는 동료들에 의해서 2급 시민으로 차별적인 대우를 받는다. 임상 혹은 상담심리학 관련 학계 내에서도 정신분석적 지향의 연구자들이 힘겨운 투쟁을 하고 있다. 정신분석이 점점 더 대학시스템 내에서 소외되고 있기 때문이다.

　정부 보조의 연구기금의 경우, 생물학과 신경생리학 연구에 편향되어 있기 때문에 정신치료연구를 위한 기금을 받는 것이 점점 더 어려워졌다. 정신분석 치료는 경험적 지지가 부족하다는 잘못된 인식도 정신분석적 연구를 위한 기금을 받는 것을 훨씬 더 어렵게 만들었다. 이 부분은 내가 NIMH의 연구기금 심사위원으로 있었기 때문에 실제 경험한 부분이기도 하다.

　전통적으로 정신분석은 실증연구를 활발하게 하는 것을 탐탁

지 않게 생각했고 이런 점은 자기파괴적이라 하지 않을 수 없
다. 정신분석 분야의 발전에 해로운 영향을 주었다. 이와 같은
거만함은 독단적이고 편협한 태도를 반영한다. 하지만 출간된
정신분석 치료연구 결과들이 얼마나 실질적인 도움이 되는지에
대한 정신분석가들의 우려 또한 타당한 측면이 있다. 치료적
과정의 복잡성을 기존의 연구패러다임으로 설명하기에는 한계
가 있다는 우려 또한 타당하다.

정신치료연구의 최고봉은 무작위적인 임상실험인데, 그것은
약물연구로부터 빌려온 연구설계이다. 약물연구는 대인관계 맥
락과 관계없이 특정한 약물의 효과를 평가하는 것이 가능하다.
이와 같은 연구모형에서는 약물은 "유효성분"이고 이 효과에
영향을 줄 수 있는 다른 모든 요소들(예: 내담자의 기대, 치료자의
대인관계 기술, 치료적 관계의 질)은 통제될 수 있는, 관련이 없거나
특별할 것이 없는 일반적인 요소들이다. 이 "약물 비유"를 심리
사회적 치료에 활용할 때의 어려움은 정신치료에서 치료의 유
효성분이 소위 비특수적 요소(예: 내담자-치료자 관계의 현재 특징)
라고 불리는 것으로부터 개념적으로 잘 분리되지 않는다는 것이
다. 즉, 치료를 치료자로부터 분리해내는 것은 개념적으로 불가능
하다(더 정확하게는 치료의 한 쌍). 실제로, 어떤 유형의 정신치료가
시행되느냐 하는 것보다 치료적 관계와 치료자 변인과 같은 요
소들이 치료적 효과에 훨씬 더 많이 기여한다는 증거가 나날이
증가하고 있다(Safran, 2003; Safran & Muran, 2000; Safran & Segal,
1990; Wampold, 2001).

이와 같은 사안들을 감안하면서도 많은 이들이 대중의 태도

와 정책입안자들(정부와 보험회사 둘 다)의 태도에 영향을 줄 목적으로 정신분석적 치료에 대해 무작위적 임상실험연구를 하는 것이 필수적이라고 주장한다. 나는 이 관점에 동의한다. 하지만, 무작위 임상실험을 통해서 정신분석적적 치료의 가치를 입증하는 연구를 전적으로 수용하는 것은 위험할 수 있다는 것을 지적하고 싶다. 따라서 정신분석적 치료의 가치를 실증연구결과로 남기는 것이 중요하다는 주장을 무작정 수용하는 것 또한 위험한 발상일 수 있다는 의견에도 귀를 기울여야 한다(e.g., Cushman & Gilford, 2000; Hoffman, 2009). 앞서 지적한 대로, Cushman과 Gilford(2000)는 증거기반 치료 패러다임(예, 속도, 구체성, 효과, 체계화)에 깔려있는 암묵적인 가정들은 치료적 과정을 이해하는 방식에 해로운 영향을 줄 수 있다고 주장한다. 이 패러다임은 치료자를 표준화된 기법을 활용하여 효율성을 극대화하려는 심리기술자(psychotechnician)로 개념화한다. 이 패러다임은 내담자를 치료자의 기술(technique)을 수동적으로 받아들이는 사람, 혹은 치료 프로토콜(protocol)에 순종하는 정도에 따라 개인차가 정의되는 사람이라는 암묵적 관점을 가진다.

비슷한 맥락에서, Hoffman(2009)은 정신분석의 과학적 타당성을 지나치게 강조하는 것이 철학적, 인식론적 가정에 대한 타당한 비판을 뒷전으로 밀리게 할 수 있다고 경고하였다. 그에 따르면, 매뉴얼을 토대로 하는 치료에 대한 평가에서는 치료과정에서 각각의 치료자-내담자 쌍(dyad)이 갖는 고유성과 치료적 과정의 본질적인 불확실성을 무시한다. 뿐만 아니라 특정 환자에게 무엇이 가장 도움이 되는지를 경험적 자료를 바탕으로 판단하는 일종의 기술적 합리주의(technical rationality)는 치료자가 치료장면에서 순간 순간 어떻게 반응할지를 고민하고 의사결정 해야 하는 치료자의 책임을 간과한다. 마지막으로 치료효과는 무엇에서 비롯되는가에 대한 가정은 건강한 삶은 무엇에서 비롯되는가에 대한 가정을 암묵적으로 포함한다. 이와 같은 질문들에 대해서 전적으로 "과학"이 판정을 내릴 수도 없고 그래서도 안 된다고 생각한다. 우리가 과학의 권위에 이런 선택을 하는 힘을 실어주는 한, 도덕적 관점이 과학적 "연구결과"란 가면 속에 가려지는 최악의 과학 지상주의로 치달릴 수 있다(Hoffman, 2009, p. 1049).

나의 개인적인 생각은 이런 비평들이 충분히 가치가 있지만 정신분석적 연구자들의 노력은 정신분석의 생존에 필수적이라는 것이다. 정신분석적 치료에 대한 무선할당 임상실험연구를 하지 않으면 대중들의 왜곡된 인식을 바꿀 수가 없을 것이다. 연구방법론, 인식론적 문제들의 복잡성, 그리고 과학철학에서 담당하는 사회정치적 요인들과 도덕적 숙고의 역할에 대한 논의가 정책입안자와 일반 대중의 태도에 크게 영향을 주지는 않을 것이라 생각한다. 사람들은 "무엇이 효과적 일까"에 대한 직접적이고 구체적인 답을 원하고, 전문가들 사이의 본질적인 토론에는 관심도 없고 시간을 쓰고 싶어하지도 않는다.

그러나 나의 관심은 실용적이거나 정치적·편의주의적인 것 이상이다. 너무 오랫동안, 정신분석가들은 엄격한 경험연구가 불필요하다고 주장해왔는데 그런 주장은 실질적인 근거보다는 권위주의와 고전으로 여겨지는 정신분석 교과서에 호소하는 편협하고 거만한 엘리트주의적 태도에서 비롯된다. 이 분야에 몸 담기 시작한 이래 나는 정신치료 경험 연구자로 왕성하게 활동해왔다. 나는 경험연구가 지식의 발견과정을 진전시키는 것이

아니라 무비판적으로 접근해 특정 이론의 지위나 정치적 의도
(agenda)를 정당화시키는데 이용되는 것을 많이 보아왔다. 동시
에, 정신치료 연구자들이 기존의 중요한 이론적 가정들에 도전
장을 내미는 연구 결과를 직면하고 자신들이 믿어왔던 개념들
을 수정할 만큼 개방적일 수 있다는 것도 보아왔다.

사회, 문화, 정치적 비판

　　Harris, Dimen, Corbett과 같은 작가들의 정치적 의도(agenda)
는 성(sexuality)과 성역할(gender)에 대한 관습적인 이론의 억압
적인 측면들에 도전하는 것이었다. 현대 정신분석적 이론에도
폭넓은 정치적 문제들에 제동을 걸고자 하는 움직임이 있다.
Boticelli(2004)는 관계적 정신분석 전통의 차별화되는 특성(예:
상호주의, 분석가의 권위 붕괴, 치료자의 자기-개방에 대한 강조)과 (변화
의 가능성에 대해 좀 더 보수적인 관점을 가졌던 Freud와는 대조적인) 정
신분석의 "자유분방"하고 "해방적" 가능성은 1960년대와 1970
년대의 항의 운동(protest movement)에 영감을 준 정치적 열망의
전치(displacement)로 이해할 수 있다고 주장하였다. Boticelli를
인용하면:

　　　1960년대와 1970년대의 미국 인권운동 여파에도 지속된 인
　　종적, 사회적 불평등과 사회주의가 자유 시장 자본주의의 대
　　안으로서 제 역할을 못한 것에 실망하고 기가 꺾인 좌파들은
　　근본적으로 세상은 그냥 이대로 흘러갈 수밖에 없다고 결론을
　　내린 것 같다(p. 640).

그렇기 때문에 진보적인 정치적 야망이 심리적 수준(psychologized) 혹은 내면적 영역에서 다루어지게 된 경향이 있었다. Boticelli(2004)에 따르면,

　공직자들이 유권자의 이익보다는 오히려 기업의 필요를 우선시하기 때문에 사회적 권위가 대체로 점점 더 위압적이고 외견상 이의를 제기할 수 없는 형태를 취하는 시대이다. 이와 같은 시대적 흐름 안에서 정신분석이 분석가의 권위를 무너뜨리고 분석관계가 좀 더 민주적으로 되는 것에 관심을 갖는 것은 우연이 아니다. 상호주의와 분석가의 참여가 강조되면서 "우리가 같이 하는 것이란" 느낌을 발전시켜온 것은 우연의 일치가 아니다. 우리의 삶에 가장 큰 영향을 주는 중요한 의사결정을 내리는 사람들(예: 기업의 CEO; 연방준비이사회 의장; 세계무역조직위원회, 국제통화기금, 세계은행의 회원들)이 공적인 영향력과 책임소재를 무시하는 행동을 하기 때문이다. 관계적 정신분석은 우리의 바람대로 세상을 재구성하여 보여준다. 유토피아의 마지막 보루인 치료적 공간에서 말이다(p. 639).

Boticelli(2004)의 관점에 따르면, "치료자들은 치료실 밖에서도 우리자신을 더 중요시하고 관계의 중요성에 대한 우리의 신념을 유지할 필요가 있다"(p 649). 치료자들은 심리적 영역을 정치적 영역으로부터 분리시키지 않아야 한다. 또한 정치적 영역에 영향력을 미치기 어려울 것이라는 절망감과 공포에 대한 방어로서 심리적인 영역으로 도피하지 않아야 한다고 주장하였다. Nancy Caro Hollander는 캘리포니아 주립대의 남미 역사학

교수이자 정신분석가이다. 그녀는 1970년대와 1980년대 남미 군정 아래 인권투쟁과 관련된 정치적 참여를 한 정신분석가들 의 역할에 대해서 폭넓은 저술을 하였다(e.g, Hollander, 1997, 2006, 2010). Hollander(1997)는 *Love in a Time of Hate* 라는 책에서, 아르헨티나, 우루과이, 칠레에서 정치적으로 왕성한 활 동을 했던 많은 정신분석가들이 자신들 고국의 독재체제에서 민주주의와 인권을 위해 투쟁했던 경험을 기록하였다. 그들 중 일부는 군정에 의해 투옥되고 고문을 당했었고 나머지는 멕시 코, 쿠바, 프랑스와 같은 나라로 도피했었다. 망명 후에도 그들 은 고문 피해자인 남미 망명자들과 계속해서 일을 하였다.

아르헨티나 정신분석가인 Marie Langer(그녀의 개인적, 전문적 여정을 이 책 시작에서 소개한바 있다)는 정치적 행보를 했던 정신분 석가들 사이에서도 핵심적인 인물이었다(Hollander, 1997). 앞서 말한 대로, 1960년대까지 남미의 정신분석은 많은 측면에서 미 국의 상황과 다름없이, 그 문화권 내에서 상대적으로 보수적인 세력이었다. 1960년대 중반, 신세대 분석가들이 전통에 도전하 기 시작하였고, 진보적이고 정치적으로 참여적인 형태의 정신 분석으로 돌아가자고 요구하였다. 정신분석 내에서의 긴장감은 60년대 중반, 70년대 초반에 우파 군부독재정권이 여러 남미 국가들에서 정권을 잡을 때 최고조에 달했다. 1966년 아르헨티 나의 군부 쿠데타와 첫 번째 군부독재정권의 수립은 이 긴장감 을 한층 더 높였다. 정신분석가들 중에는 정신분석이 정치로부 터 분리되어야 하고 정신분석의 이념은 가치중립적인 과학의 체계로 나아가야 한다고 주장한 사람들이 있었는가 하면, 점점 더 급진적이 되어가는 사람들도 있었다. Langer는 동년배 분석가들로부터 떨어져 나와서 적극적인 정치참여를 선동하는 젊은 세대의 정신분석가들과 협력하였다. Langer는 남미에 있는 정신건강 전문가들 사이에서 유명한 인권운동가가 되었다. 그녀는 아르헨티나에서 일어나는 인권유린에 대해 거침없는 비판을 해 1974년에 망명을 강요받았다. 그녀는 멕시코시티(Mexico City)로 이주해서 아르헨티나, 칠레, 우루과이, 중미의 군부독재를 피해서 망명한 난민들을 치료하였다(Hollander, 1997).

최근 몇 년 동안, Hollander(2006, 2010)는 남미에서 사회적 참여를 한 정신분석가들의 경험을 담은 자신의 초기 기록을 통해서(Hollander, 1997) 남미에서의 상황과 미국에서의 상황이 유사하다는 것을 보여주었다. World Trade Center가 공격당한 이후에 미국에서 자유시민의 권리에 대한 침해가 증가함에 따라서, Hollander는 자신들의 조국이 민주주의에서 전체주의로 서서히 변하는 것을 목격한 남미 분석가들의 경험을 미국의 동료들이 배울 것을 촉구하였다. 그녀는 또한 심리와 정치를 분리하는 정신건강 전문가들이 초래할 수 있는 위험에 대해 경고하였다.

예를 들어서, 아프카니스탄 침공 후에, 미국 정부는 이라크의 아부그라이브(Abu Ghraib)와 쿠바의 관타나모(Guantanamo) 같은 감옥에 있는 억류자들을 대상으로 자행된 강압적인 심문에 대해 제네바 협정이 보장한 인권보호규정을 위반했음에도 불구하고, 합법이란 결정을 내렸다. 그곳에서 실제 자행되었던 것에 대한 정보가 더 드러나자, 미국의 대중은 현실에 안주하는 수용적 태도에서 도덕적으로 분개하는 태도로 서서히 변해

갔다. 심리학자와 다른 건강보건 전문가들이 이라크, 관타나모 (Guantanamo), 그리고 미국 정보국이 비밀리에 운영하는 장소 (CIA "black site")에 갇힌 억류자들을 대상으로 한 강압적인 심문 기술의 사용법을 고안하고 상담해주는 역할을 하고 있다는 뉴스 보도도 나오기 시작하였다.

강압적인 심문기술을 사용하는 과정에 개입한 심리학자들의 역할에 대한 뉴스기사가 계속 뒤따르자, 미국 심리학회(APA)는 그 상황을 광범위하게 검토하기 시작하였다. APA의 분과 회원인 심리학자들/정신분석가들(e.g., Nel altman, Stephen Soldz, Stephen Reisner, Frank Summers, Ghislane Boulanger)은 궁극적으로 APA가 그 상황에 대응하는 공식적인 정책강령을 만드는 데 핵심적 역할을 하였다(Altman, 2008; Harris & Botticelli, 2010; Hollander, 2010; Soldz, 2008). 이 정책강령은 심리학자들에게 억류되어 있는 사람들을 위해서 일하거나 혹은 인권을 위한 무소속의 제 3정당에서 일하는 것을 제외하고, 학대적인 심문기술이 사용되는 곳 혹은 억류자들이 학대적인 환경 아래 구금된 곳에서 일하는 것을 명백하고 분명하게 금지하고 있다.

이 중대한 시점에서 심리학자와 정신분석가들이 APA의 대응을 도운 것을 두고, 정신분석가들이 특별히 윤리적인 집단이라고 주장하는 것은 아니다. 실제 정신분석가들은 다양한 문화권과 역사적인 지역에서 중요한 윤리적 쟁점의 양쪽 편을 모두 들어주었던 오랜 전력이 있다. 내 말의 핵심은, 이 상황에 대한 APA의 대응을 도왔던 정신분석가들의 역할이 사회적으로 진보적이고 정치적으로 참여적인 정신분석의 뿌리가 현대에서 재현된 예처럼 보인다는 것이다. 정신분석에 내재된 인간 합리성의

한계와 자기기만의 만연, 그리고 폭넓은 사회적, 문화적 문제들
에 대한 오랜 관심 등이 적극적이고 진보적인 정치적 참여를
가능케 하는 맥락을 제공했다고 생각한다.

정/신/분/석/과/ 정/신/분/석/적/ 심/리/치/료/

7 장
요 약

이 책에서는 현대 정신분석과 정신분석적 치료의 주요 이론
과 개입의 원리들을 개괄하고자 하였다. 그리고 현대 정신분석
가들이 가정하는 치료적 변화의 과정에 기여하는 핵심적인 기
제를 서술하고자 하였다. 여러 나라의 다양한 정신분석적 전통
을 훑어보려고 하였으며 특히 현대 관계적 사상의 출현에 의해
영향을 받은 미국 정신분석의 발달과정에 중점을 두었다.

또한 정신분석의 발전에 영향을 미친 역사적, 문화적 배경과
현대 이론과 최근의 정신분석 치료의 발달에 영향을 미친 요인
들을 설명하고자 하였다. 정신분석과 정신분석적 치료에 대한
오해를 바로잡는 것 역시 이 책을 쓰게된 주된 이유라 할 수
있다. 정신분석과 정신분석적 치료에 대한 오해는 이제 더 이
상 미국에서 지배적인 위상을 갖고 있지 않은 정신분석의 접근
방법을 희화화한 것에서 비롯된 부분이 있다. 나는 이렇게 전
통적 정신분석의 목표, 가치, 실제에 대해 제한적·부분적인 이

해에서 비롯된 오해들을 바로잡고 싶은 마음도 있었다.

정신분석은 100년 전에 탄생하여 시간이 지나면서 눈부시게
발전해왔다. 북미의 정신분석은 현재의 문화적 가치와 요구에
적응하기 위해서 다양한 방식으로 발전해왔다. 인종적, 문화적,
사회적, 계층적 차이를 가진 다양한 내담자들의 욕구에 맞춰서
더 융통성 있고, 덜 권위적이며, 더 실용적이고, 더 반응적으로
변화하였다. 헌신적이고 철저한 정신분석적 연구자 집단이 늘
어났고, 정신분석적으로 지향된 치료의 효과를 지지하는 경험
자료들의 숫자 역시 증가하고 있다. 다양한 역사적, 문화적 환
경이 공존하는 미국의 정신분석은 정신과 의사가 지배하던 전
통에서 심리학자가 지배하는 전통으로 변화하였다. 이와 같은
변화는 현대 정신분석적 이론과 기법의 발전에 중요한 영향을
미쳤고, 이 영향력은 계속해서 증가하는 것 같다.

정신분석은 1960년대 중반에서 후반까지 엄청난 포화를 맞았
다. 한 편에서는 행동주의 전통에 의해서, 다른 한편에서는 "제
3의 힘"–인본주의 심리학 전통에 의해서 공격을 당했었다. 행
동주의 전통은 정신분석이 과학적 정통성이 부족하다고 비판했
었다. 반면에 인본주의 전통은 정신분석이 기계적이고 환원적인
경향이 있다고 비판하면서 인간본성의 고상한 측면과 인간 경
험의 근본적인 존엄성을 이해하지 못했다고 지적하였다.

정신분석가들이 전통적으로 경험적 연구에 대해 반감을 갖는
것도 심각한 문제이다. 이런 반감은 전통의 편협성을 지속하고,
비판적인 자기내성을 방해하고, 이론을 마치 사실인 것처럼 다

루는 역할을 하였다. 이런 이유들 때문에, 정신분석가들 사이에
서 경험적인 연구에 대한 관심이 다시 새롭게 떠오른 것은 무
조건적으로 환영할 일이다. 그렇지만, 자연과학의 경계 밖에 속
하는 정신분석의 다양한 차원들—더 정확히는 해석학, 비판이
론, 인생철학, 지혜의 전통, 솜씨 등으로 개념화되는 정신분석의
중요한 요소를 무시하고 평가절하 하는 것은 잘못된 것이다.

정신분석이 인간본성의 기본적인 고귀함과 존엄성을 이해하
는 데 실패했다는 인본주의적 비판은 가치가 있다고 생각한다.
나는(내 친구들과 동료들 중에도) 어렸을 때 정신분석치료를 받으면
서 외상적인 경험을 한 경우를 많이 보았다. 이들은 자신이 인
정받고, 이해받고, 가치가 있고, 온전한 전체라고 느끼기보다는
파편화되고 객관화되고 병리적이라고 느끼면서 치료를 중단하
였다. 나의 친구이자 동료이며, 인지행동 전통의 창시자들 중
한 명으로, 정신치료 통합운동 지도자인 Marvin Goldfried는
1980년에 정신역동 혹은 인지행동 치료자들이 "좋은 session"
이라고 확인해 준 치료 축어록을 평가하기 위해 이론적으로 중
립적인 평가 도식을 사용한 연구를 진행하였다. 본 연구의 목
표는 이론적으로 중립적인 용이로 정신역동적 심리치료자들과
인지행동치료자들이 사용한 개입 사이에서 중요한 차이점을 기
술하는 것이었다(Goldfried, Raue, & Castonguay, 1998). 이후 학회
에서 본 연구에 대한 발표를 할 때, Goldfried는 연구결과들을
다음과 같이 요약하곤 하였다: 인지치료자들은 내담자들에게
"당신은 자신이 생각하는 것보다 더 나은 사람이다"라는 메시지
를 전달하는 반면에 정신역동 치료자들은 "당신은 자신이 생각
하는 것보다 더 나쁘다"라는 메시지를 전달하는 경향이 있었다.

나는 그가 요약한 결과가 어느 정도 일리가 있다고 생각한다. 정신분석은 전통적으로 내담자가 자신이 좋아하지 않는 자신의 모습 즉, 방어하고 있는 자신의 경험들을 자각하고 수용하도록 돕는 것을 강조한다. 인지행동 치료는 전통적으로 내담자가 긍정적인 것보다는 부정적인 것에 선택적으로 초점을 맞춘다는 것을 인식하는 데 도움을 주는 것을 강조한다. 인지 치료의 낙관적인 특징과 긍정성에 대한 강조는 미국문화의 오랜 전통인 낙관주의와 긍정성의 특징과 역사적인 연속성을 갖는다. 이와 같은 낙관주의와 긍정성은 Phineas Quimby나 Mary Baker Eddy(기독교 과학의 창시자)와 같은 인물의 영향력을 통해서 19세기 중반에 전국을 휩쓸었던 "신사고 운동(New Thought Movement)"에서도 볼 수 있다. Dale Carnegie의 *"어떻게 친구를 얻고 사람들에게 영향을 주는가"*라는 책에서도 볼 수 있다. 또한 자가치료(self-help) 분야의 상업적 성공과 뉴에이지(New Age)가 강조하는 긍정적 사고를 통한 치유에서도 엿볼 수 있는 부분이다.

현대 관계적 정신분석의 창시자들 중 한명인 Stephen A. Mitchell(1993)은 Freud의 관점과 현대 미국 정신분석적 관점 간의 차이를 다음과 같이 기술하였다. "Freud는 특별히 쾌활한 친구가 아니었고, Freud가 이해한 이성적이고 과학적인 사람은 특별히 행복한 사람이 아니었다. 그러나 한편 강인하고, 현실에 기반을 두고, 어두컴컴한 현실일지라도 현실과 긴밀하게 연결되어 있는 사람이었다"(p. 305). Mitchell에 따르면, 현대 정신분석은 Freud가 본능적 욕망과 환상을 포기하는 것을 강조한 것에서부터, 개인적 의미를 창조하고 자기를 재활성화하는 방향

으로 변화하였다. Mitchell(1993)는 다음과 같이 썼다:

> 환자들은 (현대의) 이성과 이해를 통해서 길들여지고 변화
> 될 수 있는 유아적인 갈등적 열정으로부터 고통받는 게 아니
> 라 멈춰진 개인적 발달로부터 고통을 받는다. 오늘날의 정신
> 분석가들은 내담자가 자기 자신의 주체성과 상상력을 자유롭
> 게 발견하고 즐겁게 탐색하는 기회를 제공해 준다(p.25).

어떤 면에서는, 현대 미국 정신분석은 1960년대의 인본주의
심리학의 긍정적이고 창조적이고 지지적인 특성을 받아들였다.
정신분석의 미래를 위해서는 Freud의 비극적인 감각 즉, 본능
과 문명 사이에 내재적인 갈등이 있다는 믿음 그리고 환상에
불과한 믿음으로 위안 받지 않고 인생의 고난, 잔인함, 모욕을
인정하고 수용하는 것이 중요하다. 앞에서 지적한 대로, Freud
에게 정신분석의 목표는 신경증적 고통을 평범한 불행으로 바
꾸는 것이었다. 이것은 어쩌면 겸허하고 비관적인 관점으로 해
석될 수도 있지만 또 한편으로는 현실적이고, 심오한 해방
(liberation)의 관점으로 볼 수도 있다. 일상의 현실로부터 도망
가는 환상을 포기할 것을 깨우치게 하는 선불교적(Zen) 관점과
다르지 않다.

낙관주의는 미국의 중요한 "자원"이다. 낙관주의는 세계에서
첫 번째로 근대 민주주의를 확립하도록 고무하였고 자신들의
고국에서 박해당하고, 억압받고, 가난한 삶을 살던 이민자들에
게 엄청난 기회를 제공하였다. 낙관주의는 한 때 상상할 수도
없었던 기술적인 혁신에 불을 지피기도 하였다. 그러나 동시에

미국의 낙관주의는 고통 받는 사람들을 소외시키고 침묵하게 하고 그들을 실패자나 도덕적으로 부적절한 사람이라 판단하도록 하는 은밀한 압박으로도 이어졌다. 저널리스트 Barbara Ehrenreich(2009)는 유방암으로 개인적 사투를 벌이며 저술한 최신의 책에서, 미국문화에 배어있는 "긍정적인 사고에 대한 무자비한 옹호"라는 표현으로 다음과 같이 비판한바 있다.

> 미국인들은 "긍정적인" 사람들이다. 이것은 우리의 자화상이자 명성이다. 우리는 많이 미소 짓는데, 다른 문화권에서 온 사람들이 미소로 화답해 주지 않을 때 종종 당황한다. 낡은 고정관념으로 보면, 우리는 활발하고 쾌활하고 낙천적이고 가볍다. 반면에 외국인들은 직설적이지 않고, 말을 조심하며, 어쩌면 퇴폐적인지도 모른다. ... 놀랍게도, 심리학자들이 국가 간 상대적인 행복감을 비교했을 때, 미국인들은 경제가 호황을 누릴 때조차, 과시된 긍정성에도 불구하고 지속적으로 그다지 행복하지 않다고 응답했다. 최근에 백여 개가 넘는 전 세계 행복에 대한 자기보고 연구들을 메타분석한 결과, 미국인의 행복지수는 겨우 23위에 불과했다. 네덜란드, 덴마크, 말레지아, 바하마제도, 호주, 심지어 무뚝뚝한 핀란드인조차 미국인을 앞질렀다.

개인적인 얘기를 하나 하면, Ehrenreich(2009)는 유방암과 사투를 벌이는 동안에, "긍정적"으로 생각하라는 문화적 압력 때문에 엄청난 고립감을 느꼈다고 말한 적이 있다. 예를 들면, 유방암환자 지지모임 집단 게시판에 절망감을 느끼고 화가 난다는 투의 글을 한번 올렸더니 "이구동성"으로 그렇게 생각하면

안 된다는 댓글이 쇄도했었다고 한다.

잘 알려진 일화가 하나 있다. Freud가 Jung, Ferenczi와 함께 Clark University에 강의를 하러 대서양을 건너가고 있을 때, Jung이 미국인들이 정신분석에 점점 더 관심을 갖게 되는 것에 대해서 흥분을 감추지 못하며 열정적으로 이야기하였다. Freud 의 반응은 훨씬 더 신중했고, "그들은 우리가 전염병을 가지고 가고 있다는 것을 깨닫지 못하고 있네"라고 대답한 것으로 알려져 있다(Fairfeld, Layton, & Stack, 2002, p.1). 정신분석이 미국에서 인기를 얻기 시작하자, 많은 유럽 정신분석가들은 양가적인 반응을 보였다. 한 편으로는, 미국 정신분석의 성공을 반박하기는 어렵다고 보았다. 다른 한 편으로는, 미국 정신분석이 본래의 정신분석에 내재된 진보적이고 체제 전복적인 특성을 잃을까봐 우려하였다. 예를 들어, 역사가인 Nathan Hale(1971) 은 다음과 같이 썼다.

> 미국인들은 Freud의 관점의 극단적 함의와 미국문화세력간
> 의 갈등을 해결하기 위해 정신분석을 수정했다... 그들은 성과
> 공격성을 약화시켜 호감이 가게 만들었다. 그들은 사회적 순
> 응을 강조했다. 그들은 Freud보다 더 교훈적이고 도덕적이며
> 대중적이었다. 그들은 또한 더 낙천적이고 환경보호론자였다
> (p332).

최근 들어 정신분석 분야의 전문가를 대상으로 하지 않고 일반 독자들에게 다가가기 위해 저술된 훌륭한 책들이 많이 출판되었다. 이런 책들은 주로 현대의 문화적 감성과 더 일치하는

현대 미국 정신분석에 대해 소개한다(Gabbard, 2010; Leiper &
Maltby, 2004; Emma, 2003; Maroda, 2009; McWilliams, 1994, 2004; Renik,
2006; Summer & Barber, 2009; Wachtel, 2007). Morris Eagle(2010)은
Freud 시대부터 현대까지의 정신분석의 발전을 훌륭하게 학문적으
로 개괄한 책을 출판하였다. Nancy McWilliams(2004)는 현대의 광
범위한 독자층에 다가갈 수 있는 목소리로 정신분석에 대한 최고
의 저술을 이뤄냈다. 여러 면에서 나도 같은 목표를 가지고 있다.
그러나 동시에, 나는 현대 정신분석이 Freud의 정신분석이나
1940~1960년대의 미국 정신분석과는 매우 다르더라도, 주류
미국문화에 쉽게 동화되지 않는 측면들을 버리지 않는 것이 중
요하다는 믿음을 전달하고자 하였다. 정신분석은 아주 초창기
때부터 보수적인 문화적 기준과 가치에 도전하는 혁명적이고
반항적인 특성을 가지고 있다.

전성기 미국 정신분석은 엄청난 영향력을 가졌었다. 그러나
이 성공은 대가를 치르게 되었다- 엘리트주의의, 편협한, 문화
적 보수 세력이 되었기 때문이다. 하지만 현대 정신분석이 소
외당하고 있는 양상은 정신분석 초창기에 학문분야에서의 변방
의 세력으로 존재했던 위치, 즉 다시 원점으로 돌아갔다고도
볼 수 있다. 현상유지란 게 무색해진 지금, 정신분석은 건설적
인 반문화적 세력이 될 수 있는 새로운 잠재력을 갖게 되었다
고도 볼 수 있다. 그러므로 아니러니하게도 정신분석의 하락세
는 초창기에 존재했던 혁명적이고 반항적이며, 문화적으로 진
보적인 특성을 회복하고 재건할 기회를 제공한다.

골고루 떠있는 주의 Evenly suspended attention(Evenly hovering attention)
치료자가 선입견이나 기대 없이 내담자가 말하는 무엇이든지 들으려고
노력하는, 주의 깊고 개방적이며 수용적인 경청을 의미.

내면화 Internalization 타인과의 관계에 대한 내적표상을 발달시키는 과
정으로, 우리의 계속되는 경험과 행동을 형성. 내재화에 대한 다양한 이
론들이 존재함. 내면화는 발달과정에서 중요한 역할을 하며 정신치료에
서도 중요한 변화기제로 이해됨.

내적 대상 Internal objects (내적 대상관계 Internal object relations) 타인들
과의 실제 상호작용, 환상, 방어적(자기보호적) 과정의 통합을 통해서
발전되는 가설적인 심적 구조. 타인에 대한 경험, 선택하는 파트너 유형
(연애상대 등), 그리고 타인과 관계하는 방식을 형성.

담아주기 Containment 내담자의 힘든 혹은 '참을 수 없는' 성서석 경험을
방어하지 않는 방식으로 처리하고 내담자가 그 경험을 이해할 수 있도
록 돕는 치료자의 능력을 핵심적인 치료적 기제로 가정하는 Wilfred
Bion의 발달이론 및 치료적 변화 모형.

동맹 Alliance (치료동맹 Therapeutic alliance, 작업동맹 Working alliance)
내담자와 치료자가 치료 과정에서 협력하거나 건설적인 공동작업을 협
의해 나갈 수 있는 능력.

두 사람 심리학 Two-person psychology   치료자와 내담자 둘 다 치료적 관계에서 일어나는 모든 것에 기여를 하고 있다는 것을 가정하는 현대 정신분석적 모델의 일반적 관점. 치료자에 의해 영향을 받고 있는 방식을 이해하지 못하면 내담자의 정신내적 과정을 의미 있게 이해할 수 없다고 가정함.

무의식 Unconscious   다양한 정신분석적 이론에 의해서 각기 다른 방식으로 개념화되는 정신분석의 핵심적 구조. 모든 정신분석적 이론은 다음의 공통적 가정을 공유함. 첫째 인간의 경험과 행동은 의식적인 자각이 안 된 심리적 과정에 의해서 영향을 받음. 둘째 이 무의식적 과정은 심리적 고통을 회피하기 위해서 자각너머에서 일어남.

방어 Defence   의식 너머에 있는 하나 혹은 그 이상의 사고, 소망, 감정, 환상에 의한 정서적 고통을 회피하는 기능을 하는 정신내적 과정. 방어의 일반적인 예는 지성화, 억압, 반동형성, 분열, 투사 등이 있음.

상위의사소통 Metacommnication   내담자가 한 발 뒤로 물러서서 치료적 관계에서 암묵적으로 일어나고 있는 것을 탐색하는 과정에 협조적으로 참여하도록 하는 형태의 상호작용.

애착이론 Attachment Theory   인간은 애착대상(예, 부모)에게 접근성을 유지하려는 생물학적인 성향을 가진다고 가정하는 John Bowlby의 발달이론.

역전이 Countertransference   치료자의 해결되지 않은 갈등에 의해서 영향을 받은 내담자에 대한 치료자의 반응으로 전통적으로 개념화. 현대 정신분석적 이론에서, 역전이는 내담자에 대한 치료자의 총체적 경험이며 중요한 정보원으로 이해.

이차적 과정 Secondary process 의식과 연관된 심적 기능. 합리적, 반성적 사고를 위한 토대가 되고, 논리정연하고 순차적인 심리적 과정.

일차적 과정 Primary process 출생 시부터 시작해서 인생 전반에 걸쳐 무의식적으로 기능하는 원시적인 형태의 심적 기능. 과거, 현재, 미래 간에 차이가 없고 각기 다른 다양한 감정들이 하나의 응집된 이미지나 상징으로 표현되거나 여러 사람들의 정체성이 융합될 수 있음. 일차적 과정은 꿈과 환상에서 작동.

재연 Enactment 내담자와 치료자는 자신들도 모르게 특정한 관계적 시나리오를 재연하는데, 이 독특한 관계적 시나리오는 내담자와 치료자의 고유한 성격, 관계 양식, 맹점, 감수성 등에 의해서 영향을 받음.

저항 Resistance 내담자가 변화에 저항하거나 치료적 과정을 약화시키는 방식으로 행동하는 경향. 저항의 근저에 깔려있는 다양한 요인들은 변화에 대한 양가감정, 자기감을 잃어버릴 수 있다는 두려움, 문제시 되는 치료자의 개입에 대한 반응 등을 포함. 저항에 대한 탐색은 정신분석의 핵심적인 목표임.

전이 Transference 내담자가 발달과정에서 중요한 양육자 혹은 다른 중요한 인물들과의 경험을 통해 형성된 맥락에서 치료자를 보는 현상. 현대 정신분석 이론에서, 전이는 항상 치료자의 실제 성격에 의해서 영향받는다고 이해됨.

정신내적 갈등 Intrapsychic conflict 무의식적 소망과 이에 대처하는 방어 간의 갈등.

정신화 Mentalization 우리자신과 타인을 심층적 심리를 가진 그리고 소망, 감정, 믿음을 포함한 기저의 정신적 상태를 가진 존재로 볼 수 있는 능력을 의미. 우리 자신의 생각, 감정, 동기 그리고 타인의 정신적 상태에 접근해서 돌아볼 수 있는 능력을 포함.

타협형성 Compromise formation 모든 경험과 행동은 본능적으로 추동된 소망과 그 소망을 막는 방어 사이에서 타협한 결과라고 가정하는 자아심리학 전통의 이론적 제안.

통찰 Insight 정신분석에서 중요시 하는 변화기제로, 이전에는 의식하지 못하던 감정, 소망, 환상, 사고, 기억을 의식화하는 것. 개인의 예전의 경험이나 현재의 무의식적 기대 혹은 믿음이 어떻게 현재의 자기패배적인 대인관계 패턴을 형성하고 있는지 의식하는 것을 포함.

파열 Rupture (치료 동맹에서의 파열 Rupture in the therapeutic alliance, 치료적 관계에서의 파열 Rupture in the therapeutic relationship, 치료적 교착상태 Therapeutic impasse) 파열은 치료의 강도, 기간, 빈도 등에서 다양하게 발생할 수 있음. 동맹의 파열이나 치료적 교착을 작업해나가는 과정이 변화의 중요한 기제가 됨.

한 사람 심리학 One-person psychology 치료자가 상호작용에 계속적인 기여를 하는 맥락을 배제한 채 내담자의 정신내적 과정을 이해하는 것이 가능하다고 가정하는 전통적 혹은 고전적인 정신분석적 관점. 내담자의 전이는 내담자의 과거에 의해서 영향을 받아 중립적 자극에 투사되는 왜곡된 지각으로 간주.

해석 Interpretation 치료자가 내담자의 경험을 이해하고, 내담자의 무의식적 경험에 대한 가정을 설명하며, 내담자로 하여금 무의식적이고 자기패배적인 대인관계적 패턴에 주의를 기울이도록 도우려는 시도를 의미.

해리 Dissociation 불안이나 트라우마의 결과로서 개인의 의식적 기능이나 심리적 기능의 정상적인 통합의 부분적 혹은 전체적 손상. 여러 개의 자기-상태나 자기-경험이 서로 서로 분열되는 것을 포함.

Abbass, A., Hancock, J. T, Henderson, J., & Kisley, S. (2006). Short−term psychodynamic psychotherapies for common mental disorders. *Cochrane Database of Systematic Reviews* (Issue 4, Article No. CD004687). doi:10. 1002/14651858. CD004687. pub3

Abraham, K. (1949). *Selected papers of Karl Abraham.* London England: Hogarth Press

Adorno, T. W., Frenkel−Brunswik, E., & Levinson, D. J. (1950). *The authoritarian personality.* New York, NY: Science Editions.

Ainsworth, M., Blehar, M. C., Waters, E., & Wall, S. (1978). *Patterns of attachment: A psychological study of the Strange Situation.* Hillsdale, NJ: Erlbaum.

Alexander, F. (1948). *Fundamentals of psychoanalysis.* New York, NY: Norton.

Altman, N. (1995). *The analyst in the inner city: Race, clsss, and culture through a psychoanalytic lens.* Hillsdale, NJ: Analytic Press.

Altman, N. (2000). Black and white thinking: A psychoanalyst reconsiders race. *Psychoanalytic Dialogues, 10,* 589−605. doi: 10. 1080/10481881009348569

Altman, N. (2008). The psychodynamics of torture. Coercive interrogations and the mental health profession(Special issue). *Psychoanalytic Dialogues, 18,* 658−670.

American Psychiatric Association. (1980). *Diagnostic and statistical manual of mental disorders*(3rd ed.). Washington, DC: Author.

Arlow, J., & Brenner, C. (1964). *Psychoanalytic concepts and the structural theory.* Oxford, England: International universities Press.

Aron, L. (1996). *A meeting of minds: Mutuality in psychoanalysis.* Hillsdale, NJ: Analytic Press.

Aron, L. (1999). Clinical choices and the relational matrix. *Psychoanalytic Dialogues, 9,* 1–29. doi: 10. 1080/ 10481889909539301

Aron, L. (2006). Analytic impasse and the third: Cllinical implications of intersubjectivity theory. *The international journal of psychoanalysis, 87,* 349–368. doi:10. 1516/ 15EL–284Y–7Y26–DHRK

Bader, M. J. (1994). The tendency to neglect therapeutic aims in psychoanalysis. *The psychoanalytic Quarterly, 63,* 246–270.

Bateman, A & Fonagy, P. (2008). 8–year follow–up of patients treated for borderline personality disorder: Mentaltalization–based treatment versus treatment as usual. *The American Journal of Psychiatry, 165,* 631–638. doi:10. 1176/ appi. ajp. 2007. 07040636

Beebe, B., & Lachmann, F. M. (2002). *Infant research and adult treatment.* Hillsdale, NJ: Analytic Press.

Benjamin, J. (1988). *The bonds of love.* New York, NY: Pantheon Books.

Benjamin, J. (1990). An outline of Intersubjectivity: The development of recognition. *Psychoanalytic Psychology, 7,* 33–46. doi: 10. 1037/ h008528

Benjamin, J. (2004). Beyond doer and done to: An intersubjective view of thirdness. *The Psychoanalytic Quarterly, 73,* 5–46.

Bergin, A. E., & Strupp, H. S. (1973). *Changing frontiers in the science of psychotherapy.* Chicago, IL: Aldine.

Binder, J. (2004). *Key compertencies in brief dynamic psychotherapy.* New York, NY: Guilford Press.

Bion, W. R. (1970). *Attention and interpretation.* London, England: Routledge.

Bollas, C. (1992). *Being a character: Psychoanalysis and self experience.* New York, NY: Routledge.

Bordin, E. (1979). The generalizability of the psychoanalytic concept of the working alliance. *Psychotherapy: Theory, Research & Practice,* 16, 252−260. doi: 10.1037/ h0085885

Boston Change Process Study Group. (2910). *Change in psychotherapy: A unifying paradigm.* New York, NY: Norton.

Botticelli, S. (2004). The politics of relational psychoanalysis. *Psychoanalytic Dialogues,* 14, 635−651.

Bowlby, J. (1969). *Attachment and Loss: Vol. 1. Attachment.* New York, NY: Basic Books.

Bowlby, J. (1973). *Attachment and Loss: Vol. 2. Separation, anxiety and anger.* New York, NY: Basic Books.

Bowlby, J. (1980). *Attachment and Loss: Vol. 3. Sadness and depression.* New York, NY: Basic Books.

Brenner, C.(1994). The mind as conflict and compromise formation. *Journal of Clinical Psychoanalysis,* 3, 473−488.

Breuer, J., & Freud, S. (1955). Studies on hysteria. In J. Strachey(Ed. & Trans.), *The standard edition of the complete psychological works of Sigmund Freud*(Vol. 2, pp. 1−305). London, English: Hogarth press(Original work published 1893−1895)

Bromberg, P. M. (1995). Resistance, object−usage, and human relatedness. *Contemporary Psychoanalysis,* 31, 173−191.

Bromberg, P. M. (2006). *Awakening the dreamer: Clinical journeys.* Hillsdale, NJ: Anlytic Press.

Bule, M. J. (1998). *Feminism and its discontents: A century of struggle with psychoanalysis.* Cambridge, MA: Harvard University Press.

Cassidy, J., & Shaver, P. R. (Eds.). (2008). *Handbook of attachment: Theory research, and clinical applications.* New York, NY: Guilford Press.

Cherry, S., Cabaniss, D.L., Forand, N., Haywood, D., & Roose, S. P. (2004). Psychoanalytic practice in the early postgraduate years. *Journal of the American Psychoanalytic Association, 52,* 851–871.

Clarkin, J. F., Levy, K. N., Lenzenweger, M. F., & Kernberg, O. F. (2007): Evaluation three treatment for borderline personality disorder: A multiwave study. *The American Journal of Psychiatry, 164,* 922–928. doi:10. 1176/ appi. ajp. 164.6.922

Coltart, N. (2000). *Slouching towards Bethlehem.* New York, NY: Guilford Press.

Connors, M. (2006). *Symptom—focused dynamic psychotherapy.* Hillsdale, NJ: Analytic Press.

Cooper, S. (2000). *Objects of hope: Exploring possibility and limit in psychoanalysis.* Hillsdale, NJ: Analytic Press.

Corbett, K. (2009). *Boyhood: Rethinking masculinities.* New Haven, CT: Yale University Press.

Cushman, P. (1995). *Constructing the self, constructing America.* Reading, MA: Addison—Welsey.

Cushman, P., & Gilford, P. (2000). Will managed care change our way of being? *American Psychologist, 55,* 985–996. doi:10. 1037/0003–066X.55.9.985

Danto, E. (2005). *Freud's free clinics.* New York, NY: Columbia University Press.

Davanloo, H. (Ed.). (1980). *Short—term dynamic psychtherapy.* New York, NY: Aronson.

Davies, J. M. (1996). Linking the "pre–analytic" with the post–classical: Integration, dissociation, and the multiplicity of unconscious process. *Contemporary Psychoanalysis, 32,* 553–576.

Davies, J. M. (2004). Whose bad object are we anyway? Repetition and our elusive love affair with evil. *Psychoanalytic Dialogues, 14,* 711–732. doi: 10. 1080/ 10481881409348802

Dimen, M. (2003). *Sexuality, intimacy, power.* Hillsdale, NJ: Analytic Press.

Dimen, M. (2010). Reflections on cure, or "I/Thou/It." *Psychoanalytic Dialogues, 20,* 254−268. doi: 10. 1080/ 10481885.2010.481612

Drefus, H. E., & Dreyfus, S. L. (1986). *Mind over machine.* New York, NY: Free Press.

Eagle, M. (1984). *Recent development in psychoanalysis.* New York, NY: McGraw−Hill.

Eagle, M. (2010) *From classical to comtemporary psychoanalysis: A critique and integration.* New York, NY: Routledge.

Ehrenberg. D. (1992). *The intimate edge.* New York, NY: Norton.

Ehrenreich, B. (2009). *Bright−sided: How the relentless promotion of positive thinking has undermined America.* New York, NY: Macmillan.

Ekman, P. (1993). Facial expression and emotion. *American Psychologist, 48,* 384−392. doi: 10. 1037/0003−066X.48.4.384

Ekman, P., & Davidson, R. J. (Eds.). (1994). *The nature of emotions: Fundamental questions.* New York, NY: Oxford University Press.

Erikson, E. (1950). *Childhood and society.* New York, NY: Norton.

Etchegoyen, H. (1991). *The fundamentals of psychoanalytic technique.* London, England: Karnac Books.

Faribairn, w. R. D. (1952). *Psychoanalytic studies of the personality.* London, England: Routledge and Kegan Paul.

Faribairn, w. R. D. (1994). *Psychoanalytic studies of the personality.* New York, NY: Routledge/ Taylor & Francis.

Farifield, S., Layton, L., & Stack, C. (Eds.). (2002). *Bringing the plague: Toward a postmodern psychoanalysis.* New York, NY: other Press.

Fenichel, O. (1945). *Problems of psychoanalytic technique.* New York, NY: Psychoanalytic Quarterly.

Ferenczi, S. (1980a). *Final contributions to the problems and methods of psychoanalysis*(M. Balint, Ed., & E. Mosbacher, Trans). London, England: Karnac Books.

Ferenczi, S. (1980b). *Further contributions to the problems and methods of psychoanalysis*(J. Rchman, Ed., & J. Suttie, Tran.). London, England: Karnac Books.

Ferenczi, S., & Rank, O. (1956). *The development of psychoanalysis.* New York, NY: Dover. (Original work published 1925) doi:10. 1037/ 10664 – 000

Ferro, A. (2002). *In the analyst's consulting room.* New York, NY: Routledge.

Fonagy, p. (2001). *Attachment theory and psychoanalysis.* New York, NY: Other Press.

Fonagy, P., Gergely, G., Jurist, E, & Target, M. (2002). *Affect regulation, mentalization, and the development of self.* New York, NY: Other Press.

Fonagy, P., Kachle, H., Krause, R. Jones, E., Perron, R., & Lopez, L. (1999). *An open door review of outcome studies in psychoanalysis.* London, England: University College.

Fosha, D. (2000). *The transforming power of affect: A model for accelerated change.* New York, NY: Basic Books.

Frank, Ka. A. (1999). *Psychoanalytic participation, action, interaction, and integration,* Hillsdale, NJ: Analytic Press.

Freud, S. (1895/ 1955). *Studies on hysteria* (Standerd Ed., Vol. 2.) London, england: Hogarth Press.

Freud, A. (1936). *The ego and the mechanisms of defense.* Honolulu, HI: Hogarth Press.

Freud, S. (1953). *The interpretation of dreams.* In J. Strachey (Ed. & Trans.), *The standard edition of the complete psychological works of Sigmund Freud* (Vol. 4 – 5. London, England: Hogarth Press.

(Original work published 1900).

Freud, S. (1958). *The dynamics of transference.* In J Strachey (Ed. & Trans.), *The standard edition of the complete psychological works of Sigmund Freud*(vol. 12, pp. 97 − 108). London, England: Hogarth Press. (Original work published 1912)

Freud, S. (1961). *The ego and the id.* in j. Strachey (Ed. & Trans.), *The standard edition of the complete psychological works of Sigmund Freud* (Vol. 19, pp. 3 − 66) London, England: Hogarth Press. (original work published 1923)

Frijda, N. H. (1986). *The emotions.* New York, NY: Cambridge University Press.

Fromm, E. (1941). *A man for himself.* New York, NY: Rinehart.

Gabbard, G. O. (2010). *Long − term psychodynamic psychotherapy.* Arlington, VA: American Psychiatric Publishing.

Galatzer − Levy, R., Bachrach, H., Skolnikoff, A., & Waldron, S. (2000). *Does psychoanalysis work?* New Haven, CT: Yale University Press.

Gay, P. (1988). *Freud: A life for our time.* New York, NY: Norton.

Gerber, A. J., Kocsis, J. H., Milrod, B.L., Roose, S. P., Barber, J. P., Thase, M. E., ... Leon, A. C. (2011). A quality − based review of randomized controlled trials of psychodynamic psychtherapy. *The American Journal of Psychiatry, 168,* 19 − 28.

Ghent, E. (1990). Masochism, submission, surrender: Masochism as a perversion of surrender. *Contermporary Psychoanalysis, 26,* 108 − 136.

Goldfried, M. R., Raue, P. J., & Castonguay L. G.(1998). The therapeutic focus in significant sessions of master therapists: A comparison of cognitive − behavioral and psychodynamic − interpersonal interventions. *Journal of Consulting and clinical Psychology, 66,* 803 − 810. doi: 10. 1037/0022 − 006X. 66.5.803

Goldfried, M. R. & Wolfe, B. E. (1996). Psychotherapy practice and research: Repairing a strained alliance. *American Psychologist, 51,* 1007−1016. doi: 10. 1037/0003−066X. 51.10. 1007

Greenberg, J. (1986). Theoretical models and the analyst's neutrality. Contemporary Psychoanalysis, 22, 87−106.

Greenberg. J., & Mitchell, S. A. (1983). *Object relations in psychoanalytic therory.* Cambridge, MA: Harvard University Press.

Greenberg. J., & Safran, J. (1987). *Emotions in psychotherapy:* Affect, cognition, and process of change. New York, NY: Guiford Press.

Greenson, R. (1965). The working alliance and the transference neurosis. *The Psychoanalytic Quarterly, 34,* 155−179.

Grunbaum, F. (1984). *The foundations of psychoanalysis: A philosophical critique.* Berkeley: University of California Press.

Guignon, C. (2004). *On being authentic.* London, England: Routledge.

Gutwill, S., & Hollander, N. C. (2006). Class and splitting in the clinical setting: The ideological dance in the transference and countertransference. In. L. Layton, N. C. Hollander, & S. Gutwill (Eds.), *Psychoanalysis, class, and politics: Encounters in the clinical setting* (pp. 92−106). New York, NY: Routledge.

Hale, N. (1971). *Freud and the Americans: The beginnings of psychoanalysis in the United States, 1876−1985* (Vol. 1). Oxford, England: Oxford University Press.

Hale, N. (1995). *The rise and crisis of psychoanalysis in the United States: Freud and the Americans 1971−1875* (Vol. 2). Oxford, England: Oxford University Press.

Harris, A. (2008). *Gender as soft assembly.* Hillsdale, NJ: Analytic Press.

Harris, A., & Botticelli, S. (2010). *First do no harm: The paradoxical encounters of psychoanalysis, warmaking, and resistance.* New York, NY: Routledge.

Hartmann, H. (1964). *Ego psychology and the problem of adaptation.*

New York, NY: International University Press.

Hoffman, I. Z. (1998). *Ritual and spontaneity in the psychoanalytic process: A dialectical−constrcitivist view*. Hillsdale, NY: Analytic Press.

Hoffman, I. Z. (2009). Doublethinking our way to "scientific" legimacy: The desiccation of human experience. *Journal of the American Psychoanalytic Association, 57*, 1043−1069. doi: 10.1177/0003065109343925

Hollander, N. C. (1997). *Lover in a time of hate*. New Brunswick, NY: Rutgers University Press.

Hollander, N. C. (2006). Psychoanalysis and the problem of the bystander in times of terror. In L. Layton, N. C. Hollander, & S. Gutwill (Eds.), *Psychoanalysis, class, and politics: Encounters in the clinical setting* (pp. 154−165). New York, NY: Routledge.

Hollender, N. C. (2010). *Uprooted mins: Surviving the politics of terror in the Americas*. New York, NY: Routledge.

Holmes, J. (2010). *Exploring in security: Towards an attachment−informed psychoanalytic psychotherapy*. New York, NY: Routledge.

Horkheimer, M., & Adorno, T. W. (1947). *Dialectic of the enlightenment* (E. Jephcott, Trans.). Stanford, CA: Stanford University Press.

Horowitz, A. V. (2003). *The making of mental illness*. Chicago, IL: Chicago University Press.

Howard, K. I., Kopta, S. M., Krause, M. S., & Orlinsky, D. E. (1986). The dose−effect relationship in psychotherapy. *American Psychologist, 41*, 159−164. doi: 10.1037/0003−066X.41.2.159

Huber, D., Henrich, G., Gastner, J., & Klug, G. (in press). Must all have prizes? The Munich Psychotherapy Study. In R. Levy, J. S. Ablon, & H. Kaechele(Eds.), *Evidence−based psychdynamic psychtherapy*. New York, NY: Human Press.

Jacobs, T. (1991). *The use of the self: Countertransference and communication in the analytic setting*. Madison, CT: International University Press.

Jacoby, R. (1983). *The repression of psychoanalysis: Otto Fenichel and the political Freudians*. Hillsdale, NJ: Analytic Press.

Joseph, B. (1989). *Psychic equilibrium and psychic change*. London, England: Tavistock and Routledge.

Keller, B. (2005). *Class matters*. New York, NY: Henry Holt.

Klein, M. (2002a). *The writings of Melanie Klein: Volume 1. Love, guilt, and reparation and other works, 1921—1945*. New York, NY: Free Press. (Original Work published 1955)

Klein, M. (2002b). *The writings of Melanie Klein: Volume 3. Envy and gratitude and other works, 1946—1963*. New York, NY: Free Press. (Original Work published 1975)

Knight, R. P. (1953). The present status of organized psychoanalysis in the United States. *Journal of the American Psychoanalytic Association, 1*, 197—221. doi: 10.1177/000306515300100201

Kohut, H. (1984). *How does analysis cure?* Chicago, IL: University of Chicago Press.

Lacan, J. (1988a). *The seminar of Jacques Lacan: Book 1. Freud's papers on techinque, 1953—1954*(J. Miller, Ed., & J. Forrester, Trans.). New York, NY: Norton (Original work published 1975)

Lacan, J. (1988b). *The seminar of Jacques Lacan: Book 2. The ego in Freud's theory and in the technique of psychoanalysis 1954—1955*(J. Miller, Ed., & S. Tomaselli, Trans.). New York: Norton. (Original work published 1978)

Leichsenring, F., Biskup, K., Kreisch, R., & Staats, H. (2005). The Guttingen study of psychoanalytic therapy: Frist results. *The Interantional Journal of Psychoanalysis, 86*, 433—455. doi: 10.1516/XX6F—AU0W—KWM3—G6LU

Leiper, R., & Maltby, M.(2004). *The psychodynamic approach to therapeutic change.* London, England: Sage

Lemma, A. (2003). *Introduction to the practic of psychoanalytic psychotherapy.* Chichester, England: John Wiley & Sons.

Levenson, H. (2010). *Brief dynamic therapy.* Washshington, DC: American Psychological Association.

Levy, R., Ablon, J. S., & Kaechele, H. (Eds.). (in press). *Evidence−based psychodynamic psychotherapy* (2nd ed.). New York, NY: Human Press.

Lichtenberg, J. (1989). *Psychoanalysis and motivation.* Hillsdale, NY: Analytic Press.

Loewald, H. (1960). On the therapeutic action of psychoanalysis. *The International Journal of Psychoanalysis. 58,* 463−472.

Luborsky, L. (1984). *Principles of psychoanalytic psychotherapy: A manual for supportive−expressive treatment.* New York, NY: Basic Books.

Luborsky, L., Diguer, L., Seligman, D. A., Rosenthal, R., Krause, E. D., Johnson, S.,... Schweizer, E. (1999). The researcher's own therapy allegiances: A "wild card" in comparisons of treatment efficacy. *Clinical Psychology: Science and Practice, 6.,* 95−106.

Lyons−Ruth, K., Buschweiler−Stern, N., Harrison, A. M., Morgan, A. C., Nahum, J. P., Sander, L., ... Tronick, E. Z. (1998). Implicit relational knowing: Its role in development and psychoanalytic treatment. *Infant Mental Health Journal, 19,* 282−289.

Main, M., Kaplan, N., & Cassidy, J. (1985). Security in infancy, childhood, and adulthood: A move to the level of representation. *Monographs of the Society for Research in Child Development, 50,* 60−104. doi: 10.2307/3333827

Makari, G. (2008). *Revolution in mind: The creation of psychoanalysis.* New York, NY: Harper Collins.

Malan, D. H. (1963). *A study of brief psychotherapy.* New York, NY:

Plenum Press.

Maroda, K. (2009). *Psychodynamic techniques: Working with emotion in the therapeutic relationship.* New York, NY: Guilford Press.

McCullough Valliant, L. M. (1997). *Changing character: Short–term anxiety–regulating psychotherapy for restructuring defenses, affects, and attachment.* NewYork, NY: Basic Books.

McMain, S. F., Links, P. S., Gnam, W. H., Guimond, T., Cardish, R. J., Korman, L., & Streiner, D. L. (2009). A randomized trial of dialectical behavior therapy versus general psychiatric management for borderline personality disorder. *The American Journal of Psychiatry, 166,* 1365 – 1374. doi: 10.1176/appi.ajp.2009.09010039

McWilliams, N. (1994). *Psychoanalytic diagnosis: Understanding personality structure in the clinical process.* New York, NY: Guilford Press.

Messer, S. B., & Warren, C. S. (1995). *Models of brief psychotherapy.* New York, NY: Guilford Press.

Mitchell, S. A. (1988). *Relational concepts in psychoanalysis.* Cambridge, MA: Harvard University Press.

Michell, S. A. (1993). *Hope and dread in psychoanalysis.* New York, NY, NY: Basic Books.

Mitchell, S. A. (1997). *Influence and autonomy in psychoanalysis.* Hillsdale, Analytic Press.

Moncayo, R. (2008). *Evolving Lacanian perspectives for clinical psychoanalysis.* London, England: Karnac Books.

Morrow – Bradley, C., & Elliott, R. (1986). Utilization of psychotherapy research by practing psychotherpists. *American Psychologist, 41.* 188 – 197. doi: 10.1037/0003 – 066X.41.2.188

Moskowitz, M. (1996). The social consequence of psychoanaysis. In R. M. Perez Foster & R. A. Javier (Eds.), *Reaching across boundaries of culture and class: Widening scope of psychotherapy* (pp.

21–46). Northvale, NJ: Jason Aronson.

Ogden, T. (1994). *Subject of realities of emotion*. London, England: Routledge.

Parkinson, B. (1995). Ideas and realities of emotion. London, England: Routledge.

Parsons, m. (2000). *The dove that returns, the dove that vanishes: Paradox and creativity in psychoanalysis*. London, England: Routledge.

Perez Foster, R. M., Moskowitz, M., & Javier, R.A. (Eds.). (1996). *Reaching across boundaries of culture and class: Widening the scope of psychotherapy*. Norhvale, NJ: Aronson.

Person, J. B. & Silberschatz, G. (1998). Are results of randomized controlled trials useful to psychotherapists? *Journal of Consulting and Clinical Psychology, 66*. 126–135. doi: 10.1037/0022–0006X.66.1.126

Pizer, S. A. (1998). *Building bridges: The negotiation paradox in psychoanalysis*. Hillsdale, NJ: Analytic Press.

Plotkin, M. B. (2001). *Freud in the Pampas: The emergence and development of psychoanalytic culture in Argentina*. Stanford, CA: Standford University Press.

Rank, O. (1929). *The trauma of birth*. New York, NY: Harcourt, Brace.

Rayner, E. (1991). *The independent mind in British psychoanalysis*. Morthvale, NJ: Aronson.

Reich, W. (1941). *Character analysis*. New York, NY: Orgone Institute Press.

Reiff, P. (1966). *The triumph of the therapeutic: Uses of faith after Freud*. Chicago IL: University of Chicago Press.

Reik, T. (1948). *Listening with the third ear: The inner experience of a psychoanalyst*. New York, NY: Farrar, Straus , & Giroux.

Renik, O. (1993). Analytic interaction; Conceptualizing technique in light of the analyst's irreducible subjectivity. *The Psychoanalytic Quarterly, 62,* 553 – 571.

Renik, O. (2006). *Practical psychoanalysis for therapists and patients.* New York. NY: other Press.

Rice, L. N., & Greenberg, L. S. (1984). *Patterns of change: Intensive analysis of psychotherapy process.* New York, NY: Guiford.

Richardson, P., Kachele, H., & Renlund, C. (2004). *Research on psychoanalytic psychotherapy with adults.* New York, NY: Karnac Books.

Ringstrom, P. A. (2007). Scenes that write themselves: Improvisational moments in relational psychoanalysis. *Psychoanalytic Dialogue, 17,* 69 – 99.

Roland, A. (1989). *In search of self in India and Japan.* Princeton University Press.

Safran, J. D. (1984). Assessing the cognitive – interpersonal cycle. *Cognitive Therapy and Research, 8,* 333 – 348.

Safran, J. D. (1993). Breaches in the therapeutic alliance: An arena for negotiating authentic relatedness. *Psychotherapy: Theory, Research, & Practice, 30,* 11 – 24. doi: 10.1037/0033 – 3204.30.1.11

Safran, J. D. (1998). *Widening the scope of cognitive therapy: The therapeutic relationship, emotion, and the process of change,* Northvale, NJ: Aronson.

Safran, J. D. (1999). Faith, despair, will, and the paradox of acceptance. *Contemporary Psychoanalysis, 35,* 5 – 23

Safran, J. D. (2001). When worlds collide: Psychoanalysis and the empirically supported treatment movement. *Psychoanalytic Dialogues, 11,* 659 – 681. doi: 10.1080/10481881109348635

Safran, J. D. (2002). Brief relational psychoanalytic treatment. *Psychoanalytic Dialogues, 12,* 171 – 195. doi: 10.1080/10481881209348661

Safran, J. D. (2003). The relational turn, the therapeutic alliance and psychotherapy research: Strange bedfellows or postmodern marriage? *Contemporary Psychoanalysis, 39,* 449 – 475.

Safran, J. D., Crocker, P., McMain, S., & Murray, P. (1990). Therapeutic alliance rupture as an event for empirical investigation. *Psychotherapy: Theory, Research, & Practice, 27,* 154 – 165. doi: 10.1037/0033 – 3204.27.2.154

Safran, J. D., & Greenberg, L. S. (1991). *Emotion, psychotherapy, and change,* New York, NY: Guiford Press.

Safran, J. D., Greenberg., L. S. Rice, L. N. (1988). Integrating psychotherapy research and practice: Modeling the change process. *Psychotherapy: Theory, Research, & Practice, 25,* 1 – 27. doi: 10.1037/h0085305

Safran, J. D., & Muran, J. C. (1994). Toward a working alliance between research and practic. In P. F. Talley, H. H. Strupp, & J. F. Butler (Eds.). *Psychotherapy research and practice* (pp. 206 – 226). New York, NY: Basic Books.

Safran, J. D., & Murran, J. C. (1996). The resolution of ruptures in the therapeutic alliance. *Journal of Consulting and Clinical Psychology, 64,* 447 – 458. doi: 10.1037/0022 – 006X.64.3.447

Safran, J. D., & Murran, J. C. (1998). *The therapeutic alliance in brief psychotherapy.* Washington, DC: American Psychological Association. doi: 10.1037/10306 – 000

Safran, J. D., & Murran, J. C. (2000). *Negotiating the therapeutic alliance: A relational treatment guide.* New York, NY: Guilford Press.

Safran, J. D., & Muran, J. C. (2006). Has the concept of the alliance outlived its usefulness? *Psychotherapy: Theory, Research & Practice, 43,* 286 – 291. doi:10.1037/0033 – 3204.43.3.286

Safran, J. D., & Muran, J. C., & Eubacks – Carter, C. (2011). Repairing alliance ruptures. In J. C. Norcross & B. Wampold (Eds.),

Psychotherapy relationships that work (2nd ed., pp. 224–238). New York, NY: Oxford University Press.

Safran, J. D., & Muran, J. C., Samstag, L. W., & Stevens, C. (2001). Repairing therapeutic alliance ruptures. *Psychotherapy: Theory, Research & Practice, 38,* 406–412. doi:10.1037/0033–3204.38.4.406

Safran, J. D., & Muran, J. C., Samstag, L. W., & Stevens, C. (2002). Repairing alliance ruptures. In J. C. Norcross (Ed.), *Psychotherapy relationships that work* (2nd ed., pp. 235–254). New York, NY: Oxford University Press.

Safran, J. D., & Segal, Z. V. (1990). *Interpersonal process in cognitive therapy.* New York, NY: Basic Books.

Saks, E. (2008). *The center cannot hold: My journey through madness.* New York, NY: Hyperion Press.

Sandell, R., Blomberg, J., Lazar, A., Carlsson, J., Broberg, J., & Schubert, J. (2000). Varieties of long–term outcome among patients in psychoanalysis and long–term psychotherapy: A review of findings in the Stockholm Outcome of Psychoanalysis and Psychotherapy Project(STOPP). *The International Journal of Psychoanalysis, 81,* 921–942. doi:10.1516/0020757001600291

Sayers, J. (2001). *Kleinians: Psychoanalysis inside out.* Oxford, England: Blackwell.

Schafer, R. (1968). *Aspects of internalization.* Madison, CT: International University Press.

Schon, D. (1983). *The reflective practitioner.* New York, NY: Basic Books.

Seligman, M. E. P. (1995). The effectiveness of psychotherapy: *The Consumer Reports study. American Psychologist, 50,* 965–974. doi: 10.10307/0003–066X.50.12.965

Shedler, J. (2010). The efficacy of psychodynamic psychotherapy. *American Psychologist, 65,* 98–109.

Sifneos, P. E. (1972). *Short−term psychotherapy and emotional crisis.* Cambridge, MA: Harvard University Press.

Slavin, M. O., & Kriegman, D. (1998). Why the analyst needs to change: Toward a theory of conflict, negotiation, and mutual influence in the therapeutic process. *Psychoanalytic Dialogues, 8,* 247−284. doi: 10.1080/10481889809539246

Soldz, S. (2008). Healers or interrogators: Psychology and the United States torture regime, *Psychoanalytic Dialogues, 18,* 592−613.

Steele, M., & Steele, H. (2008). *Clinical applications of the Adult Attachment Interview.* New York, NY: Guilford Press.

Sterba, R. (1934). The fate of the ego in analytic therapy. *The International Journal of psychoanalysis, 15,* 117−126.

Stern, D. (1985). *The interpersonal world of the infant: A view from psychoanalysis and developmental psychology.* New York, NY: Basic Books.

Stern, D. (1997). *Unformulated experience.* Hillsdale, NJ: Analytic Press.

Stern, D. (2010). *Partners in thought: Working with unformulated experience, dissociation, and enactment.* New York, NY: Routledge.

Stern, D., Sander, L., Nahum, J. P., Harrison, A. M., Lyons−Ruth, K., Morgan, A. C., . . .Tronick, E. Z. (1998). Non−interpretive mechanisms in psychoanalytic therapy: The "something more" than interpretation. *The International Journal of Psychoanalysis, 79,* 903−921.

Sternberg, R., & Jordan, J. (2005). *A handbook of wisdom: Psychological perspectives.* New York, NY: Cambridge University Press. doi:10.1017/CBO9780511610486

Stiles, W., & Shapiro, D. (1989). Abuse of the drug metaphor in psychotherapy process−outcome research. *Clinical psychology Review, 9,* 521−543.

Strachey, J. (1934). The nature of the therapeutic action of psychoanalysis. *The International Journal of Psychoanalysis*, *15*, 127−159.

Strupp, H. H., & Binder, J. L. (1984). *Psychotherapy in a new key: A guide to time limited dynamic psychotherapy*. New York, NY: Basic Books.

Sullivan, H. S. (1953). *The interpersonal theory of psychiatry*. New York, NY: Norton.

Summer, R. F., & Barber, J. P. (2009). *Psychodynamic therapy: A guide to evidencebased practice*. New York, NY: Guilford Press.

Talley, F., Strupp, H., & Butler, S. (1994). *Psychotherapy research and practice: Bridging the gap*. New York, NY: Basic Books.

Taylor, C. (1992). *The ethics of authenticity*. Cambridge, MA: Harvard University Press.

Thompson, C. (1957). *Psychoanalysis: Evolution and development*. New York, NY: Atlantic Monthly Press.

Thompson, M. G. (2004). *The ethic of honesty: The fundamental rule of psychoanalysis*. New York, NY: Rodopi.

Tronick, E. (2007). *The neurobehavioral and social−emotional development of infants and children*. New York, NY: Norton.

Turkle, S. (1992). *Psychoanalytic politics*(2nd ed.). London, England: Guilford Press.

Veblen, T. B. (1919). *The place of science in modern civilization and other essays*. New York, NY: Huebsch.

Wachtel, P. L. (1977). *Psychoanalysis and behavior therapy: Toward an integration*. New York, NY: Basic Books.

Wachtel, P. L. (1977). *Psychoanalysis, behavior therapy, and the relational world*. Washington, DC: American Psychological Association. doi:10.1037/10383−000

Wachtel, P. (2007). *Relational theory and practice of psychotherapy*.

New York, NY: Guilford Press.

Wallerstein, R. W. (1998). *Lay analysis: Life inside the controversy.* Hillsdale, NJ: The Analytic Press.

Wampold, B. (2001). *The great psychotherapy debate: models, methods, findings.* Northvale, NJ: Erlbaum.

Westen, D. (1998). Unconscious thought, feeling, and motivation: The end of a century long debate. In R. Bornstein & J. Masling (Eds.), *Empirical perspectives on the psychoanalytic unconscious. Empirical studies of psychoanalytic theories*(pp. 1–43). Washington, DC: American Psychological Association. doi:10.1037/10256–001

Westen, D., & Gabbard, G. (1999). Psychoanalytic approaches to personality. In L. Pervin & O. John (Eds.), *Handbook of personality: Theory and research*(pp. 57–101). New York, NY: Guilford Press.

Westen, D., Novotny, C., & Thompson–Brenner, H. (2004). The empirical status of empirically supported psychotherapies: Assumptions, findings, and reporting in controlled clinical trials. *Psychological Bulletin, 130,* 631–663. doi: 10.1037/00332909.130.4.631

Winnicott, D. W. (1958). *Through paediatrics to psycho–analysis: Collected papers.* New York, NY: Basic Books.

Winnicott, D. W. (1965). *The maturational process and the facilitating environment.* New York, NY: International Universities Press.

(ㄱ)

갈등 _39
갈등모델 _97
갈등이론 _97
감정 _129
개념화 _183
개인적 성장 _62
개인주의 _63
개입의 원칙 _95
객관적인 현실 _78
거울되어주기(mirroring) _102
거짓자기 _140, 189
건강관리 _15
결핍 _53
경계선 성격장애 _214, 215
경험연구 _20, 237, 241
계몽의 변증법 _12
계몽주의 _12, 63
고전적 정신분석 _22
고정관념 _224
공감 _49, 101, 106
공감적 반영 _102, 103
공격성 _44
공공부문 _227
공허 _53

공허감 _165
과거 _2
과다결정의 원리(principle of overdetermination) _138
과학적 타당성 _240
과학적 학문분야 _57
관계 패턴 _102
관계적 맥락 _107
관계적 접근 _180
관계적 정신분석 _49
관계적 정신분석가 _68
관계적 지식 _151
관리의료제도 _59
관점 _11
관타나모(Guantanamo) _245
교과과정 _232
교육분석 _23
교정적 정서체험 _141
구조이론 _37
권력 _12
권위 _71
긍정적인 감정 _130
기술적 합리성 _64
깊은 해석 _103
꿈 _116, 172

꿈의 해석(The Interpretation
  of Dreams) _29, 116

(ㄴ)
나치즘 _12, 14, 31
낙관적인 관점 _5
낙관주의 _252
남미 _17
낯선상황(strange situation)
  실험절차 _94
내담자 _22, 23, 24, 79,
  124, 128, 159
내담자 집단 _221
내재화 _141
내적 대상 _45
내적 대상관계 _42
내적 타당도 _219
내적 표상 _42
내적인 기술 _145
내적작동모델(internal working
  model) _93
뉴욕 정신분석연구소(New York
  Psychoanalytic Institute)
  _40

(ㄷ)
다원적 _221
단기 _3
단기 관계적 치료(BRT) _184
단기 정신역동적 치료 _185
단기적이고 덜 집중적인 치료 _2
단기치료 _24, 180

담아주기 _145
대리적 내성(vicarious introspection)
  _101
대상관계 _97
대상관계이론 _41
대상 항상성 _158
대인관계분석가 _50
대인관계이론 _96
대인관계적인 관점 _48
대인관계 정신분석가 _68
대중 _239
대중매체 _13
도식 _77
독일 _13
독일 신경학 _26
동기 _91
동기모델 _91, 92
동기시스템 _93
동기화 _70
두 사람 심리학 _70, 78, 86,
  88, 110, 184
두 사람의 상호과정 _124

(ㅁ)
마무리의 부족 _132
매뉴얼 _240
메타심리학 _27
메타커뮤니케이션 _110
면-대-면(face-to-face) _25
명료화 _108
모호함 _60, 99, 132
무선할당된 임상실험 _215,

219
무의식 _43, 66, 103
무의식적 대화 _143
무의식적 동기 _1, 22, 108,
138
무의식적 환상 _45
무작위적인 임상실험 _239
문제해결 _65
문화산업 _13
문화적 태도 _223
미국 _7
미국심리학회 _222
미국의 소비문화 _12
미국의 정신분석 _6, 16
미국정신분석협회 _15, 18,
46
미래의 발전방향 _230

(ㅂ)
반성적으로 기능 _156
반유태주의 _225
방어 _38, 72, 119
방어 탐색 _123
방어 해석 _120, 123
버림받는 것 _189, 206
변방 학문 _56
변증법적 행동치료(DBT) _214
변화 _2
변화의 기제 _133
병리학 _3
보수성 _15
보수주의 _13

보호자 _45
복구 _151
복잡성 _60
본능 _44
본능적인 충동 _67
부 _12
부다페스트 _10
부에노스아이레스 _17
부정적인 감정 _130
분열 _73
불안 _38
불안정한 애착 _147
비디오테이프 _201
비언어적 리듬 _148
비언어적 행동 _144
비엔나(Vienna) _4, 10
비특수적 요소 _239
비판이론 _11
비판적인 사고 기술 _20
빅토리아 문화 _63
빈자기(empty self) _63

(ㅅ)
사례개념화 _96, 98, 189
사회경제적 계급 _13
사회연구소 _11
사회이론 _9
사회·자연과학 _3
사회적 계층 _226
사회적 의식 _64
사회주의 사상 _10
사회학 _11

산업자본주의   _11
산업혁명   _11
삶의 본능   _91
상징   _117
상호 작용   _118
상호적인 조절   _148
상호주체성   _125, 153
생물학   _27, 91, 238
생물학적 정신의학   _18
선택   _1
성격구조   _221
성격의 조직화   _96
성인 애착   _94
소련   _14
순수성   _232
순수한 정신분석   _23
순응주의자   _8
시간적 제약   _183
시카고학파   _47
신Marxist 이론   _12
신경생리학   _26, 238
신경학   _3
신분석 기관   _55
신사고 운동   _251
실용적 정신분석   _232
실존적인 고통   _58
심리학 수련 프로그램   _19

(ㅇ)
아동기   _35
아동기 경험   _137
아동기 성적학대   _29

아르헨티나   _17
아르헨티나 정신분석협회   _17
아부그라이브(Abu Ghraib)   _245
안심   _108
안정애착   _157
암묵적인 관계적 앎   _100,
   144, 151
암묵적인 관계적 지식   _153
암시   _34, 118
애착시스템   _93
애착 이론   _42, 44, 92, 155
애착 인물   _93
약물   _239
양가감정   _2, 130, 168, 176,
   208
양육자   _77, 93, 148
어떻게 친구를 얻고 사람들에게
   영향을 주는가   _251
억압(repression)   _67
엄마-유아 관계   _102
엄마-유아의 대화   _144
엄마-유아의 상호작용   _94
엘리트 의식   _24
여성주의 정신분석 사상가   _6
역사의 재구성   _114
역사적 재건   _137
역사적관점   _11
역전이   _79, 89, 100, 109,
   131, 159, 193
역전이의 개방   _90
역할재연(enactment)   _100

영국의 독립주의 학파   _43,
44,
영국 정신분석학회   _43
오스트리아-헝가리 제국   _9,
26
외상의 경험   _28
외적 타당도   _219
외적 현실   _46
원초아(id)   _37
유대감(bond)요소   _84
유혹이론   _36
의미   _62
의미의 순간   _153
의미창조   _137
의식의 확장   _152
의식화   _133
의존   _169
의존심   _171
의학교육   _16
의학수련   _15
의학적 배경   _9
의학적 수련   _55
이차적 과정   _66
익명성   _24, 85
인간주의   _48
인본주의 심리학   _249
인지적 정보처리과정   _136
인지정서 발달   _133
인지행동   _250
인지행동치료   _217
일반화   _219
일차저 과정   _67

(ㅈ)
자각   _69
자기개방   _87
자기검열   _34
자기비난   _137
자기 안심시키기   _148
자기애   _48
자기조절   _147, 149
자기희생   _138
자본주의   _13, 227
자아(ego)   _37
자아심리학   _39, 46, 68, 97,
119
자연과학   _27
자연적 연구   _216
자유시민의 권리   _245
자유연상   _32
장기 집중 치료   _2, 159, 215
장기치료   _21, 24
재연(Enactment)   _81, 194
저항   _34, 74, 119
전복주의자   _8
전이   _35, 77, 85, 87, 109,
112, 118, 159
전이 해석   _182
전체주의   _12, 245
전통적인 관점   _100
절제(abstinence)   _85
절차적 지식   _144
정서   _91
정서 이론   _91
정서적 경험   _141

정서적 문제 _37

정서적 의사소통 _143

정서적 통찰 _134, 135

정서조절 _146, 155

정신건강보험제도 _8

정신과 _23

정신내적 갈등 _41

정신내적 경험 _102

정신병 _104

정신분석 _1, 3, 4, 5, 56, 231

정신분석과 정신역동적 치료 _21

정신분석 분과 _18

정신분석 이론 _26

정신분석의 다원론 _46

정신분석의 목표 _58

정신분석의 역사 _50

정신분석의 현재 _5

정신분석적 사상 _66

정신분석적 치료 _21

정신역동 _231, 250

정신역동적 심리치료 _213, 217

정신의학 _6, 15

정신장애 진단 및 통계편람 _18

정신화 _155

정신화기반치료(mentalization-based-treatment) _214

정직함 _61

정책입안자 _240

정체성 _52

정치 _14

정치적 사상 _48

정치적 참여 _246

제네바 협정 _245

조언 _108

존재적 절망감 _137

종결 _126, 127

종결시기 _160

주체 _139

주체성 _139

죽음의 본능 _91

준 망상적 사고(semi-delusional ideation) _164, 166

중간그룹(Middle Group) _43

중립성 _85

중심 기제 _2

즉흥성 _64

증거기반 심리치료 _59

증거기반 치료 _240

지금-순간 _154

지성화 _72, 135

지식 _71

지적인 이해 _114

지지 _108

직관 _118

직업화 _14

진솔성 _62

집중적인 장기 정신분석 _231

(ㅊ)

참자기 _53

초자아(superego) _37

초창기 분석가 _9, 10

초창기 정신분석적 사고 _31

최면법(hypnosis) _29,32
최면술 _28
최적의 환멸(optimal disillusion-
  ment) _140, 157
추동/구조적 접근 _180
추동모델 _91
추동이론 _27, 37, 91
치료 _2
치료관계 _113
치료기간 _180, 217
치료동맹 _83, 111
치료목표 _233
치료횟수 _24
치료의 교착상태 _124, 157
치료자의 자세 _85
치료적 관계 _2
치료적 중립성 _82

(ㅋ)
카우치의 사용 _23

(ㅌ)
투사 _72, 145
투사적 동일시 _45

(ㅍ)
파열 _151
패턴 _2
편견 _7
편파적인 태도 _6
편향 _7, 227
평등주의 _6

포기 _140
포스트모던 _6
프랑스 문화적 혁명 _53
프랑크프르트 학파 _12

(ㅎ)
학습된 관심사 _92
한 사람 심리학 _70
해리 _69
해석 _102
해석의 정확성 _102
해석학 _56
행동적 개입 _235, 237
행동하는 성찰 _64
향정신성 약물 _18
현대정신분석 _248
현대정신분석가 _2
협상과정 _84
호기심 _60
환상 _33, 36
환상 속의 관계 _46
활력 _62
회피 _1, 72, 121
히스테리 연구(Studies in Hysteria)
  _29
히스테리아 _28, 29
힘의 불균형 _16, 71, 78

APA _185, 246

Berkeley University _13

Boston Change Process Study Group(BCPSG) _153

Burgholzi 연구소 _29

Carnegie 재단 _15

CIA "black site" _246

Clark University _30

DVD 사례 _185

Flexner Report _15

Freudian 사상 _43

Freud의 관점 _58

I-ness _52

Kleinian 사상 _43

Kleinian식 해석 _103

Kleinian학파 _41

Lacanian 이론 _51

Love in a Time of Hate _244

Marxist _10

McCarthy 시대 _14

New School _226

Object Relations in Psychoanalytic Theory _49

Post-Kleinian 전통 _50

post-Lacanian 이론 _51

The Ego and the Id _37

The New School for Social research _225

(A)

Adorno _12

Andrew Solomon _58

Anna Freud _39, 41

Arlow _41

Aron _124

(B)

Barbara Ehrenreich _253

Bateman _214

Beatrice Beebe _144

Beebe Lachmann _146

Benjamin _124, 156

Biskup _216

Bordin _84

Boticelli _242

Brenner _41

(C)

Charles Brenner _40, 68

Christopher Bollas _99

Clara Thompson _47

Clarkin _214

Connors _237

Corbett _242

Cushman _59, 240

(D)

Dale Carnegie _251

Daniel Stern _102

David Malan _180

Davies _124

Dimen _58, 242

Donald Winnicott _4, 43, 49, 59, 99

Donnel Stern _69, 100

(E)

Ed Tronick _144, 155

Edward Bordin _83

Elyn Saks _104

Erich Fromm _10, 11, 48

Erik Erikson _41

Ernst Simmel _10

Eugene Bleuler _30

Furor sanandi _59

(F)

Fairbairn _45, 116

Fonage _155

Fonagy   _214
Frank   _234
Franz Alexander   _141
Freud   _4, 9, 36
Fritz Perls   _135

(G)
G. Stanley Hall   _30
Gastner   _217
Gilford   _59, 240

(H)
Hans Strupp   _181
Harris   _242
Harry Stack Sullivan   _47
Heinz Hartmann   _40, 41
Heinz Kohut   _48, 101, 151
Henrich   _217
Herbert Marcuse   _11
Hoffman   _240
Hollander   _244, 245
Horkheimer   _12
Huber   _217

(I)
Irwin Hoffman   _154

(J)
Jacob Arlow   _40
Jacques Lacan   _4, 52
James Strachey   _141
Jay Greenberg   _49

Jean-Martin Charcot   _28
John Bowlby   _42, 43, 44, 92
Josef Breuer   _28

(K)
Karl Abraham   _10, 41
Kernberg   _214
Klug   _217
Kreisch   _216

(L)
Leichsenring   _216
Lenzenweger   _214
Leo Lowenthal   _11
Lester Luborsky   _181
Levy   _214
Lichtenberg   _92
Lyons-Ruth   _144

(M)
Marie Langer   _17, 244
Marion Milner   _43
Mary Ainsworth   _93
Masud Khan   _43
Max Etington   _10
Max Horkheimer   _11
McMain   _215
Melanie Klein   _4, 41, 73
Messer   _180
Michael Balint   _43, 49
Morris Eagle   _255

(N)

Nancy McWilliams   _255

Nathan Hale   _254

Neil Altman   _223

(O)

Otto Fenichel   _11, 40

Otto Rank   _135, 180

Owen Renik   _233

Own Renik   _109

(P)

Peter Fonage   _155

Peter Sifneos   _180

Philip Bromberg   _82

Philip Cushman   _63

Phineas Quimby   _251

(R)

Ralph Greenson   _83

Richard Sterba   _83

Robert Knight   _16

Ronald Fairbairn   _4, 43

Russell Jacoby   _14

(S)

Sandell   _217

Sandor Ferenczi   _10, 41, 44, 47, 135, 141, 180

Schon   _65

Shedler   _213

Sigmund Freud   _3, 26

Staats   _216

Stephen A. Mitchell   _49, 251

Sullivan   _47

(T)

Theodor Adorno   _11, 13

Theodor Reik   _99

Thomas Ogden   _99

Thorstein Veblen   _9

(W)

Wachtel   _234, 236

Walter Benjamin   _11

Warren   _180

Wilfred Bion   _51, 59, 99, 145

Wilhelm Reich   _10, 40

William Alanson White Institute   _48

Winnicott   _44, 140

저자소개

Jeremy Safran 박사는 미국 뉴욕 시 소재 대학원 대학교인 New School for Social Research의 심리학과 교수로 Clinical Training Director를 역임했다. 현재 Beth Israel Medical Center의 senior research scientist이며 New York University postdoctoral program in Psychotherapy and Psychoanalysis 그리고 Stephen A. Mitchell Center for Relational Studies의 객원교수이기도 하다. International Association for Relational Psychoanalysis and Psychotherapy 회장을 역임한 바 있다.

Safran 박사는 *Journal of Psychoanalytic Dialogues, PsychotherapyResearch* 와 *Psychoanalytic Psychology* 편집위원으로 활동하고 있으며 100여 개의 학술 논문과 *Negotiating the Therapeutic Alliance: A Relational Treatment Guide, Emotion in Psychotherapy, The Therapeutic Alliance in Brief Psychotherapy, Interpersonal Process in Cognitive, Psychoanalysis and Buddhism: An Unfolding Dialogues*을 포함한 다수의 저서에 book chapter를 저술하기도 했다.

Safran 박사는 동료 연구자들과 함께 National Institute of Mental Health(NIMH)의 지원을 받아 지난 20년간 therapeutic impasse에 대한 연구를 진행해 오고 있으며 emotion in psychotherapy 그리고 불교심리학의 원리를 정신분석과 정신치료에 통합하는 연구로도 잘 알려져 있다.

역자소개

안 명 희

현 서강대학교 심리학과 교수

상담심리전문가

미국 Boston College 심리학 학사

Columbia University 심리학 석, 박사

신 지 영

상담심리전문가

연세대학교 심리학 학사, 석사

서강대학교 심리학 박사수료

정신분석과 정신분석적 심리치료

초판인쇄	2016년 7월 15일
초판발행	2016년 7월 25일
지은이	Jeremy Safran
옮긴이	안명희·신지영
펴낸이	안상준
편 집	한현민
기획/마케팅	노 현
표지디자인	조아라
제 작	우인도·고철민
펴낸곳	㈜ 피와이메이트
	서울특별시 마포구 월드컵북로 400, 5층 2호
	(상암동, 문화콘텐츠센터) 등록 2014. 2. 12. 제2015-000165호
전 화	02)733-6771
f a x	02)736-4818
e-mail	pys@pybook.co.kr
homepage	www.pybook.co.kr
ISBN	979-11-87010-87-6 93180

copyright©안명희·신지영, 2016, Printed in Korea

정 가   16,000원

박영스토리는 박영사와 함께하는 브랜드입니다.